中国官制漫谈

宋昌斌◎著

中国大百科全书出版社

图书在版编目（CIP）数据

中国官制漫谈 / 宋昌斌著 . -- 北京：中国大百科
全书出版社，2024.7. -- ISBN 978-7-5202-1577-0

Ⅰ. D691.42

中国国家版本馆 CIP 数据核字第 2024V84S07 号

出 版 人	刘祚臣
策 划 人	曾 辉
责任编辑	齐 芳
特约编辑	王一珂　鞠慧卿
责任校对	王 廓
责任印制	李宝丰
封面设计	末末美书
出版发行	中国大百科全书出版社
地　　址	北京市西城区阜成门北大街 17 号
邮　　编	100037
网　　址	http://www.ecph.com.cn
电　　话	010-88390969
印　　刷	北京盛通印刷股份有限公司
开　　本	710 毫米 ×1000 毫米　1/16
字　　数	272 千字
印　　张	23.5
版　　次	2024 年 7 月第 1 版
印　　次	2024 年 7 月第 1 次印刷
定　　价	88.00 元

本书如有印装质量问题，可与出版社联系调换。

目　录

序言一

郑欣淼

官是人类社会发展到一定时期的必然产物。随着管理的需要，"体国经野，设官分职"。官制是关于国家机关的建制、执掌，官吏的设置、考选与管理的制度，是一项重要的政治制度。古今中外，概莫能外。对于官和官制，生活在其中的人们自然都有切身感受，对其进行多方面研究的著述也不计其数。宋昌斌同志的《中国官制漫谈》，则是一本有关中国官制的别开生面、值得阅读的著作。

本书的最大特点是内容丰富，漫而不散。书中既谈到官制产生、官员选拔、机构设置、职能配备、运转方式、角色扮演、监督管理等重要问题，也述及官员的使用、管理、考核、监督等具体制度；还着眼于与官制密切相关的经济、文化、民主、法治等领域。关于中国官制的方方面面都谈到了，并且突出了重点。书名"漫谈"，但漫而不散，通过来龙去脉、衙门流变、仕宦门槛、选用之法、运转方式、角色种种、赏罚激励、反腐不易、走出循环9个部分并86个小题分别论谈，其中有着明晰的层次结构与逻辑关系。这种设计构思，说明作者在体例上颇为用心。

本书不是一般的理论读物，一味简单地讲道理，而是选择人们感兴趣的问题，通过一事一议，予以充分论说。这些问题体现在文内的86个题目中。这些题目，就是"事"，就是"问题"，围绕这些题目展开论述的文章就是专题性文章。其中不少引用俗语、成语、典故等，或是多年来有关官文化的一些流行语。乍一看，感觉熟悉明了，似乎没什么可多说的。但是，作者视野开阔，运用古今中外事例，围绕提出的问题进行解说，多方面切入，或正说，或反说，层层推进，务求说清、说透；同时结合中国当代实际，进行新的探索，提出新的认识。这些专题性文章的布局安排也很讲究，文字简练、文雅，不枝不蔓，结构完整，单拎出来都是一篇篇可读性很强的散文。

　　书中专题文章都写得扎实，有理有据，可使读者获得丰富的历史知识并受到新的启发。例如，许多人都知道陶渊明"不为五斗米折腰"的故事。本书中《何以"不为五斗米折腰"》一文，探讨了东晋时期县令的年薪及与此相关的古代官员的俸禄问题。本文告诉读者：大致说来，在封建领主制时期，是无所谓俸禄的；到了君主专制时期，就有了严格意义上的官员俸禄制度。接着，介绍了从秦汉至魏晋南北朝的秩石制与从曹魏到明清的品级制，又探讨了古代官员俸禄的高低问题。举例说，唐代曾由朝廷拨给京师各衙门一笔叫"公廨本"的基金，由各衙门派专人用这笔钱放贷搞创收，以提高官员的待遇，结果引发强买强卖，激起民怨；而清朝雍正皇帝的"提火耗、设养廉"，却收到较好效果。以上介绍，都是实实在在的官制知识。历史给我们今天的启示是什么？实践证明，官员应该有"不为五斗米折腰"的气节，也要有可以养家糊口和保持体面的"五斗米"来支撑。"米"可以有增减，但要做到取舍有度。如此，才能既使百姓负担得起，也使官员有工作的积极性。

作者是善于思考的。本书对一些传统的观念进行反思，提出新的见解，引人深思。"二桃杀三士"是汉语中一则来源于历史故事的成语，比喻用计谋借刀杀人。本书的《"二桃杀三士"中的君子之风》一文，则认为这是先秦时"士可杀而不可辱"的君子之风。伟人曾说："人是要有一点精神的。"孔子也曾说："知耻近乎勇。"作者认为，知耻，认错，用自己的生命谢罪，就不仅仅是勇了，还有仁，还有义，还有礼。此外，《榜样的力量是有限的》《信赏必罚的难处》《"有备"未必"无患"》等，对一些耳熟能详的流行语、成语进行全面解析，亦多有新意。书中对于有关当下官制问题的分析，如《"考公热"的冷思考》《颇受争议的"末位淘汰"》《"问题官员"的复出问题》《当好副职也不易》《会议的功能》《批示里面有学问》《不可小觑的"纪要"》《论资排辈的利与弊》《制约比监督更重要》等文章，紧密结合现实，勇于针砭时弊，坚持辩证思维，并认真提出解决问题的办法，是难能可贵的。

读本书，相信一些人会有两点感受：一是作者对有关中国历史及官制等的专业知识何其丰富，一是作者对中国当代官制文化有如许深层次的了解。这当然与作者的学养和经历有关。

作者宋昌斌曾先后在复旦大学中文系文学专业和法律系中国法制史专业学习，获文学学士和法学硕士。他出版过《中国户籍制度史》，该书是填补中国古代制度专门史空白的系统之作；还著有《编户齐民》《盛唐气象》等。作者长期在党政机关的政策研究和法制部门工作，担任过陕西省政府研究室副主任，省政府副秘书长、法制办主任，省政协常委、文史和学习委主任等职务。其撰写的《中国长治久安的必由之路》，是依法治国基本路径的深度探讨之作；主编的《依法行政的理论与实务》，也颇有影响。

昌斌同志曾经与我同事多年。1977 年，我调到陕西省委办公厅工作。第二年，听说办公厅一位叫宋昌斌的年轻人考上了复旦大学。原来他那时一直在延安蹲点，所以我竟没有见过他。不过他学成归来分配到陕西省委研究室，我们则在一起工作了多年。后来他到陕西省人民政府工作，担任过一些重要职务。他始终勤勉认真，善于思考研究，业余坚持写作。

2014 年春节前夕，昌斌因公来京，曾到敝舍小叙。我有小诗相赠："风霜渐已鬓颜侵，剑敛锋芒思转沉。不叙家常议天下，忧端几许自难禁。"

他的大作《中国官制漫谈》即将付梓，嘱我为序，自是不能推却。我认真看了书稿，感到确实是部力作，是他"毕生经历和沉思的产物"，特向他热烈祝贺！并写了以上感想，权充序言，亦向广大读者郑重推荐：这是本值得一读的好书！

2024 年 4 月 14 日

序言二

葛剑雄

宋昌斌兄将他的书稿《中国官制漫谈》发给我，要我在前面写几句话。我们是复旦研究生同学，以往还有过愉快高效的合作——在我主编的《千秋兴亡》丛书中有他写的一册，自然义不容辞。为此我想先翻翻，找点下笔的内容，谁知一看就放不下来，看完时已过午夜。其中有些现象或故事我早已熟悉，但经昌斌兄这么一写，更觉生动深刻。其中的佳句隽语，可入《世说新语》。本来只是想为老朋友尽一次义务，现在已是不吐不快——即使他没有要我写，我也要写下我的读后感，与读者分享。

《漫谈》写得亦主亦谐，可雅俗共赏，但绝非戏说小说，一言一事皆有根据，重大言论、情节、数据都有史料可查。当然，昌斌兄毕业于复旦大学，是法制史专业的硕士，受过严格的学术训练，具有相关领域的广博知识和扎实理论基础。但要做到言必有据还是相当困难，因为"官"涉及的范围实在太大，"官"的历史几乎就是整个中国社会的历史。尽管二十四史中一般都有"官"的专卷，如职官志、循吏传、酷吏传，都有最大的官——皇帝的本纪和各类官的典型的专传，但仅仅有这些资料是绝对反映不出"官"的全貌的。没有长期、耐心、敏锐、精确地收集、整理、鉴别、应用散在各种典籍、史料中的有关官的资料，就无法形成本书的框架和内容。

要真正理解这些史料更难。一方面，与"官"相关的各种词汇、术语、标准、格式等，除了通用的含义外，往往有其特殊的意思。而这些解释或传承，历来都是口耳相传，或用内部的方式传达的。时过境迁，外人、后人往往百思不得其解，千方百计难以圆其说。我在研究人口史时就发现历代所载户、口、人、丁等单位在大多数情况下根本不是真正的家庭、人口或一定年龄层的人口。读了何炳棣先生的书才豁然开朗：原来这些单位在与赋税制度挂钩的情况下，不过是种赋税单位或额度，如一个丁就等于多少两银子、多少文铜钱、多少尺布、多少石粮食，甚至可以精确到小数点后的十几位。而且，同一单位在不同地区、同一朝代的不同阶段，又会有相差悬殊的数额。昌斌兄的作品，涉及的范围不知要广多少，其难度不可同日而语。

找不到任何史料的官和官场，应该比找得到的更多。因为任何朝代、任何衙门、任何官员、任何制度、任何事件，都不可能将全部事实记载下来；已经形成的史籍、档案资料又都不可能完整地保存下来，有的早已销毁散失，有的一直深藏不显。但官场是延续的，人心是相通的。从后世的官和官场中，肯定可以找到前世的官和官场的痕迹；今天的官和官场，必定能显示过去的官和官场的原形。还是以人口为例，三十年前我在撰写《中国人口史》时了解到，在人口普查数据外，我国还曾存在三套统计数据，分别出于商业部、公安部和计生委。一般商业部的数字最高，计生委的数字最低，公安部的数字持平。没有经验的人难以理解，我们这些过来人就知其必然。那时一家一户的全部票证，如粮票、油票、肉票、糖票、布票等不下数十种的票证，都是由商业系统按人头发放的，人数多对公私都有好处。而计生委的业绩就体现在人口自然增长率的降低和人口总数的下降，统计得越少越有利。不过这一点也难不倒昌斌兄，因为他在官场"浸润几十年，有许多切身体验，对官制以及相关制度也多有涉猎"。而且他多年在省级的综合部门任职，自然比多年甚至一辈子局限于一个单位的人强得多。

同时具备以上优势的人本来就如凤毛麟角，昌斌兄又是"在业已告别官场、心智平静下来后，对官制更有一种近感其细、远观其巨的度量"，本书无愧为作者"毕生经历和沉思的产物"。

还要我絮叨什么？一读为快！

2024 年 5 月

开篇的几句话

官是什么？

在古汉语中，官的含义有多种。

甲骨文中，官写作 : ![] 表示房屋；![] 为兵符，代表权印。因此，![] 表示放兵符的房屋。造字的本义，指藏有权印的军政要地。

有人考证，官的字形，是屋子里挂一张弓，象征武力。

金文 ![] 和篆文 ![]，沿袭了甲骨文的基本形态。

汉代的许慎在《说文解字》中认为，官字从 ![]，从 ![]。"![]犹众也"，官字像屋子下面有众多人。

后来人们干脆说，官者，管也，就是管理众人。

官是人类社会发展到一定时期的必然产物。它既有维系和促进社会进步的作用，也会产生难以避免的弊端。

古今中外，研究官和官制的著述可谓汗牛充栋，而研究的重点，是在如何选官上。因为历代官制的核心，就是如何选官。中国历史上的分封制、察举制、九品中正制、科举制等，主要内容都是选官。其他国家官制，也大体如此。

随着社会的进步，人们逐渐发现，选官制度固然重要，机构设置、职能配备、运转方式、角色扮演、监督管理等，同样也很重要。于是，对官吏的使用、管理、考核、监督等制度也随之健全和完善起来。而且，官制与经济、文化、民主、法治等的关系，也越来越得到重视。对官制研究的视野逐渐宽阔起来，研究的广度和深度也在不断拓展。

本书在借鉴前人研究成果的基础上，从实践和理论的结合上，对古今官制做些剖析。为了阅读的方便，选择一些大家可能感兴趣的问题，用一事一议的方式，逐一探讨。

笔者在体制内浸润几十年，有许多切身体验，对官制及相关制度也多有涉猎。在业已离开职场、心智平静下来后，对官制更有一种近感其细、远观其巨的度量。

从某种意义上来说，本书可谓笔者毕生经历和沉思的产物。

虽研究的是官制，但绝不说官话。至于所言是否晶莹剔透，则由大家评判了。

来龙去脉

当官不易，自古而然

有一则流传很广的段子——老子对儿子说："叫你念书念不进去，叫你种地怕吃苦，叫你做生意又瞧不起。看来，你只能当官了！"

另一种说法是："你连官都不会当，还能做什么！"

这种对当官极为轻蔑的说法还有许多，大都是对官场异化现象的嘲讽。

其实，通常情况下，当官并非一件易事。

在人类社会早期，由于人口稀少、居住分散、环境封闭，生活水平普遍低下，不甚需要类似后世意义的"官"。

随着人口增多、居住集中、交往频繁，以及阶层分化等，出于维持内部秩序和应对外部事务的需求，在或大或小的族群中，会产生出各类首领。能当首领者大都不易。

首先，是要与众不同。

传说中早期社会的首领，通常都是有大德行、大功业的。比如尧、舜，据传品行出众，尤其是舜的孝行，更是誉满天下。还有大禹、后稷，或能消除水患，或能教民稼穑。至于被奉为华夏人文初祖的黄帝，更是功德无量，泽被后世。

与大德行、大功业相应的，是要有非同一般的体力和智力。大禹治水时所受的累和吃的苦，是常人承受不住的。传说中后羿射日的功夫，恐怕至今无人可及。被人唾骂的夏桀和商纣，虽不是什么好人，但其才智之高，不可否认。

后世的一些帝王，如秦始皇、汉武帝、唐太宗、宋太祖，以及一代天骄成吉思汗，他们的武功文治，光耀史册。而人臣中的伊尹、傅说、吕望、商鞅等，哪个不是天纵英才，出类拔萃？

也就是说，因为出众，才能服众。

其次，是要与众相同。

由于那时条件所限，首领们吃的、穿的、住的、用的等，与大家没有什么特别的不同。不仅没有特别的待遇，而且还要有更多的付出。

据传大禹治水时，是与大家同甘共苦的。他整天跋山涉水，风餐露宿，小腿肚上的汗毛都被磨光了，脚指甲也因长期浸泡在水里而脱落，有"三过家门而不入"的事迹。黄帝率众出征，大概也是身先士卒，不怕流血牺牲的。后稷教稼，自然是与族人土里滚、泥中爬的。至于奠定周族基业的古公亶父，更是德行高尚，忍辱负重，以坚韧不拔的毅力，率领族人走出困境，迈向辉煌。

后世的一些大官，虽然生活待遇很高，但工作强度不低，有的甚至超强，令人不敢想象。

司马迁在《史记·秦始皇本纪》中说，秦始皇当政时，天下大小事情，都要由他亲自裁决。各种请示奏折，不分昼夜，纷至沓来。他就夜以继日，逐一审阅。据说，要"以衡石量书"，即以当时的计量单位"石"来称竹简的重量，一昼夜大约要看一"石"竹简。有人考证，一石大约为今天的30千克，字数大概有好多万。如此海量，又不是流行小说，看起来该有多么累人！不知是否是真的。或许一段时间如此，天天这样的话，谁也受不了。

三国时期的诸葛亮，为了实现匡复汉室的宏伟理想，忠心辅佐刘备，尤其是到了后主刘禅时期，更是竭忠尽智，力撑危局。史称军中处罚 20 棍以上者，他都要亲自过问。明明知道蜀汉不敌曹魏，还要以攻为守，六出祁山，北伐中原，最后累倒在军中，给后世树立了一个"鞠躬尽瘁，死而后已"的光辉榜样。

清代的雍正皇帝，每天宵衣旰食，在纸质公文上的批示，有时一天就有上万字。注意，是皇帝亲笔批示，不只是阅读量。这个劳动强度，能有几人可及？据说他当皇帝 13 年，每天睡眠时间不足 4 小时，在数万件奏折上写下的批语有 1000 多万字。在位期间，每年只在生辰那一天才休息。雍正帝的死因，史家说法不一，但他的过劳是公认的。

当今的机关中，确有人浮于事的情况。但你若想当个好官，没有超常的辛劳和付出，也是做不到的。

比如县委书记的好榜样焦裕禄，虽有肝病，但实际上是累死在岗位上的。常年工作在援藏岗位上的孔繁森，在高寒地带所吃的苦、受的累，也令人钦佩。

而那些在基层工作的官员们，也经常要保持"5+2""白 + 黑"的工作状态，用时下语言讲，就是"星期六保证不休息，星期天休息不保证"。至于实际效果如何，则又当别论了。

处于官场之中，除了吃苦受累，还要与上下左右的人斗智斗勇。尤其是在一些非常时期，不说做事，就是保身，没有足够的智谋和运气，恐怕也难以做到。

可见当官实际上是个苦差事，也是个危险差事。

在传统社会中，尤其如此。

因为是个苦差事，有时还有危险，早期的族群首领一职，大家不争不抢，甚至还相互推让，故有尧让舜、舜让禹的所谓"禅让制"。

后人对此多有怀疑。

因为后世的许多"禅让"，其实大都是在演戏。但在上古时期，恐怕还是有几分真实的。

由"兼职"到"专职"

在物质和精神生产水平都比较低下的早期社会，人际关系相对简单，类似后世的公共事务不是很多，当官不需要"日理万机"，基本上还是一种"副业"。

后来，生产工具改进，生产能力提升，产品开始剩余，"无产可供"的情况发生了变化。由于个体之间体力、智力的不同，以及一些其他因素，在资源占有上出现了差异。早期的"仆人"，逐渐向"主人"演变；当官，也由"与众相同"的"兼职"，向"与众不同"的"专职"转变。

传说夏商时期的官员，大概主要有两类：一类是以占卜为主的宗教官，一类是以处理日常事务为主的政务官。到西周时，正式形成处理政务的"卿事寮"和占卜预测的"太史寮"两大官僚系统。

后来，国家管的世俗事务越来越多，政务系统日渐发达，官僚机构不断扩大，设官分职越来越细，官员专职化倾向日趋明显，当官也就成了一种职业。

最早出现的职业官员，可能是军官和法官。

前述"官"字最早的含义之一，是存放兵器的地方，暗示最早的官就是军官。军官主要是对外的，要应付外部的各种侵扰，当然，有时也可能要侵扰外部。当时的首领人物，肯定是要能打会斗，或者说能征善战才行。

法官则主要是对内的，比如族群内部杀人偿命、借债还钱之类的事情，主要由法官负责处理。

当时这两项职能，并不像后世分得那样清楚。

中国古代有"刑起于兵"的说法，实际中也有"兵刑不分"的情况。《汉书·刑法志》说，古代是"大刑用甲兵，其次用斧钺；中刑用刀锯，其次用钻凿；薄刑用鞭扑"。甲兵、斧钺、刀锯、钻凿、鞭扑，本来是打仗用的东西，后被用来惩罚犯人。当然，军官有时会对内用刑，法官也可能对外用兵。或者两个官就是同一个人当。

比如，古代有"太尉"一职，通常是管军事的；又有"廷尉"一职，是管司法的。同是"尉"官，或管军事，或管司法，其中是否暗示二者原本是一回事呢？

还有，在整个古代社会，帝王实际上是最大的军官，也是最大的法官。除了帝王之外，早期高级官员中文武不分的情况也比较普遍；甚至在整个古代社会，许多高官都是"出将入相"，或者"上马管军，下马管民"的。

与此相似，司法与行政不分，也是古代的普遍现象。

当官的人多了，专门的官署也就应运而生了。

早期的族群，可能有供大伙议事的地方。比如西安的半坡遗址中，族人集中居住的中央，有一个类似厅堂的空地。这个地方，当时应该还不是首领独占的办公场所。到后来，条件好一点的族群，首领就开始把它变成了自己独占的官衙。帝王们则有了专门的皇宫，而且修建得越来越大，越来越气派。越是盛世，皇宫越是气势宏大，富丽堂皇。汉代的未央宫、唐代的大明宫、明清的紫禁城，都是如此。据说紫禁城共有9999间房屋，仅供皇帝一家及其服务人员使用，有时还不够。

中央重要部门和地方各级政府，也大都建有专用官署。各级各部门的官署，理论上都有严格的标准或建制，实际上却常常被突破。

与专门的职权、专门的官署相应的，是专门的待遇。

当官成为职业，自然要有职业报酬，现在叫薪水，过去叫俸禄。早期大都是实物，后来是货币，或者二者兼有。比如汉代的二千石，既是俸禄，也是官员级别。与俸禄相随的，是房子、车子、帽子、衣裳等。当然，官员级别不同，领取的俸禄有多有少，车子有大有小，帽子和衣裳的质地、样式、颜色等也各不相同，以至于旧戏台上，某个官员一出场，人们就能看出他是个多大的官来。

从多数朝代来看，官员的法定待遇并不算高，但实际收入则远远超过法定报酬。这其中，既有各种非法收入，也有介于合法与非法之间的各种灰色收入。

早期社会是家国一体、公私不分的。不知何时起，官府号称"公家"，一入官府，就成了"公家人"。所做的事，就是公事。这就给各级官员假公济私、以权谋私，提供了种种便利。各种显性或隐性的待遇，就是官场中人可能也分不清是公还是私，是应该还是不应该。

职业官员所享有的权力和权力背后的各种好处，使得早期的"禅让"成了神话。想用权力"为人民服务"的人，或者权力与服务兼而有之的人，都跃跃欲试，官场成了"引无数英雄竞折腰"的战场。

既然想当官的人越来越多，竞争越来越激烈，就得有一套办法，使官场的这种竞争有序和公平一些，或者用今天的话讲，执政要有合法性。

　　于是，适应不同时期需要的选官制度，便应运而生。

最大的官由谁当

在古代社会中，最大的官就是帝王。

帝王该由谁当，是个大问题。从制度安排或者合法性获得的角度看，有两个层面的问题要解决。

一个是初始胜出的问题，一个是后续承继的问题。

传说远古时期，大概是部落或部落联盟之时，首领是通过民主推选产生的。那时部落人口不多，相互之间比较熟悉，加之当首领也没有多少好处，争抢者不多，原始民主或后来的所谓"禅让"，或许是可能的。

这种情况，大约延续到大禹之时。到了大禹之后，情况发生了变化。

大禹当年如何把最大的官帽戴在儿子头上，说法不一，但大同小异。按照最贴近史实的说法或者猜测，大概过程是这样的：

大禹治水成功后，威望极高。尽管他表面上还是按照惯例，选定手下的大臣，也就是有名的贤者伯益作为自己的接班人，但暗中却为儿子夏启培植势力。当时社会财富已有积累，私有观念发展，当官有利可图。夏禹的权威，足以改变以往的禅让制，而其子夏启也非等闲之辈。大禹死后，伯益也按照当年舜继尧、禹继舜的惯例，对继位问题表示谦让和回避。可伯益这样做了后，却没有人搭理伯益，反而都去朝拜夏启。于是，夏启半推半就地继承了王位。

这样，禅让变成了继承，"公天下"变成了"家天下"。

从现有史料或传说看，这个转变过程，没有发生像后世改朝换代那样大规模的流血冲突。

这其中的缘由，可从多方面去解释。比如，随着部落联盟范围的扩大，小国寡民时期的原始民主推举或贤人传让，已难以继续实行。由已经得到认可的功勋卓著的首领选择自己的儿子当接班人，既省事，也相对公平。因为这实际上是一种信任延续，或者叫功业酬报。

当然，仅有这些还不够，不一定能堵住所有人的口，捆住所有人的手。听到夏启继立的消息后，位于今天西安鄠邑区的有扈氏，就曾起兵反对，但很快被镇压下去了。

问题在于，人们对血缘继承的认可是一次性的，还是永久性的？后来的实践证明，即使人们认可"初始胜出"，也不一定就认可后续承继的合法性。

这个问题的解决，好像只能靠老天爷。

据考证，黄帝时代，就有受命于天之类的说法。

存世的古籍中，有"有夏服天命""有殷受天命"（《尚书·召诰》）及"丕显文武……膺受大命"（大盂鼎铭文）之类的说法。这里的服、受、膺，都有接受的意思；丕显，是伟大的意思；文武，指的是周文王和周武王。也就是说，夏王也好，商王也好，周文王和周武王也好，他们的统治权都来自上天的授命。

到了汉代，董仲舒在前人的基础上，建立起"天人感应"和"天人合一"的完整理论体系。在《春秋繁露》一书中，他强调天子受命于天，诸侯受命于天子，子受命于父，臣受命于君，妻受命于夫。尤其是臣民对君主，"犹众星之共北辰，流水之宗沧海也"。意思是天上的星星参北斗，地下的流水入大海。帝王就是北斗，就是大海。

从此，"君权神授"的说法，以及"三纲五常"的伦理规范，得到更加普遍的社会认同。

因为皇帝是天子，天子的权位只能由天子的子弟来继承，这都是老天爷的安排，没有什么可争议的。

血缘同姓王朝内部的权位继承是天命，异姓王朝更替的合法性又从何而来呢？

同样从天而来。

战国时期的阴阳学家邹衍，发明出了金、木、水、火、土的五行相生相克理论，并把它运用于王朝更替之中，形成所谓的"五德相胜"的天命法则。

按照这一理论，金克木，火克金，水克火，土克水。夏是木德，商是金德，周是火德，秦是水德，汉是土德。故商克夏、周克商、秦克周、汉克秦，是顺应天命法则的。

于是，历代帝王以至造反的农民领袖，无不假托天命，宣称自己的所作所为，要么是"奉天承运"，要么是"替天行道"，谁敢不从，那就是违背天理，要受上天惩罚的。

值得注意的是，"君权神授"理论具有双重性。它既是对君权的一种加持，也是对君权的一种限制。因为在这一理论中，含有人类对自然的敬畏。

按照"天人感应"理论，每当人间有什么事件发生时，上天就会发出预示。有好事时，就有祥瑞出现；有坏事时，就有灾变警告。每当这时，有人会借天说事，或赞颂圣明，或批评朝政。君主不管是否真的相信，但在言行上不得不有所表示：或顺应天意，推行德政；或怨处异己，以应天谴。

有时，君主则需要做个自我检讨，以告慰上苍，安抚百姓。比如，公元前178年，也即汉文帝登基的第二年，发生日食，他马上向全国发布诏令，说自己不德，顺便也批评了朝臣们的不尽责。这大概是史上第一个帝王的罪己诏。（参《汉书·文帝纪》）后来汉武帝的"轮台罪己诏"，则深刻反省了自己执政期间一些不太好的作为，在历史上就更有名了。（参《汉书·武帝纪》）

因为那些能够成为天子的人，心里都很清楚，要想坐上龙椅，要想子子孙孙都能坐龙椅，要靠天，也得靠人。因此，既要顺天，也要应人。只有天人相合，才会天遂人愿。

在缺乏权力制衡的古代社会，这不失为一种对权力的无形制约。

血缘继承可靠吗

客观分析起来，皇位的血缘继承有利也有弊，并非完全可靠。

早期法家人物慎子说："一兔走街，百人追之，分未定也；积兔满市，过而不顾。非不欲兔，分定不可争也。"（《慎子》佚文）大意是，一只兔子在街道跑，很多人都去追。集市上有那么多的兔子，人们走过去可能看都不看。为什么？因为集市上的兔子都是有主之物，不能争抢。后来的商鞅和韩非也有类似说法。用现代经济学理论讲，就是产权清晰，不可随意攫取。

史料表明，夏启以后，"兄终弟及、父死子继"的血缘继承原则逐渐确立。到周王朝时，又有了"立子以贵不以长，立嫡以长不以贤"的嫡长子继位原则。通俗地讲，只要大老婆有儿子，不管年龄大小，排位都在所有小老婆生的儿子前面；如果大老婆有好几个儿子，谁年龄大谁在理论上就是太子人选，不管其他人德才是否比他强。这就是说，皇位的产权归属已经明确。

血缘继承的首要好处，就是定分止争。

由于产权清晰，可以抑制一些无序竞争。在通常情况下，即使你对皇位有想法，但名分已定，故不可轻举妄动。除非位在九五者实在太不像话，民怨沸腾，你又拥有特殊的资源和机遇，才敢一试，如商汤伐夏桀、武王伐殷纣。史家称其为"顺天应人"的革命。关键是，既要顺天，又要应人，即要顺应人民群众的愿望才行。

皇位血缘继承的本质是家天下。这种"以家为国"或者"以国为家"的另一个好处，就是最高统治者对国家治理的责任心较强，短期行为较少。与现代民主选举、严格任期制下，各级主官竞选时一味讨好选民，上任后只顾眼前的种种短期行为相比，血缘继承者的长远考虑显然要更多一些。

当年秦始皇就明确表示，要把江山一世、二世，以至万世不替地传下去。他在位时的许多重大举措，如修长城、筑驰道、兴水利、统一度量衡等，哪一项不是为子孙后代着想？之后的一些具有雄才大略的帝王，敢于担当，勇于作为，往往做成一些打基础、利长远的大事，为中国古代物质文明、精神文明增色不少。

还要看到，由于种种因素，中国民众没有像西方民众那样的宗教信仰和偶像崇拜。而君权神授、血缘继承的制度安排和文化氛围，使得大多数民众形成了一种帝王崇拜。尽管这个被崇拜的帝王可能要换来换去，但只要登上皇位，就是天子，就应该无条件地服从。这样，只要有个皇帝在，大家就有了主心骨，至于皇帝本身是好还是坏，则是万千小民未必知道也不必知道的事。

熟悉中国历史的人都知道，尽管历代发生过众多的农民起义，但大都是只反贪官不反皇帝，或者只反皇帝不反皇权。皇权崇拜加上血缘继承，使得中国民众有了甚至比宗教信仰更为稳定、更为现实的心理期许。

当然，皇位的血缘继承，也有不可避免的局限性和难以克服的弊端。

首先是，它虽然缩小了无序竞争的范围，但并没有消除无序竞争本身。

在早期的游牧民族中，"兄终弟及"的情况不少。据统计，商代从商汤到纣王，共31王，王位嬗递了30次，其中兄终弟及者14次，父死子继者16次。后世一些少数民族王朝中，也有类似情况。

因为在生产力不发达、人的寿命较短的时代，君王去世时，或许还没有儿子，或许儿子很小，不足以担当重任；所以要传位于兄弟，甚至叔侄，以此保持统治的稳定性。在以游牧业为主的少数族中，尤其如此。否则，很容易在残酷的内争外斗中失败，甚至亡国。

兄终弟及往往容易引发内乱。如商代的仲丁死后，继位之弟死，弟之子往往不肯还位于兄之子，从而引发王室内讧。以后的朝代中，也有不少这样的例子。

最典型的是号称以仁孝立国的宋代。太宗赵光义在传说的"烛光斧影"中继承了兄长赵匡胤的皇位，后来不愿在自己身后还位于兄长之子，也不想再传位于自己的弟弟，于是使兄长的两个儿子和自己的弟弟都"被死亡"了。

随着时间的推移，皇权日重，觊觎者日多。为了消弭争斗，减少骨肉相残，皇位继承的嫡长子优先原则也就越来越明确，久而久之，父死子继成为常态。

从理论上讲，只要在位帝王有嫡长子，接班人就是唯一的，不会发生无序竞争。但考诸史籍，实际情况非常复杂。有时皇帝没有嫡长子，甚至没有嫡子；还有的皇帝没有儿子，或者不能确定儿子是谁。更多的情况是皇帝虽有嫡子和嫡长子，但因种种因素没有预立太子，或者废立不定，导致严重的明争暗斗，以致父子兄弟相残。

这种情况，无论在乱世还是治世，都普遍存在。

比如，以乱世著称的魏晋南北朝时期，虽然已有预立太子的制度，但实际上很少有太子顺利继位的。这期间先后出现的30多个政权中，有20多个在皇位继承上发生过宗室相残的悲剧。

以治世著称的唐朝，在唐初就发生了兄弟相残的"玄武门之变"。而在整个唐朝，除武则天外，十七八位男性皇帝中，以嫡长子身份继位者只有德宗和顺宗两人。当然，唐朝后来的一些皇帝，似乎不太愿意明确后宫中谁是皇后，于是也就不好明确儿子中谁是嫡长子了。

由皇位之争引发的这种宫廷悲剧，贯穿于整个中国传统政治始终。从有记载的史料看，中国古代真正由嫡长子继承皇位的比例，可能还不到40%。

为了改变或减少这种情况，后来的帝王也曾做过改革。比如，清朝的雍正皇帝，就曾把皇位继承人由明储改为暗储，即在位时写好预立文书，藏于乾清宫的正大光明匾后，驾崩后由特定身份者当众宣读，并拥立新君即位。

但这种改革有时会使争斗更加隐蔽和激烈。用现代经济学的话讲，血缘继承的显性成本不大，隐性成本不小。

可以说，传统政治的私密性和残酷性，在皇位血缘继承中体现得淋漓尽致。

血缘继承的另一个弊端是，它不能保证最优秀者继承皇位，存在"一代不如一代"的情况。

形成这一弊端的直接原因，就是血缘继承大大缩小了皇位继承的人选范围，使众多的可继承大位者从一开始就被排除在外。从数学的优选概率上讲，必然降低胜选者的质量。再从遗传或生理学角度看，血缘继承尤其是嫡长子继承，不一定能保证合法继承者的优秀性。现代医学似乎证明，任何一个优等家族，都不能保证其子孙代代优秀，迟早是要蜕化的。中国古代有所谓"君子之泽，五世而斩"（《孟子·离娄》）的说法，对这句话的解释很多，但其中的确隐含了生物进化中的变异或蜕化原理。有时，血统越纯，蜕化可能越严重。严格甚至残酷的后宫制度，对于谋求皇位万世不替者来讲，可能适得其反。

血缘继承的最严重弊端，则是它缺乏并且越来越缺乏执政者所应该具备的代表性。

按照现代政治学的基本原理，执政者必须有基本的合法性——代表多数民意。起点是由相对多数人选出，运行也需要多数人支持。一旦失去多数民意，就要按法定程序重新来。这也可称为合法的"政变"——改变执政者。

而血缘继承从本质上排除民主选举或政变。

虽然我们不可否认，改朝换代的初期，或某个特定时期，执政者可能拥有多数民意，但在整个古代社会，政治制度中没有法定的民主选举的安排，或者说，也不可能有这样的制度安排。这就决定了血缘继承必然缺乏或丧失多数民意，形成或迟或早的被动政变——由敌对者和民众起来造反，发生改朝换代的大变故。

对于这种情况，最高统治者不是没有警觉和防范。除了在理论和教化方面实行一系列为民保民的舆论宣传外，历代还有许多惠民的德政实施。有些理论和德政，甚至不比今天民主国家的说法和做法逊色。

为了保证江山永固，历代对皇子特别是太子的培养和教育，达到了当时所能达到的顶峰。

至迟从西汉开始，就建立起对太子的定向培养制度，从选配师傅到设置官署，从思想教育到实践锻炼，国家的优势资源和重要平台，都向太子高度倾斜。

清代的乾隆皇帝幼年时，即受到其祖父康熙皇帝的格外眷顾，并给予了极其周到的教育和培养，使本来就天赋异禀的弘历成长为一个优秀的帝王接班人。

即使如此，仍难免事与愿违。一个小圈子内，一个从小在锦衣玉食的环境中成长起来的人，不可能对底层民众的生存状况和心理需求感同身受，必然会与真实世界隔离越来越严重。晋惠帝对大臣说饥民"何不食肉糜"（《晋书·惠帝纪》），肯定不只是一个笑话。

至于随心所欲、穷奢极欲的种种行为，在历代中后期的帝王身上都屡见不鲜。有时，甚至在开国初期或者不久的帝王身上也会见到。因为君主专制的血缘继承制度本身，必然会造成这类当政者的出现。

于是，继承者质量的逐渐蜕化、与之相随的代表性递减，以及不时的改朝换代，就成为传统政治格局中的常见现象了。

可遇不可期的"伯乐相马"

历代帝王和与帝王有关联的王公贵族，主要是靠血缘世袭走上官位的。那么，给帝王服务的各级官员，又是如何选用的呢？

办法很多。

大致而言，有基层干部的选举制、盛行于春秋战国时期的客卿制和军功制、两汉时期的察举制，以及魏晋南北朝的九品中正制等。

所谓选举制，是上古"自然长成的民主制"的遗存。因为"公天下"变为"家天下"后，高层"选贤与能"的禅让制变成了世袭制，而基层乡里等组织中，仍实行类似上古"选贤与能"的做法，故又称"乡举里选"。

这种基层民主推荐的做法，在后世延续甚久。比如汉初名将韩信，就因为在乡里表现不好，不得"推择为吏"（《史记·淮阴侯列传》），连个乡镇干部也混不上。

客卿制，也可以叫招贤纳士制，是春秋战国时期盛行的人才储备制度。

在这个时期，传统的宗法制和分封制日渐式微，一些诸侯国日益做大，相互之间的兼并战争愈演愈烈，对人才的需求也前所未有。原本处于贵族末端的"士"，因为独特的地位和自身条件，成为各国人才争夺的重点对象。当时的秦、齐、楚、燕等国，竞相改革传统的用人制度，千方百计招揽优秀人才。以"士"为主体的各种人才也空前活跃起来，到处奔走游说，待价而沽，朝秦暮楚，择善而处。有的游士一旦得国君赏识，即可拜为"客卿"，甚至出将入相，大显身手。史上有名的商鞅、范雎、苏秦、张仪等人，大都出自这一阶层。

军功制，就是拿敌人的脑袋来论功行赏。秦国实行这一制度最为彻底，故其军队战斗力最强，号称"虎狼之师"，在兼并战争中最终胜出。

察举制，简单地说，就是考察后予以推荐任用。

古代君王听说或遇到有本事的人时，往往会亲自请他到朝中来当官，比如周文王遇请姜子牙。后世的帝王可能没这闲工夫，就会下诏征聘人才。朝廷重臣和地方要员看上某个能人，也可以请来帮忙，即自辟僚属。这两种方式史称"征辟"，征指帝王征聘，辟指官员招揽，可谓察举制的前身。

汉朝的开国皇帝刘邦"马上得天下"后不久，曾下诏郡国，要定期向朝廷举荐人才。到汉文帝时，初步形成了一套具体做法，即由皇帝下诏，确定举荐的科目；由丞相、列侯、公卿和地方郡国按科目要求考察、推荐人才；由皇帝对被推荐者策问；根据对策的水平高低授官。从史籍所载看，汉代察举的科目分类有常科和特科两大类，常科主要有孝廉、茂才（后世的秀才，因避东汉光武帝刘秀之讳，改秀为"茂"）等，特科主要有贤良方正、文学、明经、明法等。

无论哪一科，都得先由郡国官员组织被荐者所在乡间进行评议。有的地方，还形成每月初一由当地名士垄断的评价人物的"月旦评"。如《后汉书·许劭传》载，汝南名士许劭主持"月旦评"，曹操死皮赖脸要人家评评他，许劭不得已，说曹操是"清平之奸贼，乱世之英雄"，曹操闻言后"大喜而去"。据说后来的司马懿，也是在"月旦评"中崭露头角的。

九品中正制则是在察举制的基础上所实行的更为规范的一种人才荐举制。简单地说，就是由中央任命中正官，由中正官专门负责人才考察和评价工作，并按照九个品级（后来实际上只有上、下两个品级）推荐上报。它初行于曹魏时期，盛行于两晋南北朝。

这几种制度，除了军功制外，其他或多或少有相通之处，就是由上级领导或特定之人，发现、考察和推荐、选用人才，具有"伯乐相马"的性质。

伯乐相马，不失为选人、用人的可行办法。伯乐往往阅人无数，独具慧眼，可以发现和使用优秀人才。周文王发现姜子牙，秦孝公重用商鞅，鲍叔牙力荐管仲，萧何月下追韩信……历朝都有类似的动人故事。

实践也证明，有些特立独行的优秀人才，也只有独具慧眼、出于公心的伯乐才能够发现、欣赏和推荐、使用。否则，也只能是怀才不遇，遗憾终生。所以世人感叹，"千里马常有，而伯乐不常有"（韩愈《杂说·马说》）。

因为伯乐不常有，伯乐的视野会有顾及不到的地方，伯乐也不一定总是出于公心，故难免埋没甚至残害"千里马"。雄才大略的秦始皇，眼界和智商之高，远非一般的伯乐可比。当年读到韩非的著作时，秦始皇的仰慕之情溢于言表，据传甚至不惜动用武力向韩国讨要此人，后来，却听信谗言，杀了这匹"千里马"。千古一帝尚且如此，其他伯乐就更可想而知了。

有没有补救的办法呢？

有的。比如在制度设计上，把民意即社会声望作为基础环节。前已述及，起源于上古时期的"乡举里选"，以及后来的各种推荐制，对人才的民意基础是比较重视的。在实行初期，众目和众意，可以起到补弊纠偏的作用。但时间一长，问题就出来了。因为范围有限，还因为可以主观选择参与者，把持测评的主管会左右民意，使民意成为己意，或者使己意成为民意。被荐者沽名钓誉、弄虚作假的现象，也会随之而来。

越到后来，这种现象越发普遍和严重。汉顺帝时，河南尹察举6名孝廉，权贵指定的就有5人，且都名不副实。人们对此嘲讽为"举秀才，不知书；察孝廉，父别居。寒素洁白浊如泥，高第良将怯如鸡"（《抱朴子·审举》）。

民意和声望靠不住，人才的一贯表现或者家庭身世总是靠谱的吧？

好像也有问题。

在两汉察举和魏晋南北朝的荐举中，是比较重视这一点的。用现在的话说，是要历史地、全面地看待所选之人。特别是在九品中正制实施期间，既要"核之乡间"，看你在当地的声望如何；又要调查家世，看你的出身好不好；中正官还要据此写出各人的"行状"，即一贯表现，并评出等级。

请托依附、篡改身世与履历的现象随之出现了，专门研究家世的谱牒之学也应运而生。到后来，门阀政治形成了，表现好坏看关系，品级高低由出身，最终形成"上品无寒门，下品无士族"（《晋书·刘毅传》）的局面。

毛病的根源，在于各种形式的推荐考察本质上都是"人对人"，即由少数人甚至个别人在少数人中选人。

只要是直接的"人对人"，不管主持者是谁，时间长了，"伯乐"们必然产生感情因素和利益纠葛，难免重人情世故，有意无意地走眼失神，使弄虚作假、投机取巧者得逞，或者偏向利益集团，形成仕途垄断、阶层固化。

　　几乎所有的人才推荐选拔，最后都会走到这一步。

从"人对人"到"人对文"

各种形式的推荐制弊端丛生时，科举制就走到了前台。

实际上，科举制萌芽于推荐制。

科举制也叫"分科举人，试策取士"。分科也好，试策也罢，在推荐制中，均已有之。两汉和魏晋南北朝的孝廉、茂才等，就是"分科"，策问或对策就是"试策"。可见，任何一项制度，都不可能完全凭空产生。

但科举制与推荐制，是性质大不相同的两种选人制度。

二者的区别在哪里呢？

简单地说，是由"人对人"变成了"人对文"。

前已述及，各种形式的推荐选拔制度，主要是靠推荐者对被推荐者的主观判断来定高下和取舍的，没有或缺乏客观统一的标准。因此，最终都难免沦为人情关系的较量和利益集团的垄断。

与之不同，科举制最大的特点，就是一改千百年来的选人办法，由"人对文"来选择人才和官员。所谓"人对文"，是说把考试成绩——确切地说是笔试成绩，作为选人的首要或主要依据。

史学界一般认为，科举制大概诞生于隋代。但隋的国祚不长，科举制在那时也还是个雏形。

唐武德五年（622），由吏部正式主持开科考试，并以笔试成绩录取秀才1人、进士4人。有人说这是中国历史上第一次正式的科

举考试。（参《旧唐书·高祖纪》）

科举制正式出现在隋唐时期，除了人们的主观认知外，也有客观因素。

据史家考证，纸张的出现和普遍使用，是在东汉蔡伦发明（一说改进）造纸术之后。在这之前，若要实行大规模的科举考试，恐怕就有些困难了。总不能让每个考生背上一大捆竹片、布帛或几张羊皮到考场应试吧。

隋唐以后，纸张广泛使用，科举考试也得以实行。

把笔试成绩作为选人的主要依据，凸显标准的客观性。薄薄的一张纸，阻隔着千百年来的人情和利益关系。

当然，这项制度是在实践中不断完善的。

比如唐代，考生还可以将自己的诗文事先送给达官贵人甚至主考官阅读点评。据说晚唐著名诗人杜牧，就是通过这种方式考中进士的。（参唐·王定保《唐摭言》）

到了宋代，则严格禁止考生与考官接触，并对考生试卷实行"糊名"。北宋苏轼在元祐三年（1088）当主考官时，好友李廌参加科考。李廌自以为才华出众，信心满满，苏轼对他的行文风格也很熟悉，有心提携。苏轼与另一位主考官黄庭坚阅卷后，把认为是李廌写的卷子排在第一。不料拆封后，却不是李廌，两人只好"怅然出院"（宋·陆游《老学庵笔记》）。

虽然纸上竞争能挡得住纸外的人情关系，纸面中的主观好恶如何防止？

同一篇文章，你看很好，我看不行，在阅卷中是常见的事。看过《儒林外史》的人，都知道"范进中举"的故事。他不知道考了多少次，总是落榜，后来碰上主考官周进，很是欣赏他的文章，才考上举人。

如何才有个公正的判断？那就尽量找高水平的人当考官，并隔绝考官与考生的关联。历代都有这样一些具体制度。

如果这样还不能保证客观公正怎么办？那就尽量出一些类似后世填空、问答之类的客观题。对主观性很强的策论文章，则尽量程式化、标准化。明清时期的八股文，就应运而生了。

后人提起"八股文"就义愤填膺，殊不知这在当时是多么重要的改革举措。否则，科举的客观公正性就要大打折扣了。

对试题的改进当然有利于客观公正，但有意或无意泄露试题，肯定会造成极大的不公正。因此，历代为防止泄题，有过严格的防范措施。比如，至迟从宋代开始，一经确定正、副主考官后，就要"锁院"，即隔绝他们与外界的联系。当时没有电话、手机之类的现代通信设备，想要泄题还是比较困难的。有时是皇帝亲自命题，藏于密室，临考前交于主考官。

尽管如此，考题泄露之事还是时有发生。

唐宣宗时，就曾发生史载的首次泄题案。此案处理结果便是已登科的 10 人，一律被取消录取资格；负责此事的官员有的被降级，有的遭罚俸。（参《旧唐书·宣宗纪》）

明清时泄题之事最多。我们所熟知的明代唐寅（唐伯虎）就曾身陷"泄题门"。主考官或被勒令退休，或遭降职；唐寅本人原有功名一律被剥夺，从此绝意仕途，纵情山水之间。（参明·周玺《垂光集》）

雍正十年（1732），河南学政俞鸿图奉旨到湖北武昌做主考官。尽管他严密防范，其小老婆还是暗地卖题受贿。事发后，俞鸿图被腰斩。据说身躯成为两截，神志仍还清醒。他痛苦万状地两手撑着

上半截身子，以指头蘸血，写下七个"惨"字后，才慢慢死去。（参《清史稿》《清实录》）

考官有可能泄题，考生更有可能作弊。成千上万的考生，作弊之法花样翻新。在防范考生作弊方面，历代可谓千方百计，越来越严。从唐代开始，就将贡举考场与外界隔绝，称为"棘围"。宋代以后，对考场的座次设置、座号编排、试卷制备及收发方面，都有严格的操作规定。考生进场前要搜身，以防夹带；考卷要糊名，使考官无法得知考生情况；考卷还要誊录，以防阅卷者认出考生笔迹。可以说，现代考试防弊的一些做法，就来源于科举考试防弊法之中。

经过层层考试筛选，从秀才到举人再到进士，是不是就算完了呢？

没有。

唐代武则天载初元年（690），曾在洛城殿策问贡士，史称"贡士殿试自此始"。但这种做法与两汉时期的皇帝策问有相似之处，且没有形成制度。

真正的殿试制度，形成于北宋时期。

宋太祖开宝年间，因落第举子徐士廉控告知贡举（主考官）李昉"用情取舍"，太祖下令从落第举子中选出近200人，由他亲自在讲武殿主持重试，淘汰了一些不合格者。宋太祖把李昉降职，同时宣布将殿试作为常制，把科举取士之权从主考官手中夺了回来，使科举及第者成为"天子门生"（《宋史·选举志》）。

这种做法，也等于把笔试与面试结合起来了。

通过如此严密程序考选出来，是否就能当官主事呢？

不一定。

在各种形式的推荐选拔制中，选士与选官往往是一起进行的。有时，选官与对在职官员的考核也是不分的。这样看起来是简化了程序，实际上是在"打乱仗"。

在科举制实行过程中，逐渐改变了这种做法。在正常情况下，科考由礼部负责，科考入选后能否入仕，则由吏部负责。也就是说，选人（士）与选官是分开进行的。

如唐代对进士及第者，还要由吏部进行身（身材相貌）、言（言辞谈吐）、书（文字书法）、判（撰写判词）的考核。当时也叫"释褐试"，这个说法很形象：只有经过吏部的考试，才能脱去百姓通常穿的褐色衣裳，换上不同颜色的官服。（参《旧唐书·职官志》）

有人会产生疑问，科举制只重视考试成绩，不是重才轻德吗？这样不讲政治、不讲德行，怎么能选拔出符合统治者要求的人才呢？

仔细想想，就会释然。

因为从汉武帝开始，就"罢黜百家，独尊儒术"了，隋唐以后，儒家思想逐渐占据统治地位，科举考试的几乎所有题目，都出自儒家经典。特别是宋代以后，更是把朱熹的《四书集注》作为科举考试的题库和标准答案。

而且，隋唐以后，学校教育与科举考试基本并轨。一个读书人从小所受的教育、所经历的各级考试的内容，都是儒家"三纲五常"和"大一统"之类的。

虽然科举考试既不考德，也不考才，只考知识或者见识，但这些知识或见识，就是统治者所需要的那一套东西。也可以说，科举考试，把符合统治者要求的德、才、识完全有机地融合在一起了。

于是，除了偶尔出现一两个离经叛道的异类外，绝大多数应试者都已是标准的儒生了，还有什么不放心的呢。

这是上千年来科举制得到统治者青睐的根本原因所在。

当然，科举制能做到千年不衰，最重要的因素还是制度设计和运行中的相对公正性。它主要体现在考试标准的客观性、参与科举的平等性和由之带来的阶层流动性。

标准的客观性前已论及。

参与的平等性，主要是指不管出身如何，不管贫富贵贱，原则上都可以参加考试。

比如，允许考生"怀牒自投"，即拿上所需要的证明本人身份的证件自由报名，参加科考。

有人认为，这是科举制与推荐制的主要区别，也是最值得称道的地方。推荐制是要有人说你行才行，这就会在起点上把相当一批人才挡在门外，因而是不公平的。

1977年恢复高考时，有人提出16字方针："自愿报名，领导批准，统一考试，择优录取。"邓小平听后说："第二句话'领导批准'可以拿掉。"

拿掉了这句话，就使高考与推荐有了本质的区别。

正因为有客观性和平等性，科举形成了社会阶层的流动性，"朝为田舍郎，暮登天子堂"（宋·汪洙《神童诗》）形象地说明了这一点。如宋代的宰相吕蒙正、范仲淹等，就是由最底层的寒门通过科举登上天子堂的。

有人统计，在上千年的科举考试中，大约产生出10万的进士，其中差不多一半出自下层百姓。他们中的绝大多数，能忠心耿耿地为朝廷服务。如果没有他们，我们很难想象王朝的情况会是什么样子。

当然，法久弊生，科举制也不例外。

在上千年的制度运行中，科举制有改进和完善，也有弊端和失误。问题的焦点，就是标准的客观性和统一性。

因为人才各有特点，越是大才，越特立独行。要用程序化和标准化去选择衡量人才，难免有人不适应这种选才方式，被排除在外。

这也正是科举制的公正性所在。换句话说，科举考试能选择符合标准的一般人才，但不保证不合标准的特殊人才入围。

至于科举制的刻板程序和一成不变的内容，自然会使选择的人才缺乏异质思维和应变能力。从人才培养和选拔角度讲，这可能是个问题；但从制度宗旨即谋求王朝永固的统治看来，恰恰相反，这还可能是个优点。

所以，当1905年9月2日清廷正式停摆，科举制正式废除之时，真是"几家欢乐几家愁"。

"数数人头"也不易

与从前改朝换代总要血流成河相比,辛亥革命可谓死人最少。武昌一声枪响,大厦顷刻颠覆。真所谓"一帮乌合之众摘了清王朝的烂桃子"。

何况,它不仅仅是传统意义上的改朝换代,而是结束了两千多年的君主专制制度。真是成本最小,成果最大。

这与传统帝制已经走到尽头有关,也与领导这次革命的主要人物的理念有关。

在鸦片战争之后"西风东渐"的浸润下,无论是孙中山、黄兴、宋教仁,还是当时其他革命团体领袖,都既有"武打天下"的言行,也有"和谈国家"的主张。

人类历史的进步表明,"与其砍下人头,不如数数人头"(萨托利《平等的面面观》)。于是,要立宪,要建立议会,要民选总统,要实行责任内阁,……凡此种种,要走民主共和之路。

殊不知,"数数人头"也不易。

从全球范围看,好像没有几个国家在由"砍人头"向"数人头"转变时,会一帆风顺。许多发达国家当年的民主历程,充满腥风血雨;欠发达国家向民主政体过渡时,社会动荡好像更加剧烈。

回顾一下辛亥革命以后中国走向民主共和的路程,也很不顺当。

从 1912 年孙中山当选中华民国临时大总统，到 1949 年蒋介石败走台湾，大陆境内几乎无一日安宁。这中间有传统帝制的回光返照，比如袁世凯称帝和张勋复辟；有军阀混战，以及南北政府的并立；有日本的入侵，还有国共两党的合作与斗争。至于曾经闹得沸沸扬扬的"曹锟贿选"，实在该算是一种"文明进步"了。毕竟用钱买票总比用枪上位好一点，尽管给钱的后手中也有枪。

为什么会这样？

宏观上看，中国传统社会中缺乏民主法治的文化因子。社会各个阶层，包括接受了西方民主政治思想的精英分子，对作为价值观的民主和作为治国方式的民主，不能全然理解和认可。大多数人实际上认可和接受的仍然是权力导向，而不是规则导向。你要讲规则，他要动拳头，不乱才怪！

也可以说，中国经济社会发展的程度，或者说中国的具体国情，使西式民主政治有些"水土不服"。因为民主有普世的原则，也有具体的时空要求。如何把基本原则与具体国情结合起来，需要一个过程。

在一个具有悠久集权专制历史传统的国家，在还比较贫穷或利益分化严重的时候，民主实行起来就比较困难。弄得不好，还会有风险。

而对民主的具体规则，也需要真正的理解和掌握。

比如，民主选举就是"数人头"，具体到某个阶段、某个职位，应该数哪些人头，不数哪些人头，都是大有讲究的。"数"不好，就会发生混乱。

再如，民主选举的基本前提是"知道"二字。在程序与方法设计上，如何保障选举人和被选举人的这种基本权利，也很重要。否则，就会出现虚假等问题。

当然，如果从价值观或者目的论的角度来看，民主本身的"乱"与"假"，是难免的。因为民主就要七嘴八舌，民主就要恪守程序。只要公民广泛参与了，程序走到了，就应该接受和承认。

进一步说，民主的本质是"数人头"，重数量而不管质量。不少人认为，没有也不应该有评判质量的具体要求和客观标准，否则就是不民主了。

目前世界上多数国家，都号称是民主国家，但民主的层次和程度是不同的，或者说五花八门，各有各的特色。

以美国为代表的民主政治，无论在宏观方面还是微观方面，在许多人看来，几近完美。尤其是托克维尔《论美国的民主》一书问世后，风靡全球，美式自由民主制度几乎成了世界的范本。以至于日裔美国学者福山宣称，自由民主制度也许是人类意识形态发展的终点和人类最后一种统治形式。除了自由民主制和资本主义，人类社会没有别的进化了。

这就是所谓"历史的终结"。

真的是这样吗？恐怕不是。

以美国为代表的自由民主制度本身，还有许多需要改进和完善之处。比如，选举舞弊问题，就一直存在于民主选举的过程之中。有时民主解决不了的问题，由法治来解决；当法治也解决不了时，就有可能出现社会动乱。这在欠发达国家中，可谓屡见不鲜。即使在一些发达国家，也不时出现因选举不公而引发的街头抗议乃至族群分裂。

即使民主制度本身已无懈可击，是否仍需要大动干戈地进行全民选举，恐怕也是值得考量的。

走向多元与轮替

两千多年前，亚里士多德曾对国家的各种统治形式，特别是民主形式，做过考察和分析。

他认为民主有两条基本原则：一条是"自由"，一条是"按照你所喜欢的方式生活"。这两条原则，本质上都是尽可能地"不受任何人统治"，实行的理想结果就是"轮流地统治和被统治"（亚里士多德《政治学》）。

用中国话讲，就是"轮流坐庄"。

熟悉世界史的人都知道，古希腊和罗马城邦的民主制度，尤其是雅典城邦的民主模式，就是如此。

当代一些国家的民主制度，实际上也含有这两条基本原则的因素。社会多元发展，富裕程度较高，自由平等理念深入人心，公民的各种权利有充分法律保障，两党或多党定期竞选，轮流执政。这一切的前提，是社会的多元发展。其中包括社会分工的多元、价值取向的多元，以及选官方式的多元。

自从亚当·斯密《国富论》深刻揭示生产分工与市场经济之间的互动以及对社会发展的推动以来，人类社会总体上处在由分工细化而不断进步，由进步而又促进分工细化的过程之中。农耕社会自给自足的一元经济，几乎完全让位于全程分工的全球化经济。无论从纵向还是横向上看，世界上几乎所有的国家和地方，都已成为或将成为全球化中的一个部分、一段链条，谁也离不开谁。

原来由分工产生的阶层和阶级，由于分工的不断细化和多元，将逐渐趋于平缓。由经济分工的平等向社会乃至政治分工的平等进步，可能是人类社会发展演变的规律。

"只有社会分工的不同，没有高低贵贱之分""行行出状元"，将不再是宣传口号，而成为主流社会的现实和价值取向。

既然"行行出状元"，何必都去当官。

人们的行为选择将日渐多元，拥挤不堪的官场将会变成那些真的只想"为人民服务"者施展才能的平台。

其实，无论古今，当社会处在这样一个发展程度，即利益相关的人们资质相同或相近时，或者说"大家都差不多"时，短缺资源的分配，不一定都需要民主方式。

《后汉书·刘盆子传》说，赤眉军首领樊崇想拥立皇帝，在军中寻找到70多个刘氏后裔，其中刘盆子与其兄刘茂以及刘孝三人，血缘关系最近，资历差不多。樊崇认为古代皇帝带兵出征时称为"上将军"，就在一个竹简写上"上将军"作为符书，又拿另外两个同样的空竹简放在竹筐里，让刘盆子等三人按长幼顺序抽取竹简。刘盆子年纪最小，却在最后拿到了"上将军"的符书。将领们便都向他称臣跪拜，刘盆子就这样稀里糊涂地当上了皇帝。

20世纪五六十年代的陕北农村，每年春节前夕，政府都要救济。就一个村子而言，几十户人家的贫困程度，基本相当。而政府的物资有限，不可能家家有份。怎么办？民主推荐吗？很可能一家一票。领导指定吧，难保不优亲厚友。最省事也是最公平的办法，就是抓阄。每家一个人，几十个纸团，谁抓到算谁的，大家没什么意见。

因为这样做是"天择"，当事人得服气。

顺便说几句，在陕北，把这种做法叫"拈瓦瓦"。许多人不理解是什么意思。这大概是，在远古时代，遇到难以公平分配东西的时候，首领们会找到几块石头或瓦片，刻画上符号，倒扣地上，大家来拈取。"拈瓦瓦"，就成了抓阄的历史源头和代名词，甚至一直到今天，仍不时在沉淀的历史记忆中泛起。

抓阄或"拈瓦瓦"之所以公平，而且省事，重要前提就是"大家都差不多"。用现代法律语言讲，就是在资质或资格相同或相近的情况下，稀缺资源分配最便捷和最公平的办法，就是抓阄，也可以是摇号和扣签等方式。

这是人类长期实践经验的科学总结。它的公正性在于，世上本来就没有绝对的公正，只要方法和程序设计公正合理，并且能够照此实行，就是公平正义。

我们再回过头来看看，察举制的弊端是难免造成名实不符，九品中正制容易形成阶层固化，科举考试进来的往往有识无能，民主选举则不时让庸人当政。历史上没有哪一项选官制度，能够一劳永逸地解决公平正义问题。

制度建设只能是一个与时俱进的过程。

人类社会是螺旋式向前发展的，有时看似回到原点，实则是走向未来。最原始的"大家都差不多"，与最发达的"大家都差不多"，作为资源分配的前提是一样的。

当人类社会发展到物质丰富、精神高尚、自由平等的时候，用什么办法选官，最为公平且成本最低呢？

可以是民主选举，但这比较麻烦和费事。

可以是毛遂自荐，只要大家不争不抢，这样比较省事。

可以是抽签、抓阄，这样不太费事，也比较公平。

只要大家资质或资格都差不多，而且只要你还愿意"当官"，机会是有的，而且是平等的。那么，还需要大动干戈地去争、去抢、去选举吗？

"皇帝轮流做，明年到我家"，为什么不坐享其成呢？

即使轮不上做官，干其他事业也不比做官差，为什么还要一定去做官呢？！

我们有理由相信，社会终究是会向这个方向演进的。

历史不会终结，所以民主也不会是最后的选择。

『衙门』流变

"官不修衙"的变异

古代的官署叫"衙门",还有"八字衙门朝南开,有理无钱莫进来""铁打的衙门流水的官"等说法。

有人考证,"衙门"是由"牙门"转化而来的。牙指猛兽的利牙,用来象征武力。汉末时,"牙门"成了军旅营门的别称。因"牙"与"衙"音同,"牙门"讹为"衙门",后来逐渐用于官署。唐时"衙门"一词广为流行,北宋以后人们就只知"衙门",少有知"牙门"的了。

古代几乎所有的官衙大门左右都要砌两道墙,沿门两侧呈斜线往前方伸展,像个"八"字形状,这就是"衙门八字开"的由来。

至于朝向问题,有人认为,中国位于地球北半部,一年四季阳光都从南面射入。房屋朝南,便于采光,长住其中,益于健康。也有人说,古人虽然不知道地球是圆的,但有"五行八卦"和风水之说。在八卦中,北方属坎位,五行中属水;南方是离位,五行中属火。帝王是龙的化身,自然要坐在水上去压火。故《周易·说卦》云:"圣人南面而听天下,向明而治,盖取诸此也。"

与南面为尊位相反,北面在古代是卑位。因为"北"的本义是"背"或"相背"。甲骨文中,"北"字就是两人背靠背的样子。东汉许慎在《说文解字》中说:"北,乖也。二人向背。"古时两军作战,打了败仗而逃跑的一方,总是背对敌人的,所以"北"有了

"失败"的意思，打了败仗就叫"败北"。在政治方面，则有"北面称臣"之说。后来还被引申为在各种竞赛中失利。

除朝向外，古代衙门的选择大都在交通要道，或临水，或靠山，便于生活，利于防卫。

衙门建筑规模和装饰则有不同的等级标准，不得逾越。官衙大门上，通常有铁钉或铜钉，其数量和排列也是有等级规制的。比如天子用九九八十一道钉，诸侯以下递减。内行一看门钉数量和排列方式，就知道里面是多大的官了。所谓"铁打的衙门流水的官"，并不一定指衙门都是铁打的，而是指衙门像铁铸的一样长期存在，而里面的官员却像流水般经常变动。

与官衙相连的是官邸，也即官员住所。古代的官邸大都建在官衙内的后边。在官衙中，主官享有单独的院落，院内有"庭""堂""内"等区分，有些高级官员的院落还有"园"，即后花园。

官邸本是官衙的一部分，产权属于国家。因为官邸、官衙建在一起，时间长了，难免公私不分，甚至被使用者化公为私。这种情况，古今都有。

值得一提的是，古代有"官不修衙"的传统，即除了皇宫或王宫外，地方各级的衙门一般都比较简朴，很少修葺。

有细心人观察发现，张择端描绘北宋都城汴京（今河南开封）的城市风情画《清明上河图》中，画了100余栋楼宇房屋，包括酒店、商店、茶坊、旅店、寺院、医馆、民宅等，却好像找不到一栋可以确认为官署的豪华建筑。

画中城门口有个三开间的平房，可能是这幅长卷中唯一的政府机关——税务所，看起来很简朴，跟普通民居差不多，比起临街的酒楼商铺来，逊色多了。

如果说《清明上河图》毕竟是当时的市民风俗画，不必反映衙门情况；那么，后来成为南宋都城的杭州，衙门的实际情况又如何呢？

据说北宋大文豪苏轼，于宋神宗熙宁四年（1071）到杭州任通判（相当于副市长），发现州衙的屋宇破败不堪。十几年后，苏轼又到杭州当知州（相当于市长），发现州衙仍未整修，更加破烂。在他任职期间，州衙有一处房屋倒塌，压伤了衙门内两名书吏；还有一次州衙的鼓角楼倒了，压死鼓角匠一家四口。他曾给朝廷打报告申请维修费用，几番周折，也没有落实。

宋朝是学界公认的富裕朝代，但衙门却如此破旧不堪，实在令人感叹。无论是宋代之前还是之后，好像除了皇宫外，地方衙门鲜有多么豪华气派的。

可见"官不修衙"的惯例，在古代确实存在。

这大概因为，传统社会的政府实际上一直是"小政府"，财政规模有限，通常不设专门的修衙经费。比如清代规定，地方官想修建衙署，一概由官员自掏腰包，从他们的养廉银中分期扣款。这种情况下，哪个官员愿意多此一举去修官衙？

还有，旧时朝廷的工程立项与预算日程表中，修衙通常被列为"不急之务"，远远排在教育、河防等其他公共事务后面。地方官员的修衙申请，常常会被搁置一边，甚至如泥牛入海，不见踪影。

何况，修衙难免要劳民伤财。宋代地方使用民力，是要按市场人力价格支付工资的。因为缺乏足够的资金，免不了会出现拖欠薪资的情况，从而埋下社会隐患。明智的官员大都不干这种事。

与"官不修衙"相连的另一句古语，是"客不修店"。

二者道理相同。因为古代一个地方主官在当地任职通常也就是三五年，如住店的旅客一样你来我往，犯不着为他人做嫁衣裳。

古代"官不修衙"的惯例，可能导致地方官滋生因循守旧、得过且过等习气。但"官不修衙"背后体现的体恤民力的思想，实属永不过时的执政理念。

"一国两制"的渊源

20 世纪末，为使香港顺利回归，中央提出了"一个国家，两种制度"的主张，即在坚持一个中国的前提下，大陆实行社会主义制度，香港实行资本主义制度，简称"一国两制"。

这是具有政治智慧的理性选择。从制度形态看，也可以找到历史渊源。

史传周朝的国野之分和五服之制，可以算是早期形态的"一国两制"。不过那时的"国"，叫作"天下"。

典型的"一国两制"，要算汉初的"郡国并行制"。

秦始皇兼并六国之后，在举什么旗、走什么路的问题上，朝内发生过激烈的争论。他高屋建瓴，一锤定音，采纳李斯等人意见，废除邦国制，实行郡县制，有的学者称之为帝国制，其核心就是君主专制，天下一统。

秦始皇的初衷，是要把皇位万世不替传下去的。不料秦祚苦短，不过十几年的光景，便二世而亡了。

出身秦末小吏的刘邦夺得天下后，在举什么旗、走什么路的问题上，朝廷中也同样发生了激烈的争论。当时摆在执政者面前的，有两种可供选择的制度模式：一种是周王朝的分封制，一种是秦帝国的郡县制。

这是个两难选择。

雄才大略的刘邦权衡利弊，做出折中的选择：在京畿及其附近实行郡县制，地方长官由中央王朝直接任免；在边远地方实行分封制，先后将部分异姓功臣和刘姓兄弟子侄分封为王，王位可以继承，封国内的官员可以自行任免。这就形成郡县与邦国并存的局面，堪称"一国两制"。

类似汉初这种"一国两制"的做法，在后世不止一次出现。比如魏晋南北朝时期，甚至是"一国多制"。还有辽代和元代的"两面官制"，直至清朝前期的所谓"八王议政"，以及在少数民族地区实行的"土司制度"，或多或少都有"一国两制"的影子在其中。

"一国两制"通常出现在改朝换代之后，或者民族征服和交融之时，是有一些必然性的。

早在春秋时期，就有"非我族类，其心必异"（《左传·成公四年》）的格言，后来民间又有"打虎亲兄弟，上阵父子兵"的说法。"父子兵"好像比其他人更可靠一些，这恐怕是实行血缘分封的重要考量。

汉初朝议时，许多人都认为，秦朝之所以二世而亡，一个重要原因，就是没有分封自己的子弟。一旦有人起来造反，没有靠得住的力量来保卫江山。

曹魏与西晋的分封，也是同样的理由。

但相反的理由也是成立的。比如，当初秦始皇在选择制度时，李斯就指出，正是周朝的血缘分封，导致后来诸侯一家坐大，时间一长，天下四分五裂。其实何止周朝，西汉的"七国之乱"、西晋的"八王之乱"，都是子弟们在造反。

既然如此，帝王们为什么还要这样做呢？恐怕是兼顾政治平衡的酬劳原则在起作用。也就是说，打天下者要坐稳天下，就要论功行赏。

通常情况是，打天下时，亲族之人跟得比较紧，或者担得风险比较大，不给个王侯当当是不行的。当然，非亲族者有时能力更强，功劳更大，不封王封侯也说不过去。

于是，在封同姓时也要封异姓。周初的分封是这样，比如姜子牙虽不是姬姓，但因功劳卓著，就封到了齐国。汉初的韩信、彭越、英布等异姓功臣也都封了王。

在民族征服中建立的王朝中，往往会实行"一国两制"，甚至"一国多制"。胜利者不是用武力去消灭异族，也不是强行拉齐，而是在统一的国号之下，允许各自保留风俗文化，用不同的方式去治理。不管出于无奈还是自觉，这种做法都是值得肯定的。

要看到，在实行"一国两制"或类似制度的时期，由于社会管制的相对宽松，以及客观上存在的地方自治和相互竞争，对经济发展和社会进步是有利的。

有人做过分析，汉初经济社会之所以得到较快恢复和发展，固然与最高统治者奉行"无为而治"的黄老之道有关，同时也得益于郡国并行的"一国两制"。封国的资源开发、土地开垦、人口增殖似乎更快些，富裕程度也更高一些。西汉前期，平均人口自增率为1.2%，当时许多封国的增长率都超过此数字，有的甚至高达2%以上。其中有地理条件因素，也与王侯们自己过日子的积极性有关。

从官制变迁的角度看，"一国两制"状态下，似乎较单纯的"一国一制"，更有利于人才自由流动和成长。长期以来，人们对分裂时期的社会思想自由、人才辈出的情况早有认识或共识。其实，介于统一和分裂之间的"一国两制"也是如此。这其中的缘由，是不言自明的。

纵观历史上的"一国两制",其实行的时间都不是太久。通常十几年或几十年后,就归于一统了。

为什么?从根本上讲,传统社会的"一国两制",本质上是一种权宜之计,是执政者不得已而为之的选择。在儒家大一统观念成为基本执政理念,甚至是全社会的共识后,凡是有点作为的帝王,都不会长时间允许国中有国的。

汉初郡国制并行不久,就有人出来说话。从贾谊、晁错到主父偃,提出过种种对策:文的有"众建诸侯而少其力"和"推恩令",就是用恩泽广施的办法,把封国封得再小一些,数量再多一些,让他们没有力量起来造反。对于封国来讲,这是无解的最大"阳谋"。武的就是直接出兵剪灭。从汉文帝、汉景帝到汉武帝,这两种办法都使用过。武帝以后,郡国制并行的局面也就不复存在了。

在帝国之内,血缘继承的封国寿命短暂,从某种意义上讲,也是咎由自取。虽然封君有责任心,有发家致富的积极性,但官做久了容易滋生腐败,容易产生不臣之心。这就会激化内部的各种矛盾,并为帝国的最高统治者提供剪除的口实,封国之间也会因此产生冲突,甚至相互残杀。

值得我们深思的一个基本事实,就是"一国两制"中起来造反的,往往也果真是那些亲王。

这说明,血缘分封的原因是亲人可靠,但又最不可靠。这好像是个悖论,其实道理也就在"亲近"二字中。因为在传统社会中,越是亲近的人,就越有资格共享天下。三国时期的刘备,就因为头上有一顶不知真假的"皇叔"帽子,人们就认为他最有资格当皇帝。而这些亲近之人,尽管你给他封王封侯,他不一定感恩,甚至会觉得不够,认为你那个帝王位置也应该是他的,或者至少有他的一半甚至一多半。由不满足，到不服气，到不听话，到争天下，这几乎是一条规律。

无论如何，在传统社会中，"一国两制"也只能是一个权宜之计。一旦条件成熟，雄主出世，两制就要变为一制。

古代也有"三权分立"

三权分立，是当今一些国家采用的制度模式。

中国古代也有"三权分立"。

秦始皇统一天下后，在中央设立三公，即丞相、御史大夫和太尉。丞相辅佐皇帝治理天下；御史大夫是副丞相，负责监察百官；太尉主持军事。汉承秦制，也设三公。到西汉后期，三公分别改称为司徒、司空、司马。

三公之下设置九卿，负责朝廷的各种具体事务。秦汉之际，人们用"三公九卿"统称当时的中央官署。

秦以后，丞相权力越来越大，在一定程度上威胁到皇权。比如西汉的王莽、东汉的曹操、北周的杨坚，都是相权最后压倒了皇权。相权过大就成了皇帝的心病，限制相权过大的一些制度就出现了。

杨坚统一全国建立隋朝后，把魏晋南北朝以来汉族与少数民族政权制度的相关成分整合为一体，创立三省六部制，即把行政权一分为三，由中书省发布命令，门下省（隋称内史省）审查命令，尚书省执行命令；同时在尚书省设置吏、礼、度支（后改称民部、户部）、兵、都官（后改称刑部）、工六部，分别掌管人事、文教、财政、军事、司法、建设等事项。六部执掌了古代国家几乎所有的行政事务，一直沿袭到清末。

三省六部制的建立，基本解决了之前相权过大的问题。

隋唐以后，三省合署议事办公，职能趋向混同合一，但其他形式的权力分立制度，不绝如缕。如宋元时期，以中书省管行政，枢密院管军事，御史台管监察。明清时期，机构名称有异，分权性质不变。

司法审判权，也有类似的分立。从汉代到明清，司法权大都由三个机构来行使，具体分工或侧重略有不同。如汉代以廷尉、御史大夫（或御史中丞）、司隶校尉三者行使司法权；唐宋时期通常为大理寺、刑部、御史台；明清时期则是刑部、都察院、大理寺。

监察权的分设情况复杂一些，有时是两权分立，有时是三权分立，有时甚至是四权、五权分立。比如唐代在御史府下设台院、殿院和察院，三院分立，相互牵制与配合。宋代在沿用唐制的同时，又由中央派转运使、按察使、观察使、通判以及"走马承受"（直接由皇帝差遣的监察官）等，对地方实行多元交叉的监察，总称为监司，形成监察权四分五裂的格局。

虽然中国古代有着上述多种多样的"三权分立"，但与西方现代政治制度中的三权分立相比，又有着本质的不同。

西方的三权分立，是对国家全部或主要权力，即立法、行政和司法权实行分立与制衡，不允许一权独大。中国古代的三权分立则不是这样。秦汉的三公也好，隋唐的三省也罢，主要是行政权的分立，至于司法审判权和监察权的分立，也只是一种权力的内部分工而已；而立法权或决策权，通常是皇帝独享的专利，不容他人染指。

更重要的是，西方的三权分立最终都要统一到法，特别是国家宪法中来。遇有重大分歧，只能通过法律途径解决。现代国家的法律，是"公民合意"，不是国家元首或政府首脑的私意。而中国古代的"三权分立"，不管是行政权的分立、司法权的分立，还是监察权的分立，最终都要统一到帝王那里。遇有重大分歧，要由帝王一锤定音。比如中央三省划分，只不过是皇权的琐碎分配。多数情况下，中书省只是皇帝私人的秘书室，门下省仅是皇帝私人的收发室，尚书省也不过是皇帝私人的执行部门。

至于司法审判权，重要案件最终也要听命于皇帝。号称千古明君的唐太宗李世民，要求对死刑判决"三覆奏""五覆奏"，其实奏来奏去，还是要由他一个人说了算。

更有意思的是，中国古代监察官员称为"御史"。一个"御"字，再清楚不过地表明，监察权属于皇帝个人。事实也正是如此。御史一职早在战国时期已经出现，主要掌管国王身边事务，后来才逐渐演变为监察官员。国王通过御史了解各方情况，监督中央与地方官员。元世祖忽必烈有个说法，管行政的中书省是我的左手，管军事的枢密院是我的右手，管监察的御史官是我用来医治这两手的。（参明·叶子奇《草木子》）此说法形象地道明了古代监察制度只是皇帝耳目的御用性质。

在西方三权分立的制度下，总统也好，首相也罢，只要犯了法，难免被独立的监察官查处，受到议会的弹劾，或者法院的审判。

在古代中国，也有一些帝王比较开明，愿意接受制度约束，比如初唐时期的唐太宗，还有北宋时期的宋仁宗等。有的帝王虽然不那么开明，但遇到一些比较执着的制度坚守者，也不得不接受一些约束和批评，这在许多朝代都曾有过。不少史学家对此赞美有加。

在绝大多数情况下，位处九五之尊者，不会受到任何实质性制约。他言出法随，一开口就是"金科玉律"；他一锤定音，一说话就得万民遵循。

遇到开明的帝王，可能出现所谓"治世"或"盛世"。更多的时候，则是国家治理的盲目性和随意性反复出现，最终导致乱世和衰世，直至王朝灭亡。

层出不穷的内朝外化

内朝，也叫中朝，在古代是直接为皇帝服务的机构；外朝，是指设立在宫城外面的政府机构，有时也叫相府。以内控外，是中国古代权力机构演变的一个特征。

汉武帝时，为了办事方便和抑制相权，重用身边亲近侍从，形成一个独立的权力系统，使朝廷有了内外之分。

比如尚书台，本是宫中少府的下属单位，主要负责收发皇帝的奏折。长官称尚书令，相当于后世的秘书长或办公室主任；职员称尚书，也就是秘书。后来为了提升工作效率，尚书台迁到皇帝身边办公，脱离少府而独立。因为接近权力核心故，地位日渐重要。到曹魏开国后，尚书台逐渐脱离皇宫，改称尚书省，正式成为中枢行政机构，类似近代的国务院。尚书省下再分若干"曹"，后来改称"部"，成为政府"部"的源头。

中书省的情形几乎与此完全相同，它原来也是少府的下属单位，不过所管的是皇宫事务性工作。汉武帝时已有中书谒者之职。东汉末，曹操受封为魏王后，设立秘书令，负责上书奏事。曹丕即位后，改秘书为中书，中书省正式成立。原来由尚书郎担任的诏令文书起草工作，转由中书省官员担任。因为与皇帝的近密程度超过尚书，机要之权移入中书省，尚书台的地位因之削弱。隋唐时，中书成为与尚书、门下鼎立的三省之一。

门下省同样如此。秦时门下省长官，执掌殿内往来奏事和侍奉皇上，故称"侍中"。两汉时地位逐渐提高，曹魏时侍中与尚书共同参与国事，地位甚至在尚书之前。南北朝时成为外朝重要的行政机构。

除三省之外，宋元时期的枢密院，本是与皇帝接近的军事参赞机构，也属内朝，后逐渐成为与中书、门下平起平坐的外朝机构。

明代的内阁大学士，起初是皇帝身边的小秘书。朱元璋废宰相后，他本人堪称"劳模"，差不多把皇帝和丞相的活儿都干了，但子孙们就不行了。于是"内阁"权力日重，地位日升，逐渐由幕后走到前台。严嵩、张居正那样内阁中的"首辅"，实际上成为宰相乃至"权相"。

还有清代的军机处。史称雍正七年（1729）用兵西北，因内阁在太和门外，恐泄露机密，就在隆宗门内设置军机房，选内阁中办事严谨者入值，处理紧急军务。雍正十年（1732）改称"办理军机处"，设军机大臣、军机章京、军机大臣上行走等，均为兼职。到乾隆帝时，成为清王朝的中枢权力机关。

历代的内朝外化，有三个值得注意的缘由。

一个是家与国的逐渐分离。

家国一体是中国古代社会的基本特征，在早期的政权结构中尤其如此。当时的宫廷人员和政府官员，并无明确的职责界限。所有官员都为帝王做私事，同时也为国家做公事。用钱穆先生的话说，犹如现代独资经营的小店铺，公司与老板家庭之间，无论财务和管理，往往混合不分。

最初朝廷中九卿的职能，大都是不分家与国的。比如少府，本是九卿之一，主要掌管皇室财政；同为九卿之一的治粟内史，掌管国家财政经济，汉武帝时改为大司农。有人测算，汉代少府年收入远高于大司农。可谓家大国小，也可以说是以家为国。后来为皇帝办私事的机构，逐渐变成一个宫廷系统，九卿才外化为政府系统。

一个是由亲近控制疏远。

亲，主要是皇亲国戚，包括皇帝的血亲和姻亲。封建领主制的血缘分封，是典型的由内控外和由上控下品分封制。无论领主制还是郡县制时的外戚干政，则是另一形式的由内控外。因为在血缘继承制下，总会有年幼的皇帝登基。皇帝年幼，只好援引母亲家族的人来帮忙，或者是母后垂帘听政，或者是娘舅们统领军政事务。秦汉以后，几乎历代都有外戚干政的情况。

近，主要指皇帝身边人员，如秘书、侍卫、宦官等。如前所述各种内朝外化情况，尚书、中书、门下、枢密、内阁、军机等，大都由皇帝身边的秘书或侍卫性质的人员组成，其中有一些是血亲或姻亲，但主要是近而非亲。

"近"里面，最值得重视的是宦官。宦官后来也叫太监。在皇宫中，皇帝和朝臣日常不见面，有事只得通过太监来回传递。这样，太监慢慢就有了弄权的机会。比如，东汉的宦官之祸是很触目惊心的。

但汉代的宦官之祸，还不及唐代。唐代"安史之乱"后，皇帝对将领们充满猜忌，只信任宦官。于是发明宦官监军制度。战区以及比战区小两三级的军事单位，都设有监军。武装部队中形成两个系统，一个是传统的军事系统，一个是可以直达皇帝御座的宦官系统。后来唐德宗又把禁军交给宦官统领，宦官权势更大，最后连皇帝也成了宦官手中的傀儡和玩物。唐朝后期皇帝的生死废立，几乎全由宦官说了算。

明代的大宦官魏忠贤，号称"九千岁"，全国到处给他立生祠，其地位与皇帝不差上下，可谓空前绝后。

一个是由君权控制相权。

君权与相权的纠结，是传统政治中的难解之题，也是内朝外化的主要原因。

封建领主时代，贵族家庭最重要的事是祭祀，祭祀时最重要的事是宰杀牲畜，当时替天子乃至贵族公卿管家的都称"宰"。秦汉统一后，封建制转为郡县制，古人称"化家为国"。也就是说，所有的贵族家庭都倒下了，只有皇帝一家变成了国。于是他的家宰，也就变成了国家的行政首脑，由"宰"而"相"，由原先的做家务变为后来的做政务。

依照字义，丞和相，都是副的意思。丞相也罢，宰相也罢，实际上就是一个副官——皇帝的副官。需要厘清的是，在中国古代，宰相是一种制度，具体职位有多种。处在宰相位置者，秦汉时多叫丞相或相邦、相国；汉代及其以后，有时由大司马、大将军之类官员来行使宰相之权；唐宋及其以后，或叫同平章事，或称首辅等。只要实际上行使宰相职权者，也都可以叫"宰相"。

宰相这个位置，处在一人之下、万人之上，相权往往可以与皇权比肩，这正是历代帝王最放心不下的事情。所以，帝王们必须用最亲近的内朝官，去监控或取代外朝官中最大的宰相，或者说用皇权去控制相权。从尚书、中书到门下，从枢密、内阁到军机处，用心大都如此。

除了用内朝外化的方式控制相权外，在宰相设置和待遇的演变中，也能看出皇权对相权的防范与控制。汉代宰相是领袖制，多数时候是独相制，唐代则是群相制；唐代宰相上朝时还有座位，宋代以后则只能站着了。明清时理论上没有宰相了，大学士也好，军机处成员也罢，都只是皇帝的私人秘书或行走办事之人。

明代的黄宗羲在《原法》中，这样阐述：

古代的国家治理，是把所有权力都集中在帝王手中，天下所有的好处也都收揽在帝王的筐箧中。于是帝王整天心神不定，怀疑有人要夺权谋利。用一个人不放心，再用另一个人去盯着他；设一个机构办事，却担心被欺骗，就再设一个机构去监控它。可问题是天下所有人都知道权力在哪里，利益在哪里，人人都想方设法去追逐权力，于是帝王的防范之法就不得不严密，而防范之法越严密，漏洞就越出在其中，真是法立弊生，防不胜防啊！

中国传统政治中的许多现象，都与这种帝王防人之术有关。统治之要在于集权，官场之防重在分权，分权的目的是集权。分本身是一种防，但还要有专门的防，如明代先设锦衣卫以监视百官，又设东厂以监视锦衣卫，再设西厂，最后又设内行厂，将锦衣卫及东西厂都纳入其监控范围。

正所谓"世上无直人，朝中无忠臣"。人心莫测而必分其权，政出多门办不成事，又不得不集中事权。于是，形成集权与分权的往复循环。

与之相应，层出不穷的内朝外化，也就一直在传统社会中上演。

"过江龙"变为"坐地虎"

去过日本的一些人往往感到纳闷，怎么中国的地方政府，跑到日本的中央政府去了呢？因为我们的"省"，是地方最高行政层级，而日本的"省"，是中央政府组成部门。

其实，在中国古代，"省"本来也是中央部门，后来跑到地方去了。而日本当年搞"大化革新"时，仿照中国唐朝中央政府的三省制度，设立若干省，分掌国务，并沿用至今。多说一句，日本地方政府中的县，相当于我们的省。所以你会看到，经常有中国的一些省与日本的县缔结各种友好关系。不明就里的人觉得这不对等，其实是对等的。

不光是省，中国古代的地方政府，有许多都是由中央或上级政府派下去的。

有时，是把中央监察机构派下去。

秦统一后，地方政府基本上为郡、县两级制。到西汉时，皇帝对地方政府不放心，把全国划分成名为"州"的13个监察区，由中央派出13州刺史巡察各郡。起初刺史为巡行之官，到汉末权力日重，刺史变成了州牧，演变为地方大员，州也由巡察区变为郡上面的一级行政区。于是，汉代的地方政府由秦代的郡、县二级制变成州、郡、县三级制。隋文帝罢郡，地方行政区划基本上是州、县二级制。

时间一长，中央又开始担心地方尾大不掉。到唐代时，把地方划分成名为"道"的 10 个区域,由中央分派 10 道观察使分巡各地。本来是巡察地方的监察官,实际上却常停驻地方,后来就成为地方更高一级的行政长官。到唐朝中后期,地方行政体制逐渐由州(府)、县两级制向道、州(府)、县三级制转变。

宋代则把唐代的"道"变为"路",路的数量前后不一。路本身也是监察区,后来正式成为州之上的一级行政区。路的长官也由巡视官变成一方父母官了。

有时,是把中央行政机构派下去。

金、元两代,中书省是当时中央的相府,一般称为都省。因为是少数族征服中原大国,统治者不敢分权,某个地方出了事,就由中书省即中央政府派人去镇抚,叫"行中书省",简称行省。行省本质上是由中央政府分出一个机关驻扎在外面,所以有人把它称为"流动的中央政府",并不是地方政府。但习惯上,人们仍把行省作为一级地方政府来看待。

明代可能知道行省制度有点说不通,加之又废除了中书省,就把行省长官改为承宣布政使。全国正式划分为 13 个承宣布政使司,俗称十三省。

但严格说来,使是官,司是衙门。明代的地方为 13 个布政使司,而不是十三省。地方长官中,与承宣布政使并列的,还有提刑按察使和都指挥使。布政使管行政,按察使管司法,都指挥使管军事,合称为三司。

到明中叶时,皇帝对地方越来越不放心,于是又由中央派出巡抚官。巡抚本是代天子巡行安抚地方的临时差使,到明末,巡抚由巡行变为常设,后来又在巡抚之上,派设总督,即总管一省或两省行政事务之官。明代的总督和巡抚虽然事权日重,但尚未成为常设官，故地方行政首长最高一级仍算是布政使。但称布政使司为行政区域，实在是名不正，言不顺。就官制言，地方区域也不该称为司。于是到清代时又称省，而总督和巡抚则变成固定的地方政府官员，成了省级政府的首长。

有时，则是由地方政府机构再分派机构下去。

明清就曾把地方高级政府派到低级去，称为监司官。其中由布政使派出的叫分守道，由按察使派出的叫分巡道。到了清朝，俗称道台，也是监司官。这样，地方行政制度，实际上就变成了省、道（分司）、府（州）、县四级。

这种不停地由上往下派出机构，分割地方权力的做法，虽然客观上有一些合理因素，但实行的结果却事与愿违。因为这样的体制往往没有效率，政出多门，终日扯皮；一旦有事，则相互推诿，甚至造成政府瘫痪。

无论行省还是其他地方行政区域的划分，往往也不是为了行政便利，而是为了集权控制。

看看古今地图，既有"山川形便"即因地制宜的一面，也有"犬牙交错"即你中有我、我中有你的一面。通过地理和民族的分割，使你既不能一呼百应，更无力单独反抗。这是古来既秘不宣人又明白如炬的帝王心传。

这种重控制、轻发展的行政区划，影响至今。

历史表明，这种以上驭下之法，本意在中央集权，维护统一，而演变至极，"过江龙"变成了"坐地虎"，最终会形成尾大不掉之势。

无论汉末的豪强割据，还是唐末的藩镇叛乱，以及清末的地方自治独立，都与此有直接或间接的关系。

基层政府的尴尬

中国的基层政府，通常认为是县、乡两级。

"县"，原本与"悬"为同一个字，有悬挂、联系之意。西周时，周王直接管辖的区域叫王畿，畿内土地与周王紧紧联系在一起，故《说文解字》曰："天子畿内，县也。"最初，县的地位可能还高于郡。如《左传·哀公二年》说："克敌者，上大夫受县，下大夫受郡。"

也有学者认为，县是远离王朝中心的边缘地区。

作为行政区划名称，"县"大概始于春秋。春秋后期到战国，各诸侯国把县制推广到内地。秦始皇兼并六国后，确立郡县二级制，全国分为36郡，郡下设县。此后两千多年，县一直是最稳定的地方政府。

与县相比，乡的性质和地位变化就比较大了。

"乡"字始见于商代甲骨文，本义是相对饮食，泛指同族的人聚族而食。由相对饮食引申为趋向或朝向，这个意义后来写作"向"，在先秦文献中常用来表示某个方向的区域，引申出"乡邑"的含义，后来泛指乡村。

作为一级行政建制，"乡"比"县"出现得可能还要早一些，层级也要高一些。

史传夏商周时期，已经有了"乡里制度"的萌芽。《周礼》中，周天子直接统治的王畿，分为"国"与"野"两大区域。在这两个区域中，以"郊"为分界线。"郊"的得名，就是因为它处于国与野的交界处。"国"的本义是王城和国都，王城的城郭以内叫"国中"；城郭以外的周边地区是"郊"，在郊中分设"六乡"；郊再往外的地区就是"野"，在野中分设"六遂"，史籍称之为"乡遂制"。

按《周礼》，乡遂制中，乡的层级为：五家为比，五比为闾，四闾为族，五族为党，五党为州，五州为乡。遂的层级为：五家为邻，五邻为里，四里为酂，五酂为鄙，五鄙为县，五县为遂。

注意，乡在郊中是最高层级，县在遂中处于次高层级，而后世县之上的州，这时还在乡之下。

后世特别是明清科举考试中，每三年进行一次的省级考试，称为"乡试"。很多人不解，明明是省试，为什么要叫"乡试"？这恐怕与古代每三年在乡中进行的"大比"即官员考核有关。当时的乡是地方的最高一级政府；而明清的省也是地方的最高一级政府。

也有人认为，乡试一般在省会举行，之后的会试与殿试在京城举行。相对于在京城而言，省会就是乡村了。

中国古代有"政不下县"的说法，但考诸史籍，其实不然。除了县外，乡在许多时候也是一级地方政府。至迟从春秋战国开始，一直到清末，乡或乡一级的基层组织是始终存在的。其主要职责，不外乎查核上报户口、劝课农桑赋税、维持社会治安、宣传教育乡民等。

与县官不同，乡官的地位和待遇因时而异。

中唐以前的乡官，一般由乡民推举，报官认可；或由地方官府直接任命产生。任职者既有官秩，也有俸给；可免除本身或家庭徭役，可享有赐爵、赐田帛等待遇。

史载汉武帝时，卫太子遭到宠臣江充诬陷，不得已杀了江充。武帝大怒，追捕太子，太子自杀身亡。据说，壶关三老（相当于后世的乡长）令狐茂仗义执言，作《上武帝讼太子冤书》，力辨是非。武帝省悟，诛灭江充全族，并褒奖令狐茂所在之村为"崇贤"。果如此，则当时乡官的意见，有时可以直达天听。（参《汉书·江充传》）

宋以后，随着中央集权官僚制度的强化，乡官身份逐渐成为职役，通常由官府按各户资产高下、人丁多寡轮差。

这一时期乡官的身份具有双重性：作为职，能以"在官"之人的身份行使法定职责；作为役，则必须无条件承担各种差遣义务，且大都没有什么报酬。在赋役日重、百姓逃匿的情况下，有时还要赔上家产。因此，宋代以后，经常出现上户人家逃避转嫁职役的现象。

其实不只乡官，县官的日子越到后来也越不好过。

隋唐以前，特别是汉代，地方层级相对简单，县级政府有职有权，县官也比较好当。宋代以后就不同了，县之上的路府分设帅（军政）、漕（狭义指转运粮食，广义指财政）、宪（司法）、仓（狭义指仓储，广义指民政）等监司官，他们都可以直接对县官发号施令。明代则把一省分成三个司，即布政使司、按察使司和都指挥使司，前两个司又分许多分守分巡的司道。这么多官下面，才是县官。县官服侍、奉承上面的各种长官还来不及，哪有工夫去亲民！

而在传统的官僚社会中，顶层的设计与基层的需求能否协调一致，形成上下联动的良性循环，往往取决于那些处在县乡之上的中间层官员的作为情况。

拿王安石变法的情况来说。

平心而论，变法的许多具体措施，整体上于国于民都是有利的。比如青苗法，应该是新法中最能兼顾国家和民众利益的一种了。因为一年当中，农民最苦的是春天。那时秋粮已经吃完，夏粮尚未收获，正所谓"青黄不接"，但这时农民其实是有钱有粮的。这个"钱粮"，就是地里的青苗，只是不能"兑现"而已。于是那些有钱有粮的富户人家，就在这个时候用高利贷的方式借钱借粮给农民，约定夏粮秋粮成熟后偿还。因为农民有地里的青苗做担保，是一种"抵押贷款"。如果遇到自然灾害，颗粒无收，就只好卖地了。青苗法把放贷权收归国家，本意是抑制民间的高利贷，以及由此可能产生的土地兼并。但到了执行层面，情况就由不得顶层设计者掌握了。

因为在传统政治体制和官员选任体制下，无论顶层如何苦心孤诣地设计和推进改革举措，作为具体执行者的官员们的选择，始终只有一个，就是如何做到政治正确和个人利益最大化。由于缺乏现代民主政治所需的真实信息和合法性基础，顶层就会把官员的政治表态和站位作为优劣衡量和赏罚取舍的主要标准。在高层压力之下，不少地方政府为了彰显政绩和谋取私利，不分贫富，不管是否需要，实行"一刀切"或层层加码的强行摊派。

传统体制下，基层的自主权很少。上层和顶层许多不切实际的指令和要求，使得他们常常处于左右为难的尴尬境地。缺乏自主权的基层政府在具体执法时，不得不选择性地"乱作为"或"不作为"，使本该受益的百姓大受其害。青苗法最后成了害民法。

即使后世，在加强基层政权建设的过程中，许多越来越完善的制度、越来越现代的技术、越来越严格的考核逼得基层不得不做许多徒具形式的无用功，用现代时髦语来形容，就是"内卷化"。

这就好比一个人，虽然大脑有些想法，但身体中的经络气血阻滞不通，作为末梢的四肢早已麻痹了。尽管顶层可能很努力，但由于中层的板结、基层的麻木，结果事与愿违，令人无可奈何。

"十羊九牧"是如何形成的

隋初，大臣杨尚希对隋文帝说："现在地方上的州郡数目，比秦汉时期多了一倍，有些地方面积不到百里，就设几个县，人口不满千户的小地方，却要分属两个郡来管辖。机构林立，官员数量自然成倍增加，这就好比用九个牧羊人去放牧十只羊！"（参《隋书·杨尚希传》）

隋初的这种情况，在北方，大概与割据政权竞相多设行政辖区，便于控制地方和安排官员有关；在南方，则与北方人口大量南迁，并在当地设立侨州侨郡有关。

其实，与隋初相比，其他一些朝代民少官多、十羊九牧的状况恐怕还要严重。比如，研究宋史的人都知道，宋代有"三冗"，即"冗官""冗兵""冗费"。"三冗"之间是有关联的，其中最严重的是"冗官"。

冗官的形成，有多方面的原因。

比如，历代都有任子、荫补等政策，就是老子当官，儿子可以不经考试等程序直接进入官场。优待士大夫是宋代的既定国策，皇亲国戚和官员们的子弟不断通过这项优惠政策，进入官场。

科举之门开得太大。仅宋太宗当政的20余年中，就考录了近万名进士。要知道，科举制实行上千年，总共才考录了10万多名进士。

在职官员的晋升不严格。只要不犯大错，考核期限到了，就可以升级。没有官缺即编制，就想方设法安排一下，总之要享受到当官或升官的待遇。

还有，按规定，不论多大的官，到了70岁就该"致仕"，即退休，但不少官员过了70岁还不退位。

除这些因素之外，还有"差遣制"。

所谓差遣，就是"官、职、差遣分授"。用"官"来养闲人，用"职"来任用亲近之人，用"差遣"来掌握中央和地方的实际职权。

比如中书令，名义上是中书省长官，事实上只是一个高级官衔，只能在家享受这个荣誉。去中书省行使长官职权的人，由尚书省副长官，兼任中书省副长官，然后再代理中书省长官，全称是"尚书右仆射兼中书侍郎判省事"。

用现代机构做个比喻，就是民政部部长不能过问民政部的事，而由财政部副部长兼任民政部副部长，再代理民政部部长，财政部副部长才是真正主管民政的部门长官。

地方上的州县不设正式长官，都是临时性的，他们的本职或头衔在中央，不过暂时兼任或代理州县长官职权，称之为"知州事"或"判某州"。

差遣制中，含有最高统治者的良苦用心，即在安抚老旧亲近的同时，起用有才干者去做实事，这样可使各路仙鬼均得其所，济济一堂。同时，把各级权力牢牢控制在皇帝手中，避免尾大不掉、以下犯上现象的发生。也可以说，君主什么事都想管，却对什么人都不放心。事须得专人，人却不得专事，于是把事分成上下左右几块，把人分成有名分的、享受待遇的、具体干事的、监督干事的、监督监督干事的等好几拨。

这样一来，官僚机构叠床架屋，相互掣肘；队伍不断扩大，人满为患；官制紊乱复杂，无人知晓。官多民少、十羊九牧的情况，在所难免。

还以宋朝为例。有人考证，宋初全国文武官员为 13 000 多人，半个多世纪后达到 24 000 多人。南宋地盘小了许多，但官员多达42 000 多人。

其他朝代的情况也与此相似。通常王朝初建之时，问题不很突出。到了中后期，机构臃肿、人浮于事的情况，就会越来越严重。这几乎是古代社会的一个普遍现象。

缘由自然很多。除了最高统治者对权力的控制外，还有很重要的一点，就是在社会多元价值取向尚未形成之时，在人们眼中，当官实际上是一种福利待遇。不管躺着的、坐着的，还是站着的、走着的，一律论资排辈，平衡照顾，人人有份。这种官职福利化倾向，造成官员使用中毫无标准的攀比现象。提拔越多，需要提拔的就越多。相应地，机构升格、人员升级的势头越来越猛，遏而不止。

仕宦门槛

有德还是无德

我们从关公的故事说起。

在《三国演义》中，关公是忠义化身，道德楷模。他过五关、斩六将，千里走单骑，单刀赴会……为大哥兼君主的刘备，可谓竭忠尽勇，肝脑涂地。

但就是这个忠义两全的关公，在华容道上放走了敌对势力的头头曹操。《三国演义》的作者罗贯中是这样说的：诸葛亮算定"天不灭曹"，故意安排关公给曹操还个人情，因为他知道关公的禀性，是重情义、怜弱者，必定不会向已经狼狈不堪、命悬一线的当年恩公挥刀。

其实所谓"天不灭曹"，也就是个开脱的说法。当时华容道上的阵势，关公是可以灭了曹的。于是，问题就来了。关公这样做，能说是对刘皇叔"忠"吗？

恐怕不能。

当然也有人会说，关公并没有背叛刘备，不能说不忠。

姑且打住，如果没有背叛就算"忠"的话，那么他这样做是"义"吗？

不少人会说，是啊！当年曹操对他那么好，他在关键时刻放曹操一马，正是"义"嘛！那么，与曹操对他的友情相比，刘备与他的兄弟之情是否更重要一些呢？他与刘备桃园结义的"义"呢？要知道，当年结义的初心和使命是同心共死、讨伐逆贼、匡扶汉室、一统天下，而曹操正是汉室最大的逆贼啊！

如果都像关公这样讲义气，刘备还要你这个兄弟干什么？皇叔还能靠谁匡扶汉室、一统天下呢？看来，对你"义"，对我可能就是不"义"。不"义"，"忠"恐怕就要打折扣了。关公还配得上道德楷模的称号吗？

恐怕够呛。

当然，有人会说，忠不忠，不仅要看顺不顺，有时逆言逆行也是忠，甚至更能显示出忠来。有人把这称之为"第二种忠诚"。俗话说："板荡识忠臣、日久见人心。"问题是，"板荡"不是经常有，也不该经常有；"日久"到底要多久，领导能不能耐到足够久。万一"板荡"时候表现出来的是"伪忠"，领导又没有时间去辨认，岂不危险！

更为重要的，所谓忠诚与否，实际上是传统国家中，在上位者对在下位者的单向要求。在现代国家，对官员的要求只能是恪尽职守。要说忠诚，也只能是忠于宪法，忠于职责，忠于人民。

与忠紧密相联的，是孝。

太远的就不说了，汉代"罢黜百家，独尊儒术"后，对官员的考察是以儒家倡导的道德标准来进行的。以孔子为代表的儒家倡导的伦理道德，核心是一个"仁"字。仁，说开来就是教人们如何处理各种人际关系。

比如，在君臣关系中，强调的是臣对君要忠，而且是绝对的忠；在父子关系中，强调的是子对父的孝，同样也是绝对的孝；在朋友关系中，强调的是义，要敢为朋友两肋插刀、赴汤蹈火；在社会关系中，强调的是信，一诺千金，言行必果；在日常交往中，强调的是礼，言行举止，不逾规矩。与忠、孝、义、信等相比，礼更多的是客观外在的行为规范。其他的伦理规范，包括温、良、恭、俭、让等，大都要通过日常的"礼"表现出来。

所以孔子说："克己复礼为仁，一日克己复礼，天下归仁矣！"（《论语·颜渊》）意思很清楚，当所有的人都被形塑到以礼表现出来的忠、孝、义、信等规范中去的时候，天下就和谐有序了。

上述诸多伦理规范中，孝是最基础，也是最重要的。

一个人一生中可能没有几个朋友和其他社会关系，因而无处表现他的信或义；也可能上升不到一定的位置，或者遇不到非常板荡的时期，没有机会在君王面前表现他的忠，但他肯定是父母所生，多数人也肯定由父母所养。

在古代，家庭是基本的生活、生产和社会单位。一个人在家庭中对父母的态度，是可以从日常的家庭生活中有所表现出来的。这其中，既有日常的"养"（赡养），也有平时的"顺"（顺从），还有更深一层的"敬"（敬重）。当一个人能完全一贯地孝敬父母，人们有理由据此推测，他对兄弟、朋友、君主，也不会差到哪里去。用孔子的话讲，孝悌是为人之本，世上很少有孝敬父母的人去犯上作乱。

于是，以孝治天下，把孝作为一个人特别是一个官员应具备的基本道德要求，就是顺理成章的了。两汉和两宋对此尤为重视，倡导孝行的各种理论文章和书籍应运而生，模范人物层出不穷。但是，当把一件事情强调过了头，重视到无以复加的程度，问题就会接踵而来。

与忠相比，孝固然更易践行，也好考察。正因为如此，能达标者也就太多。除非有突出的表现，一般不会引人注目，进不了考察者的视野。于是，就会有人在"突出"二字上做文章。后世宣扬的"二十四孝"图中所载的例子，是其中荦荦大者。实际上，为争取考察入围的资格，还有更多奇特孝行层出不穷。

这就难免产生两大弊端。

一个是伤天害理。比如传说中的"割肝救母""卧冰求鲤""郭巨埋儿"之类。

一个是弄虚作假。汉代有个叫徐武的，被举为孝廉后，把家产分为三份，有意把自己的一份让给两个弟弟而谦让少拿的，以"克让"的名声成为孝廉。之后不久，他又当众宣布自己这样做的初衷，并把自己的全部财产再让给两个弟弟，从而使自己博得更大的声誉。（参《汉书·徐邈传》）

还有一个叫赵宣的，葬亲后，在墓道中"行服二十余年"，孝名大振，州郡官屡次荐举，他都推辞。后来，发现他竟在"行服"期间生了5个孩子！（参《汉书·陈蕃传》）

这在今天看来不算什么，但在提倡以孝治天下的汉代，足以证明他是骗取孝名的伪君子。

顺便说几句。古代官场规则，一旦父母去世，就必须"丁忧"。这里的丁，有遭逢、遇到之意，所谓"丁忧"，就是遭逢居丧的意思。无论多大的官，原则上都必须离职回家，给父母守孝3年（通常以27个月为限），以此报答3岁之前难离父母怀抱的养育之恩。如果皇帝离不开你，要求继续在岗工作，或不到时间就回来上班，那叫"夺情"，意思是为国家夺去了孝亲之情。

丁忧期间，当官者是不能参加娱乐活动的，当然更不能娶妻生子。未当官的士人，通常也要为父母守孝3年。赵宣守了20多年，自然很突出了，但生了那么多娃，反而成了笑柄！

诸如此类的事例，数不胜数。

在实践中，忠和孝往往会是矛盾的。

《韩非子·五蠹》中有两个例子。

楚国有个叫直躬的人，其父偷了人家的羊，他便到令尹（相当于宰相）那儿告发。令尹说"杀掉他"，认为他对君主虽算正直，而对父亲却属不孝。

鲁国有个人跟随君主去打仗，屡战屡逃。孔子问他原因，他说："我家中有年老的父亲，我死后就没人养活他了。"孔子认为是孝子，推举他做官。

韩非子曾说，由此看来，君主的直臣，却是父亲的逆子；父亲的孝子，却是君主的叛臣。君臣之间的利害得失，是如此不同，真是难以适从啊！

忠和孝，是古代社会最主要的两个道德指标，考察和识别起来竟会如此不易和麻烦，其他指标可想而知。

如此看来，有德还是无德，可真不好说啊！

"唯才是举"的效应

德不好辨，才也难识。

大体说来，古今用人的基本原则和标准，正常时期是德才兼备、以德为主；非常时期，则强调唯才是举。

把"唯才是举"叫得最响的，可能要算三国时期的曹操了。据《三国志·武帝纪》，从建安十五年（210）到建安二十二年（217），他连下三道诏令，主旨就是"唯才是举"。

为什么要"唯才是举"呢？

用曹操的话说，是"天下未定，求贤之急时也"，即战乱之时，要用能人应急。他明确提出："今天下得无有至德之人放在民间，及果勇不顾，临敌力战，若文俗之吏，高才异质，或堪为将守，负污辱之名，见笑之行，或不仁不孝而有治国用兵之术。其各举所知，勿有所遗。"大意是：有特殊才能的人，往往背负不好的名声，不要顾忌人们的说法，只要真的有才，不仁不孝也可以用！

这可真是惊世骇俗！因为在这之前的两汉时期，用人的主调一直是德行为主、孝行优先。

历史证明，曹操的做法是对的。乱世才为先，谁拥有众多的人才，谁就有可能当老大。曹操是这样，刘备、孙权又何尝不是如此？在逐鹿中原的群雄中，魏、蜀（汉）、吴最终能胜出或崛起，都沾了唯才是举的光。

其实之前类似的做法也不少。商汤拜伊尹、周文王请吕尚、秦孝公聘商鞅、汉高祖刘邦用韩信，都是唯才是举的成功范例。

那么，如何才能做到唯才是举呢？

我们知道，才有多种，且有显有隐。对大多数人才而言，需要有个展示才能的合适平台或机会才行。战国时期"毛遂自荐"和冯谖"弹铗三唱"的故事，实际上就是一种自荐方式。幸运的是他们碰上了"伯乐"，获得了展示才能的平台，否则，恐怕也难有出头之日。还有一些，是偶遇非常之需才派上用场的。比如，大家熟知的"鸡鸣狗盗"故事，就是如此。

上述典故中的人物，或主动或被动，总归遇到了伯乐，碰上了机会，总算派上用场，得以青史留名。而更多的人才，可能一辈子也没有获得崭露头角的平台和机会。

靠伯乐相马的办法固然可以发现千里马，但伯乐毕竟有限，可遇而不可期。不可否认，只要是人，哪怕是伯乐之类的高人，也会有看走眼的时候。

战国时的赵括，从小熟读兵书，才名卓著。虽然其父母知道儿子名不副实，但在秦国的反间计诱导下，赵王还是起用他取代老将廉颇，结果被秦将白起大败于长平，赵国40万大军几乎全军覆没，赵括本人也未能生还。（参《史记·廉颇蔺相如列传》）

"纸上谈兵"的故事，由此而来。

还有一个诸葛亮挥泪斩马谡的故事。《三国演义》说，马谡素有才名，得到诸葛亮赏识。北伐时诸葛亮任命马谡为先锋，结果马谡指挥下的蜀军在街亭惨败给魏将张郃，使得诸葛亮不得不退回汉中，挥泪将马谡以军法处死。

值得注意的是，赵括的父母深知儿子的问题，曾向赵王提醒，但赵王就是不听。刘备也曾告诫诸葛亮，马谡"言过其实，不可大用"，诸葛亮想到了这一点，但仍然起用了马谡。

为什么？

原因可能有多种。但唯名唯近，过于自信，是通病。可见如何识才，的确是千古难题。

所谓"唯才是举"并不是一概不讲德行。实际上，在领导心中，才固然重要，但德行尤其忠心与否，更为重要。虽然嘴上可能不说，但内心是要警惕的。那些具有高才的人，其实心中也明白这个道理。于是，为了显示有才，为了表明忠诚，就得有些特立独行的言行，有时不得不用极端行为来交"投名状"！

盛传当年的吴起杀妻求将，不就是为了表白忠心吗？问题也由此而生：这样的极端行为，可信度能有多高？

还有，唯才是举必定要不拘一格，打破用人常规。不拘一格有两层意思。

一层意思是，破格重用。往往一夜之间，就可以从一介布衣，甚至一个乞丐，变成万人之上的将军或卿相。那些具有真才实学的高人，因为本就有特立独行的风格，通常不容于他人。一旦获高位，更易遭人嫉恨，往往酿成悲剧。以韩非洞彻人性之才智，尚不免遭谗言暗算，遑论他人！

另一层意思，就是重才轻德。在盛行弱肉强食"丛林法则"的时期，重才轻德的负面效应不很突出。到和平时期，不良后果就会显现出来。

我们还以曹操为例。他在群雄并起之时，大胆实行唯才是举的用人办法，很快胜出一筹。而他本人，据传奉行"宁可我负人，不可人负我"的人生哲学。《三国演义》中描写他疑心太重，杀老友吕伯奢一家，就是例证。

时间长了，形成底线失守状态。大家的行为只遵循一个原则，那就是：你不仁，我就不义；甚至你仁，我还是不义。否则，我怎么撂倒你！

曹氏代汉的过程，在某种意义上说，是久行缺德的"丛林法则"的必然结果。后来的司马氏代曹，与当年的曹氏代刘如出一辙。

这不能不说是一种"缺德"的报应。

论资排辈的利与弊

在官员选拔中，德和才的标准都有些软，不好把握。

那么，年龄和资历是不是要硬一些呢？

中国历史上不乏以年龄和资历选人用人的做法，其中最有名的是北魏时期的"停年格"。

《魏书·崔亮传》载：崔亮升迁吏部尚书即组织部部长前，发生过皇家武装部队因职务晋升问题引起的暴乱，处置此事的高官张彝被害。实际主政的胡太后为了稳定军心，下令武官可依据资历升迁，并让组织部长李韶办理。由于官位少，想升迁者多，李韶按老办法即荐举制选拔，大家都不满意。崔亮继任后，设计了"停年格"制度，即官员不论贤愚，轮流停解，停解年限最长者，首先提拔担任上一级官职。这一做法解决了官多位少的难题，受到那些长期得不到提拔者的赞赏。

这里需要对"停解"一词做些解释。

一般认为，停是停止，解是解职。停止解职，就是任职。望文生义，负负得正嘛！因此，停解年限也就是任职年限。所谓停年格，就是谁任职时间长，就先提拔谁。

也有人认为，停解是指任期到届，解除职务，等待再分配。因为官员太多，官缺即职数有限，候补者要排队等待，才能上岗。谁等待的时间长，就优先考虑谁。

两说都有道理，实质差不多，就是要论资排辈。

顺便说一下，古代的组织部门，一项重要职责，就是"铨选"。说得好听一点，就是沙里淘金，选择优秀干部上岗，但这比较麻烦。于是，就不分金子还是沙子，一律按块头大小排队等候空缺职位，这就是论资排辈。

其实，类似办法不止在北魏实行。

比如唐代，号称盛世的开元年间，吏部尚书裴光庭就曾制定与停年格相似的"循资格"。据《新唐书·选举志》载，这种制度"贤愚一概，必与格合，乃得铨授，限年蹑级，不得逾越"。这里的"蹑"，有"登"的含义，"蹑级"，就是升级。大意是，不论德才如何，一律按资格排队当官，排到谁就是谁，谁也不能破格越级提拔。

这样做，是不是就没有问题了呢？

也有。比如大家任职年限一般长，而可供安排的位置不够用。怎么办呢？

也有办法，那就是"抽签"。

明代万历年间的吏部尚书孙丕扬就曾创建"掣签法"，官员们无论贤愚清浊，一概要凭手气抽签上岗。当然抽签者的前提，是要有这个资格，也就是说年限够了。

"停年格"以及其他类似的论资排辈办法，在制度设计上应归于"懒办法"一类，为什么却屡屡被采用呢？

我们知道，把复杂问题简单化，是制度建设的主旨之一。那些行得通的制度和规则，大都具有这一特征。论资排辈的办法虽然不被智者看好，但却简单易行，既有公平性，也有可操作性。在僧多粥少的情况下，较之其他办法更易于服众。

从崔亮提出"停年格"的具体背景看，北魏历来有尚武传统，军官自视高人一等，非常跋扈。按照当时的荐举制和武官不得当文官的限制，自然满足不了他们当官的愿望。崔亮虽"六为吏部郎，三为尚书"，长期从事选官工作，但他顶不住军人的压力，只好用"停年格"来应对。

当他的外甥刘景安批评这种做法时，他只好感叹："这种做法是不得已而为之，现在连你都怪我，不知后代还有谁体谅我的苦心！"（参《魏书·崔亮传》）

唐代选官注重不次提拔，结果使投机钻营之徒得逞，尤其是武后到中宗时期，尤为混乱，官场怨气弥漫。裴光庭用"循资格"来防范官场上的"冒进"，有其合理因素。

现代管理学研究表明，从概率上看，资历与能力在多数情况下是正相关的。用人要讲资历，就是出于这种概率判断。如果资历和能力匹配，论资排辈就是合理的。

当然，也有一些人的资历与能力不成正比，需要"破格"，这在正常时期应该是少量的，是对"循格"的补充而不是替代。毕竟一个讲究法度的国家，正常情况下应该循资用人，只有在特别需要时才破格用人，否则会造成用人机制紊乱，留下后遗症。

最重要的是，人才的品质与能力很难有量化的评定标准。尽管历代大都有选人的标准和程序，但却不能保证不带主观色彩。循资用人这个办法，能在较大程度上排除主观因素的影响，具有明显的公平性和可操作性。

从制度心理学来看，资格和辈分是硬杠子，不容易产生争议；

人人都会老，谁都不会觉得这个办法对自己格外不公平；已经老的人关系多，经验丰富，许多还是年轻人的师长，就是心里有些不爽，谁好意思公开反对呢！

至于在相同资格和辈分条件下抽签抓阄，则是把前程交给天意和命运安排。而天意和命运，你得认！

尽管人们对明代孙丕扬的掣签法批评有加，但应承认，掣签法虽然不能辨才任官，却在很大程度上遏制了放任营私的弊病，不这样情况可能会更糟。据说，到了明朝后期，崇祯皇帝觉得抽签选上来的官员实在不好用，又提倡保举。结果请托之风愈演愈烈，保举出来的人一茬不如一茬。忧国忧民的人又呼吁恢复抽签制，却发现就连抽签制也成了可望而不可即的梦想。

凡事总是利弊参半。论资排辈固然有其存在的社会需求和合理性，但它所造成的不良后果也是显而易见的。

最主要的弊端，就是让那些平庸之辈有了出头之日。所以明代的顾炎武在《日知录》中评论说，北魏失去人才就是从崔亮开始的。实际情况也大致如此。

至于抽签法，顾炎武则说是"用其所不知"，与孔夫子要求的"举尔所知"背道而驰。因为说到底，论资排辈和抽签一样，都是舍弃了选贤任能的官员选择标准，是蒙上眼睛碰运气的职位分配制度。

与此相关联的副作用，就是官员普遍的不作为或乱作为。既然只凭熬年头就可以升官，谁还愿意拼死拼活地去干活？好不容易熬到官位上，不捞点就来不及了！

还要看到，虽然年龄与资历标准的确比较硬，但"道高一尺，魔高一丈",在足够的利益驱使之下,硬杠子中也还是有软肋的。

　　既然是比资历,就想办法把资历弄得"合格"一些。升迁年龄有上限,就把年龄改得小一些。虽然有组织部门审核把关,但"火到猪头烂,钱到事好办",只要工夫下到,钱送够,没有办不成的事。而在制度缺乏刚性时,碰上个蛮横领导,可就不好办了。

"宰相必起于州部"吗

德才标准偏软,年资标准偏硬,操作中都不好把握。

那么,经历又如何呢?它既不是纯主观的东西,也不是纯客观的东西,而是二者结合的标准,总要好一些吧!

古人早就意识到了这一点。战国时期的法家代表人物韩非子就说过:"明主之吏,宰相必起于州部,猛将必发于卒伍。"(《韩非子·显学》)

用现在的话说,就是明主手下的官吏,宰相一定是从地方官中选拔上来的,猛将一定是从士兵队伍中挑选出来的。

这句话的大意是清楚的,但对其中"州部"一词,需要做些解释。因为在有的引文中,把"州部"说成"州郡",好像与原文不符。

战国和战国之前,州是一个基层行政单位。被公认成书于战国时期的《周礼》载:"二千五百家为州。"《管子·度地》中也说:"里十为州。"里,一般为百户左右,按十里一州的编制,州大概为千户左右。《韩非子·五蠹》中则说:"州部之吏,操官兵,推公法,而求索奸人。"民国学者陈奇猷注:"州部之吏为地方小官。"

韩非子的"宰相必起于州部,猛将必发于卒伍"两句话中,"州部"与"卒伍"是对应的,前者是地方上的基层单位,后者则应该是军队中的基层单位。

战国以后，特别是秦始皇实行郡县制后，郡才逐渐成为地方高级行政单位。后人觉得宰相这样的最高行政长官，应该由地方上的高级行政长官出任，才合乎情理。于是就把"州部"说成"州郡"。殊不知，韩非子说这话的本意，主旨是强调官员要有基层历练，而非单纯的高层职位。

当然，话又说回来，后世在官员选拔中强调经历，既含有基层锻炼的要求，也含有逐级升迁的意思。在这个意义上说，"宰相必起于州郡"也不算错。强调基层经历和逐级提升，体现了官员选拔的实践原则和绩效标准。通常情况下，的确能判别人才的真伪优劣。

不过，也有经历与能力不完全一致的情况。比如传说中的甘茂12岁为相，并没有什么基层经历，照样干得有声有色。孙权起用陆逊时，都说一介书生，担当不起大任，结果他腹有良谋，火烧连营七百里，把老辣的刘备打得一败涂地。

可见，任何标准总有顾及不到的地方，只能从大处考量优劣，用常态评价得失。在这个意义上可以说，"宰相必起于州部"的用人标准，可以算是不错的标准。

同时要看到，这一标准会产生一些不容忽视的问题：

一个是"油"。能从基层一步一步走上来的人，固然可能有经历、有经验、有能力。但在做人方面，几乎被各种潜规则熏陶"成熟"了，也可以说是"油滑"了。现在有个说法，就是做人特别是做官，"情商"要高。所谓情商，可以理解为善于沟通联络，也可能是会逢场作戏，或者说八面玲珑，谁也不得罪。会说而不必会做，成了这部分人的升迁秘诀。这种人用得多了，效仿者自然会越来越多。这样的"官油子"多了，官场也就油腻不堪了。而且，油中往往藏奸。我知道谁对谁错，但我就是不明说；我知道怎样做好，但我偏不那样做！凡事明哲保身，但求升迁！

一个是"庸"。庸和油有一定关系，但还不是一回事。油者也有庸的一面，但多数是假庸。庸者有时看起来油，其实不是油，是真庸。因为在基层待久了，视野不免受限，见识难免不高。如果又是一个一个台阶地往上升，不知要经过多少坎坷和曲折，原本可能有的一些棱角，也打磨得没有多少了；原本有的那么一点血性，也所剩无几了。有的人开始还真有点想法，到后来，在做事方面考虑"只能如此"多了，考虑"应当如此"就少了。而且，太多的基层历练和台阶摸爬，必然产生身心疲惫之感，或者说确实也没有多少可付出的东西了。因为无论从生理还是心理角度来看，人的才能总是有限度的，不可能无限开发利用，但这样的庸者往往上级用起来放心，自己也觉得安心。只是，百姓可能要糟心一些。

一个是"腐"。成熟的东西，更易于腐败。在君主专制的推荐选拔体制下，官员要逐级升迁，除了自身优秀外，不采取点其他手段是不行的。特别是在一个朝代的中后期，潜规则盛行，恶性循环形成，要升迁，必须"和光同尘"，或者说"同流合污"。如果没有坚强的定力和可遇而不可期的伯乐赏识，纯洁之人是很难顺利成长的。这不是说"洪洞县中无好人"，而是说，无论是谁，一旦进入这种体制内，会身不由己地被裹挟。定力高一点的，比定力低一点的可能稍好一点。明代抗倭名将戚继光，有做事的能力，也有做人的定力，而且他所处的万历年间，还有张居正这样锐意改革的首辅。但据史载，他也有不少行贿受贿的行为，其中不少行贿对象甚至来头不小，那就是一代名相张居正！（参明·沈德符《万历野获编》）

一个是"旧"。官员从基层开始，一个台阶一个台阶地往上升，到高层时一般都六七十岁了，与最年轻的成年人要差两三代。两三代的差别，在节奏缓慢的传统农耕社会里算不得什么。长者一生所积累起来的经验，可以使他们保持优势地位。然而在新事物、新知识层出不穷的现代社会，就有问题了。从乡科级到正副国级，越往上，官员的年龄越大。同层级的官员之间容易产生共鸣和共识。年龄的差别，加上阅历的不同，从高层到低层，越往下共识则越少。往往高层觉得大家"认识一致""一切顺利"的事情，到了基层会觉得"莫名其妙""无所适从"了。

现代社会的特征之一，就是扁平化管理。官员选用以其见识和民众的认可为主，不过分强调台阶和经历。至于因年龄可能产生的代差，在民选政府的国家，不是一个问题。无论年龄大小，政治人物都必须长期、普遍、深入地与选民互动。他们的政治主张和话语方式，必须与多数选民一致才有可能当选。

在自上而下的选拔任命和逐级晋升情况下，官员不大可能长期与基层百姓有经常的和真实的互动。尤其是升到一定的高位后，就会被身边和周围的人所包围，形成一个相对封闭的圈子，难免与外界产生严重的信息不对称。对基层百姓的疾苦不可能感同身受，而是习惯按照以往的观念和不对称的信息，来行使权力。

整个古代社会，尤其是王朝的中后期，大抵如此。于是，"过去领导现在的现象"就成为传统社会的一个特征。

当官需要综合素质

选人用人中还有一个标准，就是学历。它遇到的问题，与经历差不多。

无论古今中外，在官员选拔中看重学问和学历，是大体相同的。中国古代的科举取士，本质上是重学问和学历的。至于发达国家官员任职资格中，受过正规学历教育，也是起码要求，尤其是一些主要岗位比如总统什么的，大都有硕士、博士学历。

但是，学历并不一定等于学问，知识也并不一定等于水平和能力。做官而不读书肯定是不行的，可并非读书多就可以当官，就能当好官。

客观地讲，当官需要一定的知识和专业，但又不完全凭专业知识，而需要综合素质。职场中常有"外行能不能领导内行"的争论，人们见仁见智，莫衷一是。

其实，这个问题可从两个方面来看。

一个方面是，有专业知识的肯定比没有的强，尤其是在那些需要专业知识的部门和单位更是如此。

另一个方面是，当官本身也是一种专业，领导也是一门学问。尤其当主官，更是如此。在许多领域，"外行"很多时候可能比"内行"做得更好。虽然隔行如隔山，但隔山看得远。加之可能见多识广，胸怀、视野以及作风、能力等，一句话，综合素养更"专业"，领导力更强。

何况，职场中的许多岗位，其实并不需要过高的学历和过多的知识，只要你肯用心用力就行。公务员招聘，把门槛抬得很高，并不是说，只有达到那个标准，才能干好那个工作，而是能达标的人太多，只好以此把过多求职者用合法方式拒之门外。

古今职场中，人们喜欢有一点本领，而又让人有安全感的人。这样的人，上级喜欢他当下属，下属喜欢他当领导。说得直白一点，就是"没本事不行，有本事也不行"。那些"本事不大、比较听话"者，恰恰是比较理想的人选。

这是比较普遍的社会心态。

读书多的人，特别是那些有真学历、真学问的人，大都有异质思维方式，而职场更多地需要同质思维。以异质思维在同质思维的职场行走，是很难立足的。因为言行与众不同，使人感到总是不合拍。不会阿谀奉承，又不屑"礼尚往来"，一旦发现上级的不足和失误，就喜欢提出批评意见。如此这样，要想得到上级青睐和同事认可，是比较困难的。

而读书少的人，脑子里没有多少条条框框，又深谙"世事洞明皆学问，人情练达即文章"的道理，想得到，做得出，能低得下头，弯得下腰，容易形成广泛的人脉关系，既能获得上位者青睐，也能得到同事们的欢心。

二者打拼下来，输赢自不待言。

为人也好，做官也罢，需要应变力和决断力。孔子的弟子问他，是否应当"三思而后行"（《论语·公冶长》）。孔子说，思考一两次就可以了，不必三思而后行。

不少书读多了的人，满脑子尽是原则和规矩，比较注重"应当怎样做"的理想状态，缺乏"只能这样做"的随机应变。事到临头，瞻前顾后，优柔寡断，不能果敢决策和行动，容易错失机遇。若总是这样，就会被人瞧不起。

而读书少的人，通常不想"应当怎样做"，而是考虑"只能怎样做"，遇到难题会做必要的迂回和妥协，故而在实践层面，成功率要高一些。

中外许多文学家、思想家、发明家、政治家和科学家等，并没有多高的学历。他们是靠实践和悟性，最终获得成功的。

当然，书读多了当不好官的现象里面，也还有个社会文明程度高低的问题。

在一个国民文化程度还不太高的国度里，讲原则、认死理的知识分子，是很难得到普遍认可的。知识分子要赢得群众的喜欢和拥护，需要自我改造和调适，这是"当官"的前提之一。同时，知识分子还要大胆地、坚决地改造存在于别个阶层的与知识分子优秀品格不相容的东西，逐渐改变那种以传统的为官之道评价知识分子从政优劣的情况，从而创造出知识分子当领导的适宜环境来。

中山国为什么可伐

春秋战国时期，在今河北省北部一带，有个不大的诸侯国，叫中山国。

《韩非子·外储说》载，与中山国相邻的赵国想收拾这个不大好相处的小国，国君武灵王就派大臣李疵去中山国侦察情况。

李疵回来报告说："中山国可以攻打。您若不赶快攻打的话，就要落在齐国和燕国的后面了。"

武灵王说："你根据什么说可以攻打？"

李疵回答说："中山国君亲近隐居的人。他亲自驱车拜访并和他们同车，以便显扬居住在小街小巷里的读书人，人数要用十来计算。他用平等的礼节来对待不做官的读书人，人数要用百来计算了。"

武灵王说："按你的话来判断，中山国君是个贤明的君主，怎么可以攻打呢？"

李疵说："不是这样的，喜欢显扬隐士，并让他们参加朝会，士兵打仗时就会懈怠；尊重学者，文士高居朝廷，农夫就懒于耕作。士兵懈怠，兵力就削弱了；农夫懒惰，国家就贫穷了。兵力比敌人弱，国家内部又穷，这样还不衰亡的，从未有过。攻打中山不是可行的吗？"

赵武灵王觉得有理，起兵攻中山，最后果真灭了它。

春秋战国是中国由统一走向分裂，又由分裂走向统一的社会转型时期。当时国与国之间的竞争非常激烈，而国力较量的实质是人才较量。因此，诸侯国之间以各种方式争相招揽人才，给后世留下不少脍炙人口的故事。

比如，燕昭王一心想招揽人才，而人们却认为他是个叶公好龙式的人物，无人问津。燕昭王为此闷闷不乐。

后来有个叫郭隗的，给他讲了这样一个故事：有个国君愿意出重金购买千里马，然而时间过去了三年，仍然没有得到。后来好不容易发现了一匹千里马，当手下带着黄金去购买时，马已经死了。派去买马的人，花了五百两黄金，买了一副马骨头回来。国君生气地说："我要的是活马，你怎么花这么多钱弄一匹死马的骨头来呢？"手下说："你舍得花五百两黄金买马骨，何况活马呢？我们这样做，还愁引不来千里马吗？"果然，没过几天，就有人送来了三匹千里马。

郭隗对燕昭王说："你要招揽人才，请先从我开始。像我这种才疏学浅的人，都能被国君使用，那些比我本事大的人，必然会闻风而动，千里迢迢赶来的。"燕昭王采纳了郭隗的建议，拜郭隗为师，为他建造宫殿。果然没多久就引发了"士争凑燕"的局面。投奔而来的人士中，有魏国的军事家乐毅、齐国的阴阳家邹衍，还有赵国的游说家剧辛等。燕国很快便人才济济了。（参《战国策·燕策》）

当时以养士为特征的人才争夺中，还产生了许多流传后世的成语典故，如人们耳熟能详的"毛遂自荐""鸡鸣狗盗""完璧归赵""负荆请罪"等。

但凡事有度，物极必反。

当一国的执政者偏离招揽人才的正确目标，即富国强兵、幸福百姓，而只想把它作为沽名钓誉的招牌时，问题就出来了。你养了那么多人，真正能称得上人才的，可能没有几个。成语"滥竽充数"说的就是这种情况。

养士不是白养的，得耗用大量国家财力。这些人整天无所事事、高谈阔论、吃香喝辣、衣锦穿绣，那些务农的、做工的、当兵的，心里能平衡吗？

赵国的李疵不愧为有识之士，他能从中山国的虚假做派中，见微知著，断定国力脆弱，可不堪一击。

事实证明，他是对的。

不只中山国，当时养士最多的几个国家，比如齐国、楚国、赵国、魏国等，最后也都败给了秦国。缘由很多，只图虚名、耗费国力，也是一个因素。而秦国的养士，没有偏离富国强兵的主旨，所以最后胜出。

中山国这种本末倒置、不务实的做法，流弊后世，花样翻新。

比如后世的清谈和归隐之风，曾不时盛行于职场。虽然缘由很多，但其中有不少人是为了沽名钓誉。因为历代统治者，大都对隐士心存几分敬畏。只要隐出了名，朝廷便要征召授职。有些投机取巧的文人懂得了个中三昧，当正经的仕途走不通之后，便走上了"以隐求仕"的路子。

这其中比较有名的，是唐代的卢藏用。他已经中了进士，但却一直没有官做。于是便到离京城长安很近的终南山，做起了隐士，但内心一直向往官场。后来终于以"高士"之名被朝廷征召为左拾遗，不久又升为吏部侍郎。

与卢藏用同时的司马承祯也被征召，但他很快就要求还山。卢藏用在送司马承祯时，指着终南山说："此中大有嘉处。"没想到司马承祯却说："以仆视之，仕宦之捷径耳。"（《新唐书·卢藏用传》）意思是，在我看来，这不过就是当官的捷径罢了！卢藏用当然听懂了司马承祯的弦外之音，面露惭色。

后来，人们便把卢藏用隐居终南山以获取官位，称为"终南捷径"，比喻为以隐求官走捷径。

从养士，到清谈，到终南捷径，产生的缘由不完全一致，但却反映出古代官场的一个规律性现象：执政者为自身利益，对知识分子或捧或杀；知识分子则或虚夸清谈，不做实事；或装聋作哑，装疯卖傻；或以屈求伸，钻营投机，就是缺乏以国家利益为重的担当者。

这种风气一旦形成，国家就有可能陷入危机之中。

也谈"驾驭能力"

在官员考察使用中，常常听到这样的评价：某人有驾驭能力，某人缺乏驾驭能力。

但有时，被认为有驾驭能力的官员没有干出什么成绩来，却把所领导的地方和单位弄得七零八乱，甚至严重违法乱纪，走上犯罪道路。而那些被认为缺乏驾驭能力的官员，反而颇有建树。

这是为什么？

看来，我们对"驾驭能力"的理解，有不够科学之处。

所谓驾驭能力，原本是一种借喻。在中国古代，常把管理百姓比作放牧。汉代州一级的地方长官，就叫"州牧"。老百姓是牛羊，当官的就是放牧者（喂养时）和驾驭者（役使时）。驾驭的时候，既能使牛马按选定的路线跑，又能妥善掌控不出差错，就是有"驾驭能力"；反之，就是缺乏"驾驭能力"。到后来，就把一个官员有没有对全局的掌控能力，有没有组织协调能力，比喻为有没有"驾驭能力"。

实践中，一个官员的驾驭能力，大概表现为三种情况。

一种情况是，对全局有清醒的认识，对所领导的部下和群众的状况非常了解，对所要完成的任务及完成任务的办法成竹在胸。因此，他可以用最快的速度，把任务与目标分解到最适宜承担者的身上，并有一套科学的管控机制，收到事半功倍的效果。用现代经济学的术语来说，就是能用最小的组织成本，换取最大的社会效益。也就是古语所言"运筹帷幄之中，决胜千里之外"。这样的官员，往往信奉"为政不在言多"，有胆有识，从容不迫，而又不显山露水。

另一种情况是，对全局有一定的认识，对部下和群众的情况也掌握一些，对所要完成的任务有个大概的理解。因此，他在完成所承担的任务时，还要花费较多的工夫去分解和落实任务。有时难免要出一些乱子，但经过努力还能达到既定目标。这样的领导者，往往是有苦劳，有疲劳，也有功劳。

还有一种情况是，对全局缺乏起码的认识，对所领导的部下和群众的情况稀里糊涂，对所承担的任务及所需要的力量胸中无数。要么无胆无识，工作了无章法，任务根本无法完成；要么有胆无识，势要得很大，谱摆得很足，乱点鸳鸯，大动干戈，看起来轰轰烈烈，实际上劳民伤财，毫无效益。这种领导者，往往是越无知越要显示自己有知，越无能越要表现自己有能，时时处处不忘自己"领导者"的身份和"驾驭者"的气魄，颐指气使，霸气十足，群众敢怒不敢言，甚至不敢怒也不敢言。

还以牧羊为例。

上等牧者熟知羊群脾性，早已调理顺当，往往是一个手势、一个口哨，便可以让羊群东来西去。过路人若不仔细观察，就会说："这群羊是谁放的？怎么那么听话？"

中等牧羊者，跟在羊群后头，或呼喊，或扬鞭，走走停停，人们见了，就会说："这人还行，羊也听话！"

下等牧羊者，则是整天前呼后喊，上打下踢，羊群忽东忽西，他也脚不沾地，经常累得上气不接下气，人们见了，往往会说：

"这么卖劲，真是个好牧手！"

按说，这三种情况的优劣本是清楚的。但在实践中，由于考察工作不够深入细致，往往会产生一种错觉，好像第一种官员"没有驾驭能力"，第二种"有一定的驾驭能力"，第三种才是"有很强的驾驭能力"。

比喻总是不完全恰当的。做这样的比喻和分析，只是想强调，上级官员和组织部门，在考察任用干部时，一定要科学理解"驾驭能力"，正确判断被考察者的"驾驭能力"，把那些真正有驾驭能力的官员，选拔在可以发挥驾驭能力的岗位上，把那些徒有"驾驭能力"之表，毫无"驾驭能力"之实的人，赶紧拉下驾驭岗位。

官不可无"勇"

勇，是官员应有之德，也是应有之才。在中国传统文化和官员选拔中，勇，本是一项重要内容和标准。儒家经典中，有"仁、智、勇"为"三达德"的说法。

孔子有言："知者不惑，仁者不忧，勇者不惧。"（《论语·子罕》）在他眼中，勇是一种与仁和智并列的德行。勇虽然要受仁和智的制约，但它却是成仁的第一步。故孔子强调："三军可夺帅也，匹夫不可夺志也。"（《论语·子罕》）这里的志，是志气，也含有勇气。

战国时期的一些国家，还设有"勇爵"的爵位。比如齐庄公就曾赐予两位英勇善战者"勇爵"（《左传·襄公二十一年》）。到了孟子那里，则对勇做了等级划分，即"敌一人"的"匹夫之勇"与"一怒而安天下民"的"文王之勇"。前者可称之为"小勇"，后者则是"大勇"。可能是为了表示对"勇"的重视，孟子把"勇"纳入"浩然之气"中。但这样一来，本来是一个独立科目的"勇"，被淹没在无边无际的"浩然之气"里，从而淡出了主流社会视野。确切地说，"大勇"入气，"小勇"下野，即流入下层社会，成为侠义之士的特征，不大被上层社会所认可了。

于是，中国后来的文化传承中，"勇"观念几近灭失。

在支撑社会运转的主导性的道德框架中，无论"三纲"也好，

"五常"也罢，"四德"也好，"八维"也罢，其中都没有"勇"的位置。中国社会的陈陈相因，停滞不前，恐怕与此不无关系；制度创新和技术发明的乏善可陈，也与此关系极大。至于职场的因循守旧和不思进取，更是如此。

在当今的文化建设中，应当有"勇"的一席之地。尤其是官员选拔时，应该把"勇"作为一项重要标准。考察官员时，不能把坚持真理的自信当作"自大"，把富有远见的深刻认识视为"偏执"，把成竹在胸的主张看成"主观"，把勇于担当的果决误作"急躁"，把不畏艰险的泼辣称为"霸蛮"，把具有胆识的创新叫作"浮华"。

应该说，这些原则要求在理论上大家是认可的，但一到具体操作层面，问题就出来了。在主政者眼中，甚至在相当多群众眼中，成熟、稳重、平和、好相处，诸如此类的行为才会得到首肯。不能说这些标准就是错的，但它总是在有意无意之中，扼杀了真正的"勇"者。

于是我们经常可以看到，在官员选拔中，一些胆识过人、富有主见、处事果决、勇于担当的优秀人才，往往被人们视为不成熟、不稳重、骄傲自满、偏激冒失的人，难以入围，更难以得到提拔重用。有时，他们极富远见的言行，得不到应有的响应和支持，反遭嘲笑和嫉恨。一旦有点失误，立马受到严惩，毫不宽容留情。

由于勇者大都被拒之职场门外，或者夭折于职场陷阱之中，在需要有勇者蹚道的路上，行者寥若晨星。这实在是职场的悲哀，也是百姓的不幸。

因为职场需要勇者。创业要有勇，守成也离不开勇。改革要靠勇，开放也需要勇。应该大声疾呼，对勇者的正确认识和理解宽容，是现代社会中官员选拔应有的理念。如果我们容不得勇者，也就是容不得社会的创新与进步，容不得更加美好的未来。

在制度层面，则应有科学合理的考核选拔机制，特别是对勇者失误的"容错"机制。不要让那些真正勇于做事、敢于担当的人，"一失足成千古恨，再回首是百年身"。

当然也要看到，勇气的来源，可能是无私，也可能是无知，甚至无耻。

正常情况下，无私者才能无畏。古往今来的正人君子、英雄好汉，面对艰难险阻，大都是心底无私，不计得失，勇往直前，视死如归。如果心有私情，割舍不下，是不可能舍生取义的。

史载明朝的洪承畴兵败被俘后，起初还挺硬气，誓死不降。清廷派范文程劝降，被他骂得狗血喷头。范颇有心机，继续与他"话疗"。正说话时，房梁上的灰掉在了洪的衣服上，洪非常在意地用手指掸之。范见状心中窃喜，断定洪会降清，后来果不其然。（参清·昭梿《啸亭杂录》）

因为他惜衣尚如此，还能不惜命乎！

有的无畏，可能出于无知。

《道德经》云："勇于敢则杀，勇于不敢则活。"字面的意思是，勇于坚强会死，勇于柔弱可活。老子认为，自然的规律是柔弱不争。勇气建立在妄为蛮干的基础上，就会遭到杀身之祸；勇气建立在谨慎科学的基础上，就可以活命。勇与柔结合，就会得到益处；勇与妄相遇，就会遭受灾祸。显然，他不是要人们一味地消极无为，而是不要违背自然规律。不遵循自然规律的肆意妄为，算不得勇；顺应自然规律的作为，才是真正的勇。

老子的这种观念，也为儒家所信奉。

子路曾问孔子，如果让孔子带兵打仗，他会选择什么人同行。

子路以为，老师这样一介儒生，带兵打仗肯定要选择很勇猛的人。不料孔子说，他要找"临事而惧，好谋而成者"（《论语·述而》）。

可见，即使在孔子的眼中，"勇于不敢"也是一种勇。"敢"需要勇气，"不敢"也需要勇气。因为在职场，缺的不是单纯的勇者，而是那些对客观规律敬畏和遵循的勇者，真诚关爱百姓和敢于维护百姓利益的勇者。

有的无畏，则可能来自无耻。

孔子曾说过，"知耻近乎勇"（《礼记·中庸》）。在他看来，勇，不仅要"不敢"，还要"知耻"。一个人有了错误不知道，或者知道了还不敢承认和改正，那是很危险的。古代聪明一点的帝王，一旦知道自己有过错，小错会承认，大错可能还要下个"罪己诏"之类的东西，以告上苍之灵，以慰小民之心。

一个准备进入职场，或者已在职场的人，如果无勇，最好不要选用。如果只有"匹夫之勇"，没有"勇于不敢"的品行，也要慎重选用。否则，是会给人弄出许多难以收拾的烂摊子来。如果不知羞耻，是个"吃牛肉，喝牛汤，背着牛头不认脏"的主，千万不要招进来。

否则，职场将会变得一塌糊涂。

"正"与"直"

古往今来，人们都把"正直"作为一种优秀品德，但真正能做到正直的人，其实是很少的。

比较普遍的情况，是"直而不正"。

《红楼梦》里的焦大，自恃是贾府功臣，平时说话口无遮拦，酒后更是如此。虽然身份只是个老仆人，但稍不如意，就以三朝元老的身份，借着酒劲从管家一直骂到主子，把贾府的那些肮脏龌龊事全晾在太阳底下。尽管他有功劳，也有忠心，但这种做派，直则直矣，恐怕算不得正。只能落得被小厮们捆起来，用泥土和马粪满满填了一嘴的结果。

《水浒传》中的牛二，看见杨志卖刀，就把宝刀扯出来，要杨志说说它的好处。杨志说的砍铜剁铁和吹毛得过，都得到验证。到第三件"杀人刀上没血"时，他也要杨志展示，杨志表示可用一只狗来试试，牛二却一定要他剁个人来看。两人争执不下，杨志被逼无奈，一时兴起杀了牛二。牛二本是京城有名的泼皮无赖，平时横冲直撞惯了，不料遇到杨志，丧了自家性命。

还有一些人，属于"拎不清"之类。鲁迅曾讲过这么一个故事：一家人刚生了个男孩，众人前来道贺，有说这孩子将来要做官的，有说这孩子将来要发财的，最后有人说，这孩子将来是要死的，这人立刻被打了一顿。鲁迅感叹道："说谎的得好报，说必然

的遭打。"（鲁迅《野草集·立论》）

其实，此事搁在鲁迅身上，恐怕心里也不会痛快。因为话是直的，理也是对的，但场合不对。

与民间的"直而不正"相似，职场中总有那么一些人，为了升官发财不择手段，明争暗斗。暗斗的方式千奇百怪，自不必说；而明争起来，也是不管不顾，直来直去，有时则连起码的脸面也不要。

唐朝武则天广置面首的事情传开后，官场中想走捷径的人都跃跃欲试，或请人推荐，或毛遂自荐。有个叫柳良宾的官员，通过其父推荐上位。还有个叫侯祥云的，是警卫官员，觉得自己"阳道壮伟，过于薛怀义，专欲自进宸内供奉"（《旧唐书·张昌宗传》）。甚至连曾经写出"近乡情更怯，不敢问邻人"名句的大诗人宋之问，也觉得自己是帅哥，且练就一身床上功夫，自告奋勇给武皇当面首，并写了"明河可望不可亲，愿得乘槎一问津"（唐·宋之问《明河篇》）的诗句，表达渴望爬上龙床的心情。可惜他患有牙疾，武则天嫌他口臭，未能如愿。这真是"直"得厚颜无耻了。

即使是贵为"天子"的皇帝，有的做派也令人大跌眼镜。汉代的开国皇帝刘邦，当年还是沛县的一个小混混时，喜欢交往一群不成器的狐朋狗友，整日东游西逛，惹是生非。他不仅自己到大嫂家蹭饭，还经常带着一帮闲杂人等来，嫂子实在看不惯他。一次，刘邦和他的哥们儿又进院门来，嫂子就用锅铲把锅沿刮得特别响，意思是"饭没了"。刘邦和哥们见状，只好悻悻地走了。刘邦称帝后，给亲戚朋友封王封侯，唯独不封大嫂的儿子刘信。在父亲苦口婆心劝说之下，刘邦才勉强同意了，却给刘信封了个"羹颉侯"！"羹颉"的意思就是"饭没了"。给侄子封这样一个侯，显然是要报复嫂子当年对他的态度。（参《史记·楚元王世家》）这倒颇有些孔子所谓"以直报怨"的意思，但作为天下至尊的皇帝，还是过于率真了。

真正做到"既直又正"的人，算来却是少数。

比较有名的，唐代有魏徵，宋代有寇准，明代有海瑞。魏徵为官前期深得太宗赏识，后来不受待见，死后曾被推倒墓碑；寇准胆壮，曾满嘴唾沫星子，扯着皇帝的衣服要他亲征，虽然功劳极大，但后来数被贬谪，客死他乡；海瑞清廉，过于耿直，在官场陷于孤寂，只能被当作"榜样"供奉，实际上从未受到重用。

正因为如此，正直的人能够发挥的作用也就有限。除非遇到特殊的机缘与环境，否则，自我保全都是问题。

还有一种情况，是"正而不直"。

齐景公时，国内发生饥荒。大夫晏婴建议发仓粟赈济，景公不同意。当时景公正计划修建一座宫室，晏婴便趁机命令下属官吏，以高薪雇佣灾民，增加工程量，延缓工期。三年过后，宫室建成了，灾民也得到生息，可谓一举两得。据说中国最早的以工代赈，即源于此。（参《晏子春秋·内篇》）晏子还多次以委婉迂回的言行，做成多件于国于君、于民于己都有利的事情。

古代的许多良相贤臣，如传说中的尹伊、傅说、吕望、管仲、晏婴、张良、狄仁杰等都曾有类似事例。他们为人处世大都外圆内方，既有治国理政的良好愿望，也有足够的政治智慧实现目标。

可见，那些既有原则性又有灵活性的人，即"正而不直"的人，无论在官场或民间，能够立足的时间可能更长久些，发挥的作用也就更大一些。

"有为"与"有位"

有一句很励志的话，叫"有为才能有位"。

道理是对的。官员不能碌碌无为，尸位素餐。

但细想一下，再考诸实际，觉得在官员选拔中，对有些人来说，应该是有为才能有位；对另外一些人来说，可能是有位才能有为。对所有人来说，二者的关系应该是辩证和互动的，不可偏颇。

这里的关键，是要正确理解什么叫"有为"。

一般来说，"有为"就是有所作为。这其中，应该包括知识层面的见解、行为层面的果敢、实践层面的绩效。这三个层面的东西，在本质上讲，是统一的。

中国传统哲学中有"知行合一"的说法。多数人理解为做人要言行一致。

其实，这一命题的本意，是说"知"和"行"本为一回事，不是两回事。说到底，世界上没有无知的行，也没有无行的知。王阳明认为，知前必有行，行前必有知，知中有行，行中有知，二者互为前提和结果。

一般人认为"知易行难"，孙中山则认为"知难行易"。因为说到底，无论不作为，还是作为不当或无效，本质上都是对事物的认知不到位导致的。有了科学的认识，才会有果敢的作风，也才会有真正的绩效。因此，在某种意义上讲，知就是行，也就是为，也就是效。

在官员选拔上，"有为"的标准需要科学把握。

对那些已经"有位"即在职的官员来说，应该侧重考察他的业绩，看他做了些什么事，做成了些什么事。

这不是说他的见解和作风不重要，而是说，作为一个"有位"的官员，他的见解和作风，应该主要体现在他的工作业绩中。何况，对官员见解和作风的判断，可能有比较多的主观因素；而对业绩的判断，相对而言，客观因素要多一些。当然，业绩本身也是比较复杂的，有局部与全局、眼前与长远、显绩与潜绩等的区别。需要考察者全面准确地分析，用科学的标准和办法认定。

对那些尚"无位"即没有一官半职的人来说，则需要侧重考察他的见识了。

秦孝公重用商鞅，就是折服于他对变法的见识。诸葛亮未出茅庐时，即预见到天下三分大势。唐太宗看到常何的门客马周代拟的上疏皆切中时弊，十分欣赏。康熙帝倚重出身贫寒的太学生高士奇，也是因他对国家大事有着透彻的见解。这些，都是"无位"者的"有为"。后来他们身居高位，施展才华，则是"有位"者的"有为"了。

西方国家的主官竞选，尤其是辩论答问，主要也是看他的见识。在相互的唇枪舌剑中，以及在咄咄逼人的刁钻提问中，你要从容不迫、应对自如才行。这不只是口才问题，更重要的是还要有对复杂问题的解决思路和应对办法。

对他们来说，"有位"才能"有为"，甚至更加"有为"。

中国古代的士人也即各类人才，都知道"学成文武艺，货于帝王家"的道理。才艺是货物，官位是价钱。既然是买卖，肯定要讲价钱！萧何的月下追韩信和刘邦的筑坛拜将，可以理解为对"有为"者待价而沽的还价。

尽管可以要求官员无私奉献，但实际上多数人是要待价而沽的。他们不会在科长位子上，总是去干处长的活儿。因为这样做不值当，而且会惹麻烦。在职场，这是常识。

当然，对那些真有些本事的人来说，瞅准机会，干一点"非分"的事情，以显示自己的"为"已超出现有的"位"，也是值得的。只要机缘好，是可能用超值的"为"，获取更高的"位"的。

当今职场中，个别人为官"不为"。这些人"有位"后，或因观念滞后而不屑"有为"，或因精神倦怠而不愿"有为"，或因缺乏经验而不会"有为"，或因明哲保身而不敢"有为"，等等。

根治这一通病的最有效办法，就是让"有为"者"有位"，让"有位"者"有为"，让"无为"者"无位"，并形成良性互动。

"一把尺子"量到底

过分强调某项标准，无论是德还是才，是学历还是经历，是年龄还是出身，等等，都会产生一些弊端。

那么，把各种标准兼顾起来，或者把各种要素结合起来，是不是能好一些呢？比如，平时强调德才兼备，以德为主，非常时期则唯才是举；平时既看学历又看经历，重在个人实绩，特殊情况可以侧重学历或经历；既看年龄，又不唯年龄，注重发挥各个年龄段者的作用；既讲出身，又不唯出身，重在个人表现。诸如此类，好像颇具辩证性。

这种综合标准的主观意图是好的。问题是标准一多，在兼顾的过程中，有时不好弄，有时则可以胡弄。

拿德才兼备来说，古人早就发现，有德者未必有才，有才者未必有德，二者实难兼顾。仔细考量一下，古今中外真正称得上德才兼备者，实属凤毛麟角。那些被选拔上来的所谓"德才兼备"者，有不少是徒有虚名，或德不彰，或才不显，甚或德才俱无。

拿经历和学历来说，同样可以随意选择。至于选谁当这个官，既要看班子名额和结构需要，也要看有选择权者的个人偏好。

汉代有个叫颜驷的，是文帝时的侍郎。从俸禄看，大概相当于今天的科级干部。一直到武帝时，还是个侍郎。武帝一次见他白发苍苍，问他怎么老待在这个位子上不动呀！他回答说，文帝喜欢文学，自己却喜欢武术；景帝爱美貌，自己却长得有些丑陋；陛下现在用年轻人，可自己却老了！好在武帝听了他的诉说后，还是提拔了他。（《文选·思玄赋》注引《汉武故事》）

各种结合型或结构性标准的本意，可能是要解决官员构成中的代表性问题。一个领导班子，应该有各方面的代表人物，这样既显得公平合理，使政权更具合法性；也利于科学民主决策，增强行政运作的有效性。

问题是这种代表性人物，往往是凭上级领导的主观偏好获得，或通过按图索骥的方式产生。这样选拔上来的官员，并没有多少代表性，更多的是摆设或"花瓶"，可供观赏，缺少实用价值。比如，有时选配班子成员好像寻找"转世灵童"。能不能皈依佛门，执掌一方，全看你生在何地，长在何处，年龄几何，配件如何。只要与"索骥"的"图"相符，好运就会从天而降。正所谓"风吹草帽落鹌鹑，时运来了不由人"。

在过分强调结构性标准要求时，必然会超常规提拔官员。有的人没有多少实绩，就因为形式上有所谓的代表性，在短期内一而再再而三地被提拔，甚至越级提拔，俗称"坐直升飞机"。这种情况，古今都有。这样就形成官场中的"收支两条线"，即升官的升官，干活的干活；或者说升官的不干活，干活的不升官。长此以往，必然助长官场的侥幸心理和投机钻营行为。

可见，多重标准可能有它的合理性，但同时也给营私舞弊者任意操作留下了空间。因为无论选张三还是李四，都可以从多重标准中找到依据。

那么，有没有相对简单而公平的选人用人标准呢？

答案应该是有的。那就是具有统一性和唯一性的标准，方可彰显公平。

所谓统一性，是说在一定的时间、空间和对象范围上，标准是一样的，不能因时、因地、因人而异。标准的统一性不是没有门槛，而在于起点门槛之外，不得另设各种或明或暗的门槛，把不明真相的人挡在门外。

标准不统一，就没有起码的公平，这是常识。

统一性中含有唯一性，就是说必须用一把尺子量到底。不能既要这样，又要那样，对你量身高，对他称体重；更不能在标准之外还有标准，标准之上还有标准。否则，再多的标准，实行起来，也必定是没有标准的无规则游戏。不管操作者主观上是否公平公正，客观上必然是人心不服。

纵观古今中外，够得上这项标准的选人用人办法，大概要算科举考试和民主选举了。

科举考试的标准是统一的，也是唯一的。不管你出身如何，籍贯如何，民族如何，在考试成绩面前一律平等。只认分数不认人，这是它的统一性，也是它的唯一性。

分数面前，人人平等！

民主选举的标准也是统一的和唯一的。在候选人进入最低门槛后，就没有其他标准和要求了。年龄、性别、出身、职业、民族、学历、经历、党派等，统统都不再成为考量的因素。只要多数人认可，你就赢了。

票数面前，人人平等！

考试和选举，把多重标准变成单项标准，把主观选择变成客观评价，把复杂问题简单处理。这也正是它能在很长时间内实行的原因所在。

当然，标准的统一性和唯一性，可以最大程度实现选人用人的公平公正，但它不能保证选人用人的合适和有效。也就是说，它不能保证一定选出最适合岗位需要的人来。

也正因为如此，古今中外才有其他各种各样的选人用人的具体标准，来满足特定时期的特殊需求。但是，无论什么样的标准，最重要的是由什么人，用什么方法去实施。

这，更是一道很难有完美答案的课题。

选用之法

"子不类父乃成功"

　　自古以来，处在高层的人，特别是具有雄才大略的君主，往往会撇开正常的原则和标准，以个人偏好来选人用人。而揣摩和迎合上意，紧跟和模仿上层，也就成了进入职场并不断升迁的一门大学问。

　　据《圣经》记载，该隐种地，亚伯放羊。收获之后，该隐把最好的粮食送给上帝，亚伯则把头生的羊羔和洁白的脂油献给上帝。上帝见到两种礼物，喜欢亚伯而不喜欢该隐。失宠的该隐恼羞成怒，竟然杀了弟弟亚伯。该隐杀弟当然不对。问题在于，该案的直接起因是上帝喜欢亚当的"厚礼"，嫌弃该隐的"薄礼"！

　　上帝尚且如此，人间的帝王还能好到哪里呢？

　　春秋时期的齐桓公，曾在管仲辅佐下，九合诸侯，一匡天下，堪称具有雄才大略的一代霸主。但他晚年昏庸腐化，宠信奸佞小人。

　　有个叫易牙的，是齐桓公的厨师。齐桓公曾开玩笑说，山珍海味都吃过了，就是不知道人肉是什么滋味。易牙听了，就把自己的亲儿子给蒸了，献给齐桓公尝。

　　有个叫竖刁的，为了达到亲近齐桓公的目的，主动把自己给阉了，得以进入后宫。

　　还有个叫开方的，本是卫国的公子，见齐国强大，就来攀附齐桓公。为表忠心，他15年不回国见父母。据说父亲卫懿公被戎人杀害，他都没回去吊丧。

管仲病危之时，劝告齐桓公说，能杀子献媚、自我阉割、背弃父母的人，不可能忠于国君，应将他们驱逐出去。桓公表面答应，心里不以为然。管仲一死，他就将这些人又召进宫中。他觉得这几个人使用起来称心如意。后来，这些人参与皇位之争，将齐桓公困在宫中活活饿死，一直到尸体上的蛆虫爬出门外才被人发现。（参《管子·小称》）

与此相似，当今职场，有的人挖空心思迎合领导，盲目按领导意图办事，以致弄出让人啼笑皆非的事来。某单位搞卫生宣传，将拟定的标语送审，领导阅后批示："挂行政楼东侧。"结果挂出来的标语中，除了宣传口号外，"挂行政楼东侧"也赫然在列！

这不是笑话。而且，类似的现象不止一处发生。

为什么会这样？

不排除具体操办者缺乏常识或粗枝大叶，但最主要的原因，恐怕还是在长期的奴化宣传和高压政策之下，人们慢慢失去了正常的理性思维。开始是对上级的言行不能有不同意见，后来是不敢有不同意见，再后来是不想也不会有不同意见。于是，上下一声，千篇一律。你说是什么，就是什么，管它是什么，照抄照搬就行了！

在上位者呢，开始多少会有点自知之明，听到阿谀奉承之言时，可能还会脸红，心中会忐忑不安；时间长了，就会觉得比较顺耳，比较舒服，心安理得，坦然受之；再后来，就会产生自我神圣和自我伟大的感觉，如果不对他说这些话，或者说不到他心坎上，他会觉得对他不恭甚至不忠，后果会很严重。

与此相应，就是那些处在顶层或高层的人，在选择接班人时，往往喜欢那些性格与自己相同或相似者，用专业术语讲，就是要"尽如我意"，或"酷肖朕躬"！翻开二十四史，你看那些帝王传位诏书中，在说某子品德才能如何如何时，不时会冒出一句"酷肖朕躬"的话来，于是就把大位传于某子了。而那些"酷肖朕躬"的继位者，很少有所作为。江山在他们的手里，慢慢就滑落下去。

当然不能否认在一些特定时期，是需要萧规曹随的，比如西汉初年的文景时期。但同样是汉代，如果汉武帝继续"酷肖朕躬"，与其祖其父的做派完全一样，大汉的气度肯定不会出现，甚至可能不再有汉，遑论魏晋了！

清代康熙帝晚年"八王夺嫡"（也有说九王或十王夺嫡的），其中皇八子的做派与康熙帝十分相似，大家都以为康熙帝会选他当接班人，于是纷纷上书推荐。殊不知，康熙帝力排众议，没有选择"酷肖朕躬"的皇八子，而是将大位传给了性格刚强、勇于担当、做事"虽千万人我往矣"的皇四子。否则，哪来后世称道的"康乾盛世"！

顺便说一句，在正统史家的记述中，对皇四子也即后来的雍正皇帝贬多褒少，故只称"康乾盛世"，好像没有雍正帝什么事。原因之一可能就是他"不肖朕躬"！

在经济领域，一些大型企业的老板在选择接班人时，也会出现类似现象。往往越是选择那些性格做派像自己的人，越难以把企业搞好。相反，那些与自己想法和做法不同的人，却会把企业搞得有声有色。

这种现象，人们称为"子不类父乃成功"。也可以说，人类之所以有进步的主要原因，是下一代不怎么听上一代的话。

为什么？

在生物进化中，有遗传和变异两种趋向。一般认为，遗传可以保持物种的特性，而变异能使物种进化。只有遗传没有变异，物种就会逐渐蜕化，无法适应生存竞争。当然，只有变异没有遗传，物种也就会失去本来的面目。

在社会领域，一个地方主要领导人的意向，只要有一点偏向某一方面，不久之后，影响所及的范围，整个风气就会偏向某一方面。正所谓"楚王好细腰，宫中多饿死"。

可怕之处在于，不仅是坏的偏向会出问题，好的偏向，如果不能适可而止，走到极致，也会出问题。所谓"物极必反"，说的就是这种现象。

因此，在官员选任上，一定要有一种能够适时纠偏的制度安排。对行政主官的民主选举，以及严格的任期制等，目的就是防止一派或一人长期执政可能产生的偏颇行为，以此保持整个社会平衡有序发展。

位处高层或顶层者选人用人时，一定要能在"尽如我意"与"子不类父"者之间做出正确的选择。

这不是说，要刻意去选拔那些离经叛道的另类人物；而是要摈弃个人好恶，选用那些能够开拓创新的人才，适时改弦更张，大胆纠偏补弊，方能保证事业兴旺发达。

除非特殊时期，正常情况下，千万不可要求大家盲目地眼睛向上，一律向自己的行为看齐。因为当大家都向你看齐时，麻烦可能就要来了。

好比在一条船上，当绝大多数甚至是所有人都向你所在的一边靠拢时，船很快就要翻了。

原因是：失衡！

"中正"为何不中正

    帝王用人有偏好，主管选拔工作的官员也一样。最能说明这一点的，莫过于魏晋南北朝的中正官。

    曹魏时，因汉末黄巾大起义之后，户口流离，土著士人多侨寓他乡，由地方官推荐当地人才的察举制无法进行。到魏文帝时，接受尚书陈群建议，创立九品中正制。

    所谓九品中正制，是将两汉时期由地方官员主导的察举制，改为中央专任的中正官来负责人才推荐的制度。

    具体说来，就是州设大中正，郡县设小中正，对全国知识分子包括已任职的中下级官员，依才能和德行，评定为九个等级，实际上管用的只是上品和下品两个等级。等级评定后，小中正呈报大中正，大中正复核后呈报相府。相府审定后交给尚书省，作为任免或升降的主要依据。

    这是当时入仕者的主要途径。

    这种办法实行一段时间后，与察举制类似的问题也就出来了。假如你不是大地主，祖上又没人做过什么官，纵是有很高的学识能力和道德声誉，也不会被评为上品。大地主和官员的子弟，即使不识几个字，品德也不怎么样，仍然是上品。有人做过统计，可考的西晋入仕者192人中，高门子弟直接入仕者占56人；东晋时，入仕的209人中，高门子弟占118人。

到南朝时，中正的评议，所重视的只是远祖的名位，而辨别血统和族姓只需查谱牒。中正评定品级，反倒成了无足轻重的例行公事。时人称之为"上品无寒门，下品无势族""公门有公，卿门有卿"（《晋书·王沉传》）。

"中正"为何不中正了呢？

我们先看中正官的来历。

中正官最初由各郡长官推举产生，晋以后，改由朝廷三公中的司徒选授。充任中正官者，须具备三个条件：一是"本处人"，即具有本地籍贯者，因为他们熟悉情况；二是"任诸府公卿及台省郎吏"，就是在中央政府机构中担任较高官职，这样显得有"人望"；三是"德充才盛"和"有鉴识"，即本身德才兼备，还会识人。（《通典·选举》）虽然对中正官有明确的选任标准和办法，对他们的工作也有具体要求，但这一制度的本质，仍然是由少数人在少数人中选人，同样的弊端就在所难免了。

史载九品中正制实行初期，相当一批中正官，是来自东汉前中期的清流党人。那时他们以道义自许，不畏强权，痛斥宦官与外戚专政，受到迫害，积累起巨大的道德声望。

当他们肩负起人物评品和推荐的重要使命后，立马成了炙手可热的人物。那些想获上品的各类士人，包括未入仕者和已入仕者，素昧平生者和沾亲带故者，便纷纷拜倒在中正的门下。在权力腐蚀律的作用下，清流们很快变得不清了。越到后来，按道德标准打分的中正官们，就越变得既不"中"，也不"正"了。

这是人性使然。

东汉时期的会稽太守第五伦，廉洁奉公，官声不错。有人问他："像你这样，可算是毫无私心了吧？"第五伦说："有个朋友来求官，送我一匹骏马。我虽然没有接受，至今也没有介绍他担任什么官职，但每逢推荐人才时，却总会想起这个人来。我的侄儿病了，我一晚上多次起来看他，看过后再睡，还能睡得很好；我的儿子生病时，我同样去看他，但看过后，心里老是牵挂着，通夜不能入睡。这样看来，能说我毫无私心吗？"（参《后汉书·第五伦传》）

第五伦说的是大实话，也是人之常情。

人们都知道战国时祁黄羊"内举不避亲，外举不避仇"（《吕氏春秋·去私》）的故事。据说孔子对此评价很高，认为他真是大公无私！但古往今来的实践证明，那种"出以公心"的所谓"内举不避亲，外举不避仇"的荐举并不总是可靠。因为公与私是相对的，世上本无大公无私的人。

无论是汉代的察举制，还是魏晋南北朝的九品中正制，本质上都是由少数人在少数人中选人的推荐制，只要推荐权掌握在"关键少数"人手中，总归是比较容易攻破的。

当你遇到可以推荐提名的机会时，是否总会首先想到那些与自己亲近的人，那些经常带着财物来的人，那些感觉不错的熟人呢？

绝大多数人是会的。在传统体制中，这是常态。

有人会说，可以用推荐失误的责任追究来防止嘛！

实际上，自从推荐制发明出来后，与之相关的责任追究制也就出现了。比如，北齐时就有推荐责任制：你所推举的人，如果在三年之内出事，根据问题大小，你要负一定连带责任。同理，若被推举者在三年之内有功获奖，你也可以跟着沾光。三年以后，原则上不再"同享荣辱"了。（参《通典·选举》）

这应该是比较科学的办法。

但无论古今，真正被追责的很少。比如实施九品中正制时，曾规定中正官品评人物，如有不当，组织部门要退回重评。但选用之后，如发现某人行为与品状不符的情况，却并不追究中正官的责任。到后来，与察举同一性质的保举，演变成大官对小官的一种奖励。明清时，州县小官每得到一次保举，在考核中算作优良，可用来抵消过错。

这其中的缘由，可能很多。其中之一，是推荐程序复杂，从基层的评议到家庭出身的核查，从小中正到大中正，从吏部到尚书省，大家都有份，也就不好责怪中正官了。

对此，史家评论说：中正官的品评，是否精当，吏部不敢非议；吏部用人，是否称职，中正官也不承担责任。品评与使用两不相关，势必给徇私舞弊留下空子。（参《通典·选举考》）正如后人所说："九品中正者，寄雌黄于一人之口，此其弊所自生也。"（张金鉴《中国文官制度史》）

想想看，我推荐你当官，不管你是否称职，会不会犯罪，我都没有责任。但我的推荐之情，你是知道的，是要报答的。于是，谁给我好处，我就推荐谁；或者说谁对我有利，我就推荐谁；进一步说，谁是自家人，我就推荐谁，不就是顺理成章的吗？

这样无本万利的好事，何乐不为呢？

而连带责任过于严格，有时会适得其反。汉武帝后期，地方治安问题突出。武帝就让酷吏们制定了"沈命法"。"沈"，也有写作"沉"的，意思为"没"，即"没命法"。该法规定，地方官没有发现群盗，或发现后没有及时全部捕获，郡守以下官员都要被处死。结果地方官发现群盗后都不上报，并且严格封锁消息，大家都装聋作哑，如此一来，盗贼越来越多。（参《史记·酷吏列传》）

清代方苞的《狱中杂记》中记载了这样一件事：

某胥吏对判死刑的贪官说："给我千金，可以让你不死！"贪官问："你有什么办法能让我不死？"胥吏说："这事不难！在判决书封奏之前，我把同案犯中，没有亲戚家人的单身汉名字，与你换换位置。"贪官问："你就不怕事后露馅？"胥吏说："如果露馅，依法肯定处死我，但也要罢主管官员的官。他舍不得头上的乌纱帽，就打掉牙齿往肚里咽，暗暗叫苦而不敢声张，我的性命也就保住了。"

正因为有了连带责任，主管官员为了保全自己，往往选择包庇罪犯，而不是查处罪犯。

毕竟勇于高喊"向我开炮"者，往往是极少数！

"以票取人"对不对

在职场中，常常会听到两种不同的抱怨声。

一种是："我的票数明明比他多，领导却用他不用我，哪有什么公平公正可言！"

一种是："你看现在都选拔了些什么人？有本事的、老实的，一个都上不去。那些会耍嘴皮子的、投机钻营的，一个个都混上去了！领导说人家票多，鬼知道他的票是怎么弄到的！这不是简单地以票取人吗？"

由此引发出一个大问题："以票取人"或者"唯票取人"，到底对不对？

回答是：也对，七不对，关键是要看用在什么地方。

现行官员选用方式是多样的，其中最主要的是两种。

一种是民主选举，也叫选任制。一种是上级任命，也叫委任制。

选任制的实质，是直接的民主授权。从法理上讲，是公民把本属于自己的权利，交给自己信任的人去行使。实现这一过程的公认方式就是选举。在这种情况下，得票多少就是取舍的唯一标准。目前世界上许多国家的民主选举都是"以票取人"。

相对于选任制而言，委任制则是一种间接授权。

通过选举得到选民授权的官员，不可能单打独斗。他要行使自己的权力，或者说兑现对公众的承诺，就得挑选自己信任的人，组织自己的班子，贯彻自己的政策主张。

这一环节属于间接授权，由民选的主官说了算。

当然，这个环节的授权也可以有投票的形式。因为授权者有时对人头不熟，可以提出一些要求和标准，公开招贤，或让大家帮他推荐；也可能无法全面了解自己任命的人履职情况，就可以让受托者给服务对象述职，接受他们的监督，或者在他们中间做个测评，等等。

但在委任制下，无论你得票多少，民意如何，权力委托者对用不用你，用到何种岗位和程度，有最后决定权。这个时候如果简单地"以票取人"，就有可能出问题。

最突出的问题，是造成权责关系的紊乱。

可以设想，如果政府的各部部长不是由国家元首或政府首脑提名决定，而是由民主选举产生，那么会发生什么情况？

大概是，部长们觉得可以不听命于总统或首相，各行其是，纷纷利用权力为本部门或本系统谋利，公共权力部门化，部门权力私有化；相互之间推诿扯皮，行政不作为和乱作为；行政首长对此毫无办法，一筹莫展，等等。

除了造成权责关系紊乱外，在相对狭小的范围内民主投票时，参与者可能都是直接的利益相关者，如果得票率都低，既可能是缺乏公认度，也可能是都很优秀，造成票数分散。有时，则会出现"大才票少"的情况。

汉代桓谭把这个缘由说得很透："世上庸才多，大才少，大才一人之口，敌不住众人的挑剔。而且才高者往往有独到的见解，以独到之见去改变众口一词的俗见，以疏远卑贱的身份，去扭转亲贵

身边之人的意见，万难相合。"（《新论·求辅》）

往往是一场投票下来，本来有实力的人，却没有显出优势，即使不出局，也弄个遍体鳞伤。而最没有竞争力的人，反倒可能有更高的得票率。因为大家除了给自己投票外，就是把票投给最没有竞争力的人。由于范围小，收买成本低，拉票贿选成风，票高者并不一定优秀。

这时"以票取人"，往往是择劣汰优。所以，在委任制中，简单地"以票取人"甚至"唯票取人"，肯定是不对的。

那么，应该如何防止委任制中的上述问题呢？

首要的是，落实选任制，解决"授权无民意"的问题。只有被授权者真的由公民选举出来，他再委任其他官员时，就要想想如何才能向百姓负责。离开这个前提搞委任制，就会出现系统性的腐败和选人用人不公。套用一句现成的说法，就是第一粒扣子扣错了，后边的就会都扣错。

还要解决"委托无责任"的问题。对此，许多国家已有成功的做法。比如，可以提名组阁，但若其中有人出了问题，就得负责。问题严重时，必须引咎辞职。正因为如此，才不得不在选人用人上，慎之又慎。

为了避免出现重大失误，对一些重要岗位的人选，可以采取"复投票制"。

按照美国政治学家科恩在《论民主》中的定义，复投票制，是指在投票时，既要保证所有应参与者至少享有一次投票权，同时可以增加高层次成员参与的分量。科恩举例称，私人商业结构普遍采用这种办法，各股东所享有的票数，丝毫不差地与其在公司中所占有的股数成正比。

英国的赫尔德在《民主的模式》中说："当政府是全体公民的政府时，总有这样一种危险，即最有智慧和能力的人，会淹没在多数人的无知、无能和无经验的阴影中。"因此，他主张"所有成年人有一票，但更聪慧、更有天赋的人比无知者和低能者有更多的投票数"。

归纳起来，复投票制包括三个层面的意思：保证相关人员至少有一次一人一票的投票权；重要人物可多次投票；重要人物投票的权重可以加大。

应该说，在一个具体单位，不同层级的人掌握情况不同，完全可以采取复投票制来推荐干部。这种做法体现了民主制和集中制的结合：给予各单位领导班子成员较高的投票份额，体现了"集中"的原则；同时给予单位中层干部和一般干部的一定话语权，体现了"民主"的原则。

但实际情况往往是，为避免少数人说了算，便简单地"以票取人"；因为"以票取人"有问题，又回到少数人说了算。如果就事论事地谈论"以票取人"的是与非，很难找到解决办法。必须把选任和委任两个环节统筹起来加以考虑，即在委任也即任命官员时，应当让领导者有更多的话语权和决断权。同时，为了防止这种权力被滥用，必须加大选任制即民主授权环节的改革力度，让更多的选举类官员通过真正的民主选举，建立起被授权者向授权者负责的关系，让权力授受和运行全过程，都得到公众的监督。

只有这两个方面的改革相辅相成，继续向前走而不是往后退，才能摆脱进退维谷的困境。

民主，是要有些闲工夫的

先说明一下，这里说的是"工夫"而非"功夫"。

在汉语里，工夫侧重时间，而功夫侧重功力。"闲工夫"主要是指空闲时间。

不难发现，在发达国家，人们的生活是非常悠闲的。每周工作时间不超过40小时，甚至更少。在城市，周六和周日几乎所有的商店都打烊——大家都到郊外去度假。在这些国家，上至国家元首和政府首脑，下到社区负责人，几乎都要选举。大到对外宣战、修改宪法，小至建个厕所、修个车库，都要协商或票决。有时，大家意见基本一致，选举和协商花不了多少时间。有时则七嘴八舌，说不到一起，要费很大工夫，短则三五天，三五月；长则三五年，甚至三五十年也说不定。

这说明，民主是需要一些闲工夫的。

如果一个社会还很落后，大家整天都在忙于生计，根本没有什么空余时间，要搞民主选举或民主决策，恐怕就很困难。想开会，大家没时间参加；或者连开会的场所都没有，人来了没地方待；交通还不便利，想来也来不了。这时，民主游戏就玩不起来或玩不好。

打仗的时候，或者应对其他突发事件时，大都不会搞民主。因为兵贵神速，水火无情，容不得慢腾腾地去讨论协商。这时主要领导的才智，随机应变或当机立断的能力，决定着战争胜负和抢险救灾的结果。

虽然大家坐下来慢慢讨论，可能会弄出个万全之策，但那样一搞，肯定会错过时机，不会是万全，只能是全完。

这也从另一方面说明，民主的确是需要一些闲工夫的。

当一个社会从普遍贫穷落后向富裕起来过渡时，会有一部分人相对空闲起来。这时，社会上就有一个有闲阶级出现。这个有闲阶级，本质上是有权阶级，或者有钱阶级。当然，也会有一些既无权也无钱的人，由于种种缘故，而加入了有闲阶级。

社会实行事实上的有闲阶级民主时，对参与民主的资格通常是有限制的。限制的理由，一般不是你没有闲工夫，而是你不具备参与民主的起码资质，比如教育程度、富裕程度，还有年龄、性别、种族等。在这些条件中，除了年龄外，其他直接或间接都与是否有闲相关。比如教育和富裕程度，实际上就与你本人，或者与你本人所属的家庭种族，以及你所在地方的发展程度有密切关系。

至于性别，主要是对女性的限制，隐含着一个基本的判断，即女性通常受教育少，不够理性，在传统社会中，无论在家庭还是社会中，女性大都是从属者。而教育的普及，以及女性走出家庭迈向社会，在整体上属于社会文明进步之后的事情。也可以说，社会文明进步了，妇女也就成为有资格参与民主的有闲者了。

有闲阶级的民主，本质上是一种有限民主，也可以说是统治阶级内部的民主，与普通百姓没有多大关系。当然不是完全没有关系。因为在这种民主体制下选择出来的官员，所做出的决策，大众不管实际参与与否，都是要承受的。客观地讲，部分有闲阶级的民主，比起毫无民主的专制，还是要好许多的。毕竟众目睽睽比独具慧眼要看得准一些，七嘴八舌比一锤定音要可靠一些。

从部分有闲阶级的民主向社会大众的民主过渡，那一定是后工业社会的事情。因为只有到了那个时候，人们才会普遍富裕起来，通常不愁吃、不愁穿，国家提供的各种公共设施也比较齐全，民主的物质基础具备了。当然，更重要的是，由于大家富裕和教育程度普遍较高，对人、对事的看法和认识也相差不太大，容易达成共识。

有闲，有相对共识，这样的大众民主就容易行得起来。

不过，从世界范围看，不少国家的大众民主，是在工业化的中后期开始的，比如我们的近邻韩国就是如此；还有其他一些国家甚至在工业化的初级阶段就开始了，比如印度。但这些国家，大众民主的过程都不大顺当。这也从反面印证了：民主，尤其是真正的大众民主，只有大家都有闲时，才能实施。

俗话说："心急吃不了热豆腐。"民主就是一块热豆腐，心急不得，没时间等它凉一凉，都会把嘴给烫了。"慢功出细活"，民主也如此。

这样一来，民主好像与效率就有了矛盾。

从哲学角度讲，民主既是手段，也是目的。作为目的，是不能用效率去衡量的。只要大家都参与了就行了，无所谓快慢，甚至无所谓好坏。单从民主选举角度讲，也不好把它与效率等同起来。民主选举的主旨是解决政权的合法性问题，不是解决领导人产生的快慢问题。

如果就事论事，民主和效率的确存在一定的矛盾，有时会影响效率，甚至以牺牲效率为代价。

从经济学上的机会成本理论来看，花费那么多时间去搞民主，就一定会耽误在同样时间内去做别的事情。对于正处于发展中的国家来说，可能有些得不偿失。但从总体和长远来看，民主还是有效率的。

从民主选举来看，虽不能保证一定把最优秀的人推选出来，但通常不会把最坏的人推选出来。

从民主决策来看，它能够降低决策失误的风险。虽然有时显得慢了一些，但"磨刀不误砍柴工"，只要没有大的频繁折腾，总体上能保持较高效率。二战后民主国家的实践，已经证明了这一点。

民主决策还可以分散领导者的责任。比如在某些问题上实行民主决策，虽然发生失误，但因为大家都参与了决策，是按多数人的意见办的，损失和责任也就人人有份。所以聪明一点的领导人，都乐意搞民主决策。

有人看到民主选举中的吵吵闹闹、拉票贿选等现象，觉得这是"无事生非"，还不如实行集权专制，简单省事。殊不知，集权专制并不简单省事，有时惹的麻烦可能更大，这已被历史反复证明。

所以，搞民主，就不能怕麻烦。而多数人闲了后，还不搞民主，让大家干什么去？弄不好，那才真的会无事生非了。

民主选举还会使一些夸夸其谈、哗众取宠之人有可乘之机，恐怕这是一个难以避免的问题。他有闲工夫表演，你有闲工夫欣赏，结果发觉上当受骗了，怪谁？长个记性，下次把他选下来，就行了。而会不会再上当受骗，也不能保证。人家换个花样，你可能还投他的票！

这时，民主就不仅是需要闲"工夫"了，也要有真"功夫"才行。

"明争"比"暗斗"好一些

有人把传统社会的官员选用方式，称为"暗斗"；把现代社会的官员选用方式，称为"明争"。

所谓"暗斗"，就是没有公开合法的平台和方式，没有明确统一的标准，相互之间不熟悉，百姓甚至不知道，一切由上面为你操办。表面上大家客客气气，不说长道短，一片和睦景象；背地里却请客、送礼、告黑状，十八般武艺样样使用，必欲将对手置之死地而后快。

所谓"明争"，就是有公开合法的竞选平台，有公开透明的选举程序，有明确统一的选择标准，有比较真实自由的民意表达。竞选者要公开亮相，要面对面辩论，可以互相掐，甚至互相骂，自身及家庭成员的所有言行，都会受到严格的查究，挑剔到几乎没有任何隐私可言。

从实践层面看，无论在传统国家还是现代国家，这两种方式并非是截然分开的。往往是明争里面有暗斗，暗斗之中有明争。但相对而言，传统国家暗斗多一些，现代国家明争多一些。这既取决于社会发展和制度变迁程度，也与人们的理念变化相关。

应该说，明争与暗斗各有利弊。但从总体上看，明争利大，暗斗弊多。

比如成本问题。

有人认为，明争时费力花钱，成本太大，不如上级任命省时省钱。其实，明争的成本，是公开和直接的，也是合法可查的；而暗斗的成本是隐形和间接的，有的甚至是不合法的。若仔细算一下，成本可能远高于明争。

与成本相关的，是腐败问题。

在公开竞选中，钱从哪里来、到哪里去，都在可视可控范围内。现代国家对竞选资金的来源、使用、监管等，都有一套比较科学严格合理的制度规范。虽然不能完全杜绝腐败，但要捣个鬼是不容易的。

在暗箱操作中，表面上看不到花销情况，实际上好处都到了具有决定权的"关键少数"人手中。搞定一个人或少数几个人，总比搞定成千上万的人要容易一些。要使"一锤定音"的人不腐败，难哪！而且，花钱的人未必用自己的钱。

还有，就是当选者的质量问题。

在公开竞选中，可能会把那些能说会道、华而不实的人选上来，真正优秀者不一定能胜出。但要让大家把一个完全不靠谱的人选出来，概率是非常低的。而在暗箱操作的体制下，很容易形成"三大定律"。

一个是"武大郎开店定律"。只选拔那些能力比自己低下者，以免招来日后的潜在对手。

一个是"赵高定律"。我指鹿为马，你就得说是马。要想得到提拔，必须以我马首是瞻。

一个是"买路钱定律"。本是"公路"，却成了私家收费之道。要从此过，必须留下买路钱。

因此，在暗斗中，选拔能力低下、阿谀奉承和贿赂开道者，是大概率事件，而且容易形成路径锁定的恶性循环。

苏联时期的情况，最能说明问题。

革命刚成功的时候，列宁想了几个办法，官员选用要有较强的民主竞争性。比如，推行自下而上的选举制；党政系统最重要的职务，由五湖四海锻炼出来的人担任；甚至不设党内"一把手"职务，开会时由政治局成员轮流主持。

到了斯大林时代，变为任命制为主，并用恐惧与收买的两手，形成负筛选的人事制度。列宁时代涌现出的那些最有才能的人，在政治上乃至肉体上被消灭殆尽。

赫鲁晓夫上台后，虽然想有些作为，但无法打破长期以来形成的路径依赖。他所提拔的人，智力水平和管理才能普遍较低。因为这些人之所以被选中、得到升迁，并非出类拔萃，而是一直比较听话；他们能浮到上面，是由于那些地位比他们高的人，没有把他们看作竞争对手。

以后的勃列日涅夫时代变得更糟。他上台后，只愿使用庸才和追求私利者。因为他远不具有斯大林那样的绝对权威，使别人"恐惧"这招大打折扣，就尽力发挥"收买"的作用。手下的官员只要听话，贪污受贿不算什么事。

这种长期形成的负筛选人事制度，导致体制中很少有独立见解和能力较强的人，只好让三四流的人员管理一个庞然大国，结果一步步走向衰亡。后来亡党失国，看起来有些突然，实则是必然。

苏联的这种情况，在中国历史上并不罕见。

汉武帝时期，史称中国第一个盛世，而公开的卖官鬻爵，也出现在此时。当时叫"揖纳"，即捐钱得官。还有"赀选"，即家中财产达到一定数额时，才可候补得官。到汉灵帝时，据说买官者还可

以"打白条"——国家预售官帽，等你赚到钱后再付账。生意真是做活了！（参《后汉书·职官志》）

被史学家赞美有加的唐宋时期，也好不到哪里去。如唐中宗时，为了满足"走后门"者的需求，用所谓"斜封墨敕"的方式任命官员，即不经由中书省和门下省的正常渠道任命官员，而是把装有皇帝墨敕的封袋，改用斜封径直下发。（参《旧唐书·后妃传》）

虽然上述做法有些具体因素，但弊端是明显的。

用经济学理论分析，就需求方而言，在集权专制情况下，当官不走门子，好比"千里马"想遇上"伯乐"，可遇而不可期。只能通过歪门邪道，才有较多的升迁机会。

就供给方而言，既然我有官员升迁的决定权，这种权力又无实质性制约时，为了获得好处而用权，成为必然的选择。反正给谁都是给，谁给我好处，我就把帽子给谁。

这种传统做法的影响，至今挥之不去。

化解之道有两条。

一条是，逐步建立起合法的竞选机制和竞选平台，对各级亲民主官，公开赛马，择优汰劣。这样经过一定时间的探索和实践后，或者说，经过一个时期的混乱后，有可能使官员选任走上现代民主法治轨道。这既可以避免宫廷政治的私密性，又可以避免传统政治的残酷性。

另一条是，回到传统的做法上去。

这样可能在短期内和局部范围内有些好的效果，但从长远和全局看，肯定会重蹈覆辙。

谨防"先入为主"

《史记·孙子吴起列传》载，吴起在魏国战功赫赫，威望很高。时任相国的公叔痤，对吴起非常畏忌，想排挤他。有人就献计："你可先向国君说，我们魏国只是个侯国，臣担心吴起不想长期留在魏国。武侯必然要问该咋办？你就乘机说，君侯可提出把一位公主许配给吴起，他如果愿意留在魏国，就会欣然接受；如果不愿意留，就会辞谢。你呢，赶紧把吴起请到你府上，让公主（公叔痤已娶魏国另一位公主为妻）故意发怒而轻慢你。吴起看见公主那样蛮横，想到自己也会遭到如此境遇，就会辞而不受。"

公叔痤依计而行。吴起果然中招，不敢答应娶公主为妻，武侯因此对吴起有了疑心。吴起害怕武侯降罪，不得已逃到了楚国。从此，公叔痤稳居相位。

顺便说一下，就是这个公叔痤，曾当过商鞅的领导。史载他病重时，曾向魏惠王推荐商鞅。为了表示他的大公无私，要求魏王要么重用商鞅，要么杀了商鞅。魏惠王前脚走，他后脚即召来商鞅，说了推荐过程，并劝他赶快离开魏国。

对此，后人多半称赞公叔痤为国尽忠，先公后私。实际上，他是一个精致的利己主义者。他是在病重不起时才荐举商鞅的，他可能担心过早举荐，商鞅会取代他的相位。临终时举荐，却又想几面讨好，其心机之深，令人恐惧。

比公叔痤更阴险的，是秦朝的赵高。

赵高是秦始皇与秦二世的贴身宦官。他与李斯合谋，把胡亥扶上宝座后，对身为丞相的李斯非常防忌。在他的怂恿下，胡亥整天沉溺于声色犬马之中，不见李斯与大臣们。李斯察觉不对，想要一探究竟。赵高便对李斯说："现在皇帝这个样子，我早就想劝谏，可我人微言轻。您是百官之首，有责任规劝皇帝呀！"李斯说："皇帝不上朝，我见不到他。"赵高说："我一天到晚伺候皇帝，最清楚他什么时候有空。你就等我通知吧。"李斯说："好。"赵高在胡亥闲暇时，不告诉李斯，胡亥玩得正高兴时立刻通知李斯。李斯赶来，胡亥立马派人让他走。几次下来，胡亥一听到李斯觐见，就十分生气："这个李斯，每次我闲时他不来，我正玩得高兴时，他就来搅局。他仗着是先帝老臣，不把我放在眼里呀！"

赵高趁机说："是呀，李斯是30多年的丞相了，陛下还年轻，他怎么会把您放在眼里呢！我听说陈胜造反后，经过李斯儿子李由所镇守的三川郡，官军不做任何抵抗，叛军大摇大摆走了。造反头目吴广，跟李斯可是老乡啊！他们是不是要里应外合，夺取您的天下呢？"胡亥听后大怒，将李斯父子逮捕下狱，并派赵高审讯。

赵高天天严刑逼供，李斯屈打成招。但他自思是秦王朝的有功之臣，并未谋反，说不定通过上书，二世就会赦免。可李斯不知道，申诉书全落入了赵高手中。为了堵住李斯的嘴，赵高派自己的亲信扮成朝廷各种官员，轮番提审李斯。若李斯以实情相对，就用重刑伺候，直到李斯不再改口为止。后来二世真的派人来审讯时，李斯还以为跟先前一样，不敢改口。胡亥看到口供后，对赵高感叹道："如果不是爱卿，朕几乎被丞相出卖了！"

聪明过人的李斯，就这样被赵高的"先入为主"之法，断送了性命。

东汉的宦官石显也善用此法固宠。汉元帝时石显专权，经常到各官署征收财物，有时要在半夜三更进宫。按皇家规定，晚上是不能无故开宫门的。石显料定有人会就此向皇上反映自己，就事先告诉皇上，请求特许官吏开门。皇上答应了。于是石显故意到深夜才回来，声称有诏让人开门放他进来。果然有人就此上书，控告石显假称有诏打开宫门。

元帝听说后，笑着把告状信给石显看。石显哭泣道："承蒙陛下信任，把政事委任于我，众人嫉妒而想陷害我。像这样的事，恐怕不止一件呀！只有皇上英明睿智，才知道我的一片忠心！我渺小卑贱，无法以自己的能力让众人都满意，我愿辞去所有职务，希望得到陛下怜爱。"元帝见石显如此忠心坦诚，越发同情和信任。对揭发石显的问题一概不理，并多次慰劳鼓励石显，赏赐资财过亿。

与这种"先入为主"做法相似的，是官员们的"微服私访"。

早在先秦的《韩非子》一书中，已有"齐桓公微服以巡民家"的记载。后代的一些官员包括帝王在内，也喜欢以此了解民情，察访疑案。人们对文学作品中包公、狄公等清官，以及康熙帝、乾隆帝等帝王的类似做法津津乐道，追捧有加。但考诸实际，微服私访容易陷入"先入为主"的套路。

清人胡文炳汇辑的《折狱龟鉴补》中，有"私访"一篇，专门讲微服私访的弊端。大意是，地方上一旦有案件发生，双方都会把自己的人打发到官员可能微服私访经过的道路上，并假装不识官员。于是，微服私访者往往是碰到甲方之人，就觉得甲方有理；碰到乙方之人，则觉得乙方有理。此外，乡民都有亲仇恩怨，常为私利而众口不一，妇孺老弱的做证能力又不足，这就使得官员微服私访的结果，往往是被奸人利用和蒙骗。

康熙年间的苏州人顾公燮在《消夏闲记摘抄》中，录有地方官私访受骗的两个案例。其中之一便是大名鼎鼎的清官于成龙，他"喜微服潜行，察疑狱，求民隐。然奸人造布以倾怨家，或反失实"。另外一个是被称为清朝第一能臣的陈鹏年，曾微服访查富绅汪某杀师命案，该犯"重贿左近茶坊、酒肆、脚夫、渡船诸人，嘱其咸称冤枉"，陈鹏年见"众口如一，遂不深究"。

如果说在古代社会，由于传统政治制度和信息闭塞等因素，官员的微服私访可能还有一定的积极作用的话，在现代社会，大众传媒极度发达，官员再想通过微服私访等方式来了解民情，明察是非，适用空间不大。除了作秀外，很可能重蹈"先入为主"的覆辙。

"走热门"与"烧冷灶"

职场晋升途径有许多，其中比较普遍的是"走热门"。

所谓"热门"，是指那些权势之人。他们要么身处高位，一言九鼎；要么手握实权，能左右官员的升降进退；要么与高官或实权人物有特殊关系，能说得上话。诸如此类，门道还有很多。

古往今来，走热门的方式五花八门，不可胜数。要害在于找对门路，投其所好。或直接，或迂回，或明或暗，或俗或雅，不一而足。总之，嘴要巧，脸要厚，手要宽，方法要讲究。若能得到高人指点，避免误入迷津，则更好。

在令人眼花缭乱的方式之中，有两点常人难以做到。

一是锲而不舍。

北宋蔡京当朝时，炙手可热。想巴结的人不知有多少，每天到府上来拜访者络绎不绝。那些官职偏小或出手偏少者，是根本进不了门的。有位小官也来走这个热门。虽然每次都被拒之门外，但他仍然不管不顾，天天都来。一天，蔡京有点闲工夫，顺手翻阅府上的来客登记簿。不经意间，发现有个人几乎风雨无阻，天天来访，不禁动了恻隐之心。于是，大笔一挥，把此人的官职往上提了几级。那个小官，用锲而不舍的工夫，收获了意想不到的效果。

二是拿捏分寸。

南宋时，秦桧夫人与皇太后交好。一天，两人闲聊时，太后说她好长时间没吃到鲻鱼了。秦夫人一听，机会来了，马上说，这有什么难的，明天我进宫，给你送一筐来。她回去给秦桧一说，原以为秦桧要称赞她会来事，不料秦桧却面露难色。倒不是家中拿不出一筐鲻鱼来，而是他觉得，连太后都吃不到的鲻鱼，自己家却有，问题就大了。见秦桧为难，秦夫人这才觉得自己惹下麻烦了，一时不知如何是好。幸亏秦桧智商极高，他思忖半天，决定让夫人带一筐青鱼送给太后，就说是鲻鱼。青鱼是极普通的鱼，市场上到处都是。秦夫人第二天照此办理，太后当面没说什么。秦夫人一走，太后忍不住大笑起来："人家都说秦桧夫人是个乡巴佬，果然如此！连个鲻鱼都没见过！"秦桧就此化解一场风险。(参清·潘永因《宋稗类钞》)

官场中的"热门"虽然是捷径，见效快，但因为想走的人太多，竞争激烈。严格说来，凡是热门，大都要"挤"才行，单靠"走"是进不去的。挤的成本很高，有些人是心有余而力不足，只好望门兴叹，止步不前。而且，上当受骗者也不少，有的还闹出天大的笑话来。

于是，一些人就去"烧冷灶"了。

所谓冷灶，用时兴语言讲，大致相当于股市中的潜力股。这就需要投资者有些眼光了。

史上有名的"烧冷灶"者，大概要数吕不韦了。

战国初期，秦国与赵国的实力不相上下。秦国两次进攻赵国，都被赵将廉颇打退。为了议和，秦国把太子安国君的儿子异人，送到赵国做人质。异人是安国君众多儿子中的一个庶子，母亲夏姬并不受宠。异人被送到赵国后，秦国仍不时派兵攻打赵国，他在赵国像个囚徒，日子过得十分艰难。这时在赵国都城邯郸做生意的吕不韦，无意中得知异人的身份后，以商人的独特眼光，觉得奇货可居，于是，启动了一项宏大的"烧冷灶"投资计划。他给异人送钱财、送女人，还想方设法在安国君的正宫——华阳夫人身上做功课，让自身没有子嗣的华阳夫人认异人为子，使异人在安国君的20多个儿子中争得嫡子之位。在秦赵两国交恶之际，吕不韦又设法帮助异人安全返回秦国。

安国君去世后，异人坐上秦国君王之位，拜吕不韦为相，封万户侯。

应该说，公子异人当年在赵国的处境，在许多人眼中，甚至连"冷灶"都算不上。因为他既不是嫡子，在众多庶子中又排位偏后，且在敌国当人质，随时都有被"撕票"的可能，差不多是围棋中的一颗弃子。不得不佩服吕不韦的眼光和能力。由于他的努力，使这颗弃子变活，冷灶变热，最终登上王位，自己的投资也获得巨大回报。

与"走热门"相比，"烧冷灶"的时间可能要长一些，见效也慢一点。有时甚至可能见不到什么成效，投资会打水漂。但相对而言，竞争程度低一些，投资成本总的来说没有走热门那么高。因为你给倒霉者喝口水，也比送得势者一桶酒受用。当然吕不韦的投资又当别论。他做的是大买卖，自然要下血本才行。

有些人总想做保险买卖，不敢冒险去"烧冷灶"。要等一等，看一看，机会成熟了再出手。殊不知，当大家都认为是个机会时，机会多半已经过去了。

纵观那些靠挤热门上去的人，一旦主子失势或出事，难免要受到牵连。纵是那些通过烧冷灶上去的，也有同样的风险。吕不韦后来就被嬴政赐死了，据有的史家说，嬴政有可能是他的儿子！

终究还是自身要有真本事，走正道，才靠得住些。

时间最识人

唐代大诗人白居易《放言五首》之一（其三）：

　　赠君一法决狐疑，不用钻龟与祝蓍。

　　试玉要烧三日满，辨材须待七年期。

　　周公恐惧流言日，王莽谦恭未篡时。

　　向使当初身便死，一生真伪复谁知？

这首诗讲了两个人物典故。

一个是周公，即周文王之子，周武王之弟。传说周武王病重之时，周公祷告上天，愿以身相代。祷文封在一个金匮里，无人知晓。武王驾崩后，成王年幼，周公辅政。管叔、蔡叔等散布流言，说周公图谋篡位，逼周公辞职。后来天降大雨，忽然一个响雷把金匮劈开，成王看到当年祷文，知道周公一片忠心。于是杀了管叔、蔡叔，迎回周公重登相位。（参孔颖达疏《尚书·金藤》）

一个是王莽，是西汉末期的皇室外戚。王莽当政前期，礼贤下士，十分谦恭，威望极高。后来篡汉，自立"新"朝。（参《汉书·王莽传》）

白居易在这首诗里告诫世人，遇到疑难复杂的事情，尤其是真伪难辨之人时，不必用龟甲和蓍草去占卜，时间会把真相告诉你。

测试一块玉石的真伪，得在火中烧个三五日；辨别一个人物的真伪，须得观察七八个年头。周公和王莽，一忠一奸，但如果两人死在流言传播之时和谦恭待人之日，能知道谁忠谁奸吗？

典型的例子，还有隋朝的杨广。

从开始采取夺嫡行动，到弑父登基之日，大约14年中，杨广极尽伪装之能事，生活俭朴，孝顺父母，不沾酒色，低调做人，哄得父母心欢，赢得一片赞誉之声。隋文帝直到临终前，才有所察觉，但为时已晚。

据说杨广登基后的第一件事，就是找老爹的妃子，也是他小妈——陈夫人上床。第二件事，就是派人驰赴长安，杀掉已被废掉太子位的哥哥杨勇。（参《隋书·炀帝纪》）

14年的时间，是长了一点，也难为了杨广。

当然并非所有的人和事，都需要这么长时间，才能显露真相。有时稍微等待或仔细观察一下，便可避免失察。

传说成吉思汗一次带人上山打猎，一大早出发，到中午仍没有收获，只好意兴阑珊地返回帐篷。但他心犹不甘，稍事休息，便带着皮袋、弓箭和心爱的飞鹰，独自上了山。烈日当空，成吉思汗沿着羊肠小道行走，口渴难耐，又见不到水源。许久，到了一个山谷，见有流水从山上滴下来，他高兴地从皮袋里取出杯子，耐着性子去接水。水杯接到七八分满，刚要拿到嘴边时，一股疾风把杯子打翻。

他一抬头，见爱鹰在头顶盘旋，估计是它捣的鬼。尽管他非常生气，却又无可奈何，只好拿起杯子重新接水。当水杯再接到七八分满时，又是一股疾风把水杯弄翻。成吉思汗顿生报复之心：你专找麻烦，看我怎么收拾你！

他一声不响地拿起水杯，快接到七八分满时，悄悄地取出尖刀拿在手中，然后把杯子慢慢地移到嘴边。当飞鹰再次向他飞来时，成吉思汗迅速挥刀，杀了飞鹰。由于注意力过分集中在飞鹰上面，手中的杯子不知掉到了哪里。他想，既然水从山上滴下来，那么上面也许有水源。他爬上山顶时，发现果然有一个水池。

　　他大喜过望，立即弯下身子想要喝个饱，忽然看见池边有一条死掉的大毒蛇。这时他恍然大悟：原来飞鹰救了自己一命。

　　成吉思汗后悔莫及。如果刚才忍住一时的怒气，仔细观察一下，爱鹰就不会死在自己的刀下！

　　其实，有时不需要等多长时间，甚至也不需要深入调研，只要等人家把话说完，就能明白原委。

　　一位母亲想试探一下孩子对自己的爱心，指着两个苹果说："给我吃一个好吗？"孩子拿起其中大一点的，咬了一口。母亲脸上显出失望的表情。孩子又拿起那个小一点的，也咬了一口。然后，他把其中一个递到母亲手里，用稚嫩的语气说："妈妈，这个甜，给您吃！"这时母亲眼里噙着激动的泪水，脸上露出幸福的微笑。

　　如果这位母亲不等孩子拿起第二个苹果，就怒气发作，斥责或教训孩子，那该多伤孩子的心啊！

　　人的心态和动机是复杂的，但不管多么复杂隐秘，总有显露之时，或长或短，要恰逢其时。而这个"时"，是时机、定数或规律。时机到了，真相也就清楚了。

　　在官员选拔考察中，时间或时机因素也很重要。

　　有的人德才兼备，身负重任，且正在攻坚克难之时，需要再过一段时间，成效显现出来，方能赢得大家的赞赏。但就在此时，推选考察来了，情况可能会不大好。

有的人德薄才浅，刚到一个新岗位，虽然没干什么事，但也没得罪什么人。这时你来搞推选，可能情况还不错。

有的人本来什么都好，但就在考察时，发生了意想不到的事情，一时半会儿还弄不清原委，结果可能很尴尬。

有的人本来什么都不行，却无意之中成就一件好事，顿时声名鹊起。这时，来推荐选拔，估计情况也不会差。

诸如此类，还有许多。

看来，要历史、全面、辩证地考察选拔官员是对的，而考虑时间或时机因素是其中重要的一环。

"有备"未必"无患"

有备无患，是古往今来人们基本的思维方式和做事之道。传统社会中皇位储备制度的建立，就是这一思维方式的产物。

但考诸实际，这一制度的实施效果并不理想。有人考证，历代由储君位置而顺利接班者，不到40%。

这其中的缘由，值得深思。

应该说，打仗时，兵力配置要有一、二、三梯队，重大战役一定要有战略预备队，是应当的。在一些非常时期，为了应对复杂困难的局面，对官员做一些梯队配置，也是必要的。但在和平时期的正常情况下，仍沿用战争年代或非常时期的这种做法，恐怕就不一定妥帖了。

在同一级官员中，确定一部分人为后备人选，可优先晋升；另一部分人不是后备人选，不能或难以晋升，必然要挫伤这部分人的积极性。虽然在没有后备人选的情况下，同级中也只能有少数人晋升，但在正式晋升之前，原则上机会对每个人是平等的。有了后备人选，大多数人就觉得自己已入"另册"，干好干坏，区别不大。

一些后备者入选后，要么小心翼翼，不做事情，左右讨好，坐等接班；要么觉得自己已入"正册"，言行不再检点，甚至步入歧途。而相当多的人，对后备者另眼相看，或及早投其所好，形成包围圈；或心存芥蒂，有意保持距离，建立隔离带；还有的专门寻事，必欲将其置之死地而后快。

为争取入选后备人选，有的人采取不正当手段，走门路，拉选票；一旦入选，后备者之间又各自招兵买马，自立门户，准备来日晋升时决一雌雄。后备者之间，常常心存隔阂。有的表面上客客气气，实际上都想着看对方的笑话。康熙时期"八王夺嫡"的故事，最能说明这一点。

可能为了防止这些问题，曾实行秘密立储的办法。但传统政治的私密性和残酷性，并未因此而减少，有时更为隐蔽，更为残酷。

有人说，对一些好苗子，对一些优秀人才，早点发现，早点培养，总比放任自流要强。否则，遇到急需，一时又找不到合适的人选会误事。"凡事预则立，不预则废！"康熙帝当年如果不早对孙子弘历精心培养调教，就没有后来的乾隆大帝了。

我们不能一概否认人才培养的正面作用，尤其是在科学技术和工程建设等专业领域，需要知识积累和传承。在这些领域，历来是讲究师徒传授的。

但在社会政治领域，情况就不完全相同了。对储君或后备人选的所谓"培养"，就是既给压担子，也给创造尽快成长的有利条件，实际上就是"吃偏食"。这样做有利有弊：有利，就是比其他人成熟得快一些，提拔也更及时一些；不利，就是经过特殊工序培养出来的人，往往经不起变化多端的实际情况的考验。有时为了培养得快一些，难免会采取一些揠苗助长的做法，结果夭折了。因为不管把谁立为储君，等于在朝野竖起了一块靶子，很难经得住千锤百击，众口铄金。

没有康熙帝的培养，乾隆帝可能没有后来那么优秀，但如果公开竞选，举国之中未必没有比弘历更好的人选。

有人强调，后备人选制度重在选择培养年轻人，能使官员队伍形成合理的梯队结构。历来的实践中，为了使官员队伍结构年轻化，往往实行"一刀切"的任职年龄层层递减。结果，相当多的官员，尤其是中低层官员，还在年富力强的时候，就面临上升的"天花板"，因而消极怠工，得过且过，有的干脆躺平。

应该说，年轻化不是目的，能干事才是目的。只要能干事，高层可以有年轻人，基层也可以有年老者。

在传统社会中，实行帝王血缘继承。有的人几岁甚至刚出生没几天，就坐上龙椅了。一个乳臭未干的婴儿，能当上古代最大的官——皇帝，够年轻的了，但能做什么事呢！

常见的情况是，要么是权臣当政，要么是宦官专权，要么是后宫垂帘听政，太阿倒持，朝政日非。先皇满以为预立储君，就能防止不测。不料因为人选产生的方式不合适，或者人选本身不合适，却经常发生不测。

古今中外，为争夺接班人位置而你死我活的残酷斗争层出不穷，这充分说明，这样的"有备"，未必"无患"。

在现代社会中，各级官员的产生，重在形成一个民主、公开、平等的竞争机制，即把传统的由主要领导人事先确定具体人选之"备"，变成由制度确定之"备"。

这样的"有备"，大概率是"无患"的。

正常情况下，不会出现需要时找不到合适人选的情况。即使在特殊情况下，只要制度运行有效，也能按法定程序，迅速产生出接替人选。

法可制平而难以择才

《宋史·选举志》载："法可以制平而不可以择才，故予夺升黜，品式具在，而又责官以保任之。"大意是，按照既定的法律程式去选拔人才，只能做到大体公平，但不能选择到真正优秀的人才。所以，尽管有各和任免升降的法定程式，还要实行官员保举的责任制。

宋代官制的繁杂，堪称中国古代之最。而宋代官员的冗滥，同样堪称中国古代之最。在后人眼中，宋代规矩很多，官员选了一河滩，其中没有几个是人才。

这是为什么？

人有共性，人才有个性。选拔人才的规定是共性的，真正具有个性特征的优秀人才，靠规则是选拔不出来的。

古代意大利的托马斯·阿奎那在《神学大全》中说过一句名言："需要临头无法律。"因为任何人都无法预料所有个别情况，人们在制定法律时也只能力求使其适合一般情形。而一般性的规定遇到个别性的特殊情况时，往往无法适用。

中国有句成语，叫"法立弊生"。意思是，任何一部法律，可能在解决某个方面问题的同时，又会引发另一个方面问题的出现。因此，所有的立法，在兴一利之时，必生一弊。若要公平，就得有多少人立多少法，而这又会陷入因人而异的窠臼之中。

这个道理，在中国古代的大师们那里早已明了。战国时期的法家人物韩非就说，明主应"尚法不尚贤"（《韩非子·忠孝》）。这句话的表面意思是，明主只要按法定规矩办事就行了，不必刻意去追求什么贤能之人，但其中也隐含着依法不一定能选择出贤能之才之意。

北魏孝文帝一心汉化，在国内推行南朝的门阀制度，将鲜卑贵族分为三六九等，由高门贵族把持选人权，按九品中正制选拔官员。大臣李冲说，这样选不出优秀人才。他以商代傅说和周代吕尚为例，说明选用人才要不拘一格。而孝文帝则说，这样的优秀人才，旷世不出一两个，哪能用常法去选拔！言下之意，总不能为成百上千年才出现的一两个人，而放弃正常情况下的选人制度吧！（参《魏书·高祖纪》）

中国还有一句话，叫"法久弊生"。

法久弊生的情况和原因很多，这里只说两种。

一种是，立法时针对的情况，后来发生变化，使法律条文失去原有的针对性，其所把守的正义边界因此失守。比如早年选拔官员时，看重家庭出身和社会关系。如果家庭出身不好，或者有海外关系，是很难通过政审关的。改革开放以后，情况发生了变化。"不好"的出身和海外关系，反倒成了优势。有人感叹："三十年前河东是正义，三十年后河西是正义。"

还有一种是，在法律实施中，人们逐渐发现可以利用的缝隙，找到应对的办法。汉代推荐人才重孝行，有人就在这上面做假文章；魏晋时重出身，有人就编造好出身，反正是"上有政策，下有对策"。时间长了，正义的门槛就被越来越多的"聪明人"给踏平了。

这里的关键，是如何理解公平正义。

所谓公平，重心是用同一个标准去衡量不同的人，用民间语言讲，就是要"一把尺子量到底"，不能有例外和差别对待，否则就是不公平。所谓正义，重心是强调"给人以应得"。你有多大的本事，给你多大的官；你有多大的贡献，给你多大的待遇或报酬。它的实质是差别对待。

人们经常讲的"平等"，是介于公平与正义之间的一个概念。它强调的是用同一标准去对待同一类人，既不像公平那样，要毫无例外地用"一把尺子量到底"；也不像正义或公正那样，过分强调差别对待。当平等向无差别境界靠拢时，可能滑向公平甚至平均；当平等向差别对待靠拢时，就可能走向公正或正义。因为平等兼顾了公平和正义这两者的价值取向，就成为人们更愿意接受的概念。

古今中外的历史表明，追求平等是人类社会发展进步的动力。一般说来，精英重效率，常人要公平。当一个人或群体追求某一方面的平等时，他们也可能追求另一方面的不平等，或者在追求平等之后，也许又会去追求差别，追求某种与众不同的境地。

有人说过，人类的种种努力都有可能达到一个饱和点，但是追求公正的历程几乎没有终点，这主要是因为，在某个方面实现的公正，往往会在其他方面产生明显的不公正。

这其中，还有主观感受与客观实际之间的距离。

心理学家做过分析，当你与人打交道感到吃亏时，实际可能是平等的；当你感觉平等时，实际对方可能已经吃亏了；当你感觉占了便宜时，对方可能已经亏得受不了了。

比如，两人下棋或打球，往往是不管输赢，都觉得自己比对手水平高。而对自己的失手，则常常归咎于客观因素，如没有休息好、场地有问题、裁判不公，等等。

如果我们把需要区别对待的正义制度当成特殊性，把追求"一把尺子量到底"的公平制度当成普遍性的话，那么，随着人类社会的发展进步，特殊性的制度迟早会融入普遍性的规则之中。而普遍性的规则行之不久，又会产生出新的特殊性规则来。

可以说，世界上没有绝对的公正，没有绝对公正的制度，也没有一成不变的公正法则。

正因为如此，我们才必须与时俱进，使选人用人制度不断接近公平正义目标，不要被拉开过远的距离。

运转方式

会议的功能

在古汉语中，会议是两个独立的字。

一个是"会"，比如会面、会见，可以是两个人、三个人，也可以是多个人；可以随便相见，也可以正式相会。到后来，正式的相会并商量事情，就是开会了。

一个是"议"，就是在一起议论，或商议、或评议、或讨论、或辩论。总之，是要大家说话的。

现代的"会议"一词，包含了这两种意思，既要大家在一起"会"，包括在视频"上会"，也要大家在一块"议"。

中国自古以来，就是一个擅长开会的国家。

历代王朝都有各种会议。遇到一个勤政点的帝王，几乎每天都要召开会议。比如，清代前期皇帝康熙帝、雍正帝、乾隆帝，都很喜欢开会。他们每天早上 5 点就起床，一边吃早饭，一边琢磨今天开什么会。皇帝一勤快，诸位王公大臣也不敢偷懒。逢早朝，清晨 5 点之前要到午门广场报到。许多大臣，半夜三更就得起床，赶往朝堂去开会。尤其是寒冬腊月之时，常常冻得鼻涕一把、眼泪一把。还有专门的纠仪官，但凡有谁迟到或早退，都是要挨板子的。

会议类型也很多。一类是重大庆典，如登基、大婚、册封，以及每年的元旦、冬至、皇帝生日等，大臣们要提前到太和门集合。一类是平时皇帝召开的例会，即所谓常朝制度。每月的初五、

十五、二十五，官员要按时来到午门。开会的地点通常在乾清门，也有在养心殿、圆明园等地方的。皇帝如果听政，百官就上朝，否则就点个卯回去吃早饭。还有一类是每日工作专题会。皇帝传膳牌，召见某某部门领导，召开专题会议。

开会的形式也很讲究。史称刘邦刚当皇帝时，手下的那帮弟兄平日散漫惯了，上朝开会时，打打闹闹，不成体统，刘邦很是不爽。后来叔孙通带着几个儒生，按照儒家礼仪和前朝规矩，对文武官员培训演练了好一车子。再上朝时，大家走有走法，站有站样，见到刘邦，齐刷刷跪下三呼"万岁"。刘邦开心地说："我今天才享受到当皇帝的尊严了！"以后历朝的大典即大朝仪，都十分庄严隆重，仪式感很强。平时的常朝、例会等也不马虎。

朝会时官员位次安排也很讲究。尤其是大会大典，太和门和乾清门都会摆放品级山，即不同品级官员应当站立之处的标志。各级官员按照品级山扎堆摆排，乾清门有专门的帐篷，逢雨雪及严寒酷暑，官员可以进那里等候。

当今世界，不管何种性质的国家，不管何党何人执政，也都离不开会议。大凡聪明的领导，也都舍得在会议上花费精力。通过会议，使自己的意见得到完善和认可；也可以通过会议，了解各种真实情况，做出正确选择。因为从国家治理角度讲，会议既是民主的产物，也是民主的载体；既是执政的主要方式，也是官员履职的基本途径。

因召开会议的主体、参会人员、会议内容、程序、方式以及场所等的不同，会议可分为各种类型。有人做过详细统计，大概至少有上百种不同类型的会议。

每一种会议，都有自己特定的功能，概括起来，主要有如下几种。

一是决策。这是会议的主要功能。从原始部落的酋长会议，到今天的许多重要会议，都需要对所讨论的问题做出决定。

二是协商。有些会议并不需要做出决策，而是沟通，如各种类型的座谈会、论证会、听证会、洽谈会等。

三是交流。人是社会动物，交流是人类必需的一种生存方式，会议则是人们精神和思想的聚散场所。尽管有些会议没有实质内容，但会议本身已成为人们生活的内容之一。西方社会的一些沙龙，就是如此。对于当今的企业家来说，会议更是一个高质量的交流渠道和平台，他们可以在信息和智力的碰撞中创新理念，寻找商机。

四是宣示。有些会议，如新闻发布会、总结表彰会、纪念会等，目的就是向人们表达会议主体的态度和立场。

但物极必反。一些地方和机构的会议性质和功能，特别是民主决策的性质和功能正在淡化，或者异化。

其一，形式化。

会议本身就是一种形式。形式应该为内容服务，如果过度追求形式，就会使内容淡化虚化，失去意义。比如，一些地方花样繁多的节庆会，大都是形式大于内容的作秀。各地为造节费尽心机，不是揽尽历史上的名人，就是随便把当地特产，或植物动物，或风景名胜，拿出来叫阵，通过造节扩大知名度，提升影响力。同时，也可引起上级重视，为自己升迁铺平道路。而具体操办者，则可在造节过程中，获取小团体和个人利益。

其二，程序化。

会议要有既定程序，无可非议。尤其是重要的正式会议，都有一套严格的程序和仪式。包括会址选定、会场布置、主席台设置、座次排列、议程安排等，都有讲究。但如果把精力过多地放在这些方面，就会使程序淹没实体，形式大于内容，必然导致会议功能异化。比如，有的领导对会议实际效果不大在意，但对自己在会议上的座次却十分计较。某地开大会，会前秘书处对主席台就座的领导座次，按惯例排列就绪，不料会议开幕的当天上午，一位本应在主席台就座的领导，因紧急公务出差去了，工作人员就拿掉了他的桌签。这样一夹，本应坐在主席台正中的主要领导，就不"中"了，这位领导当时在主席台上就面露愠色，会后让主席台人员重新入座，补拍了自己居中的照片。不久，他就把负责安排座次的秘书处长开除了。

再如讲话，谁先讲、谁后讲，讲什么、讲多少，都是事先定好的。一些重大会议，这样安排也说得过去。但几乎所有的会议，都这样安排，就没有实际意义了。

其三，重复化。

重复不应该叫"化"，姑且让它"化"一下。

同样的会议，上下左右重复开、反复开。比如，上面开了某个会议，下面就得照样开。有的会议，上级让下级甚至下两三级领导也参加，但下级同样的会还不敢不开。这样，越是下级，参加同样会议的次数就越多。一开会，领导就要讲话，就要形成会议文件，领导讲话会后也要以文件形式下发。有时，一个会议有好几个领导讲话，要形成好几个文件。加上其他各种文件或材料，数量之多可以想见，会议积成了海，文件也就堆成了山。

其四，无效化。

英国历史学家帕金森的《官场病》，曾描述了官场会议的一些特征。比如，本属鸡毛蒜皮的小事，大家你一言我一语，不厌其烦地深入探讨。讨论了大半天，形不成共识。原因是这个问题，大家都懂一些，却又固执己见，谁也说服不了谁。相反，对一些重大问题，与会者大都知之甚少，说不出个子丑寅卯来，反倒顺利通过。至于是否科学正确，就不一定了！

有时，会议议题有四五个，对排在第一的议题，大家都想说几句，主持者听之任之，结果花费大半天时间。后边的议题，就只好匆匆而过。尤其是排在最后的那个议题，几乎没等汇报完毕，大家就说"同意""同意"。因为早已过了饭点，谁也不想再耗下去了。有些领导摸到了这个规律，就把那些可能引起争议且难以通过的议题，想方设法排在最后，以便蒙混过关。

类似这样的会议，必然导致无效，甚至有害的结果。

为了避免会议的形式化和无效化，提升重大问题的决策效率，一些地方实行"小事开大会、大事开小会、重大的事不开会"的办法，这又引起人们的不满。有的地方还规定了"无会月"或"无会周"，等等。但众多的解决办法，要么虎头蛇尾，要么有头无尾，越解决问题越严重。

症结在于，没有形成和建立依法执政和依法办事的理念和制度，下级仍必须以上级的讲话和会议精神为言行准则。

形式主义的由来

世界上所有的事物，都既有内容也有形式。没有无形式的内容，也没有无内容的形式。职场中，但凡遇到些许重要的事情，大都要讲究形式，这样才显得规范和庄重一些，也利于工作的顺利开展。

中国自古就是礼仪之邦。儒家经典中有"三礼"，大都是如何做人、处事的礼仪规范。至于孔子所谓"克己复礼为仁，一日克己复礼，天下归仁也"（《论语·颜渊》）的教诲，更是妇孺皆知，成为上至庙堂、下到江湖的行为规范，影响深远广泛。

但凡事有度，一旦过度了，就会适得其反。职场中，如果把形式看得过重，工夫用得过多，就成了形式主义。

所谓形式主义，简单说，就是反复做没有多少实际意义的事情。

一个地方安全生产出了问题，上级要求有关部门认真排查隐患，亡羊补牢。于是，下属纷纷报告如何连夜传达，层层布置，实行拉网式排查，关停了多少企业，解决了多少隐患，好像万无一失，固若金汤。但时隔不久，类似事故又发生在"固若金汤"的地方。

上面要检查创卫工作了，下面紧急动员，调集人马，突击清扫；闲杂人等，一概驱除；集市贸易，暂时关闭。等到检查一过，面貌依旧。

招标有利于公平竞争，于是各地都搞招标。办得看起来有模有样，其实都是在走过场。不少地方仍是招标者在背后偷偷摸摸地内定了，而不明就里的投标者，往往是虚耗时间精力，当了陪绑。

一项重大决策或要紧工作，要听取专家意见，集思广益。有些地方却把听取意见变成了听取颂扬，只有拥护政府意见者才会被邀请。如果有谁在会上提了不同意见，会后就被"拜拜"。邀集专家的会议，仍旧举行如仪。

这样的事例不胜枚举。

职场中的形式主义久治不愈，原因很多。最主要的原因，它是官僚主义的必然产物。

自古以来，在高度集权的传统体制中，保持思想和行为的一致性，做好上面要求的各种规定动作，是各级官员的行为准则。至于实际效果，在许多情况下是不必在意的。于是，上面说什么，下面就说什么；上面做什么，下面也做什么；上面想要什么，下面就报什么。而上面在多数情况下，大都满足于或者说只能满足于下面的说法和做法。因为在宝塔式的科层制下，上级无力也无法通过正常渠道掌握下层言行的真伪。这时，形式主义就成了上级对下级忠诚度的测试，同时也是下级对上级服从度的表演。这样做，上面觉得有面子，下面也可以得好处。

现代社会中，上级获取信息的一个重要渠道，就是各类媒体。于是，各级都把注意力盯在媒体身上，稍微重要一点的工作，都要通过媒体来宣传报道，以期引起上级领导关注，也让百姓知晓。有位上级领导在某地视察时，要求当地官员"低调务实不张扬，埋头苦干"。于是，该地主要领导几乎在所有场合都要讲"低调务实不张扬",当地各种媒体也整天宣传"低调务实不张扬"。人们戏说，该地最"高调"的一句话，就是"低调务实不张扬"！

政府层级职责同构，也是产生形式主义的重要诱因。

自古以来，中国各级政府的职责和机构设置，具有高度的同一性，用通俗的话说，就是"上下一般粗"。各级所管的事情，大体相同。相应地，政府所属职能部门设置上，也表现出"上下对口，左右对齐"的一致性。在职责同构的体制下，上级政府及其部门只要愿意或认为有必要，就可以直接管理和干预系统内的任何事情，可以给下级部署任何任务，可以要求下级参加本级的各种会议。围绕同一事项，层层开会布置任务，层层转发文件成为常态。

有时，一些地方和部门急于求成，层层加码，在上级规定任务的基础上加数量、增速度、缩时限、扩内容、提标准。上级为督促下级完成任务，经常签订责任书和军令状，要求下级汇报工作进展，到下级检查验收。年终考核排名，重要任务"一票否决"。同一件事情，各级都要安排部署，都来调研检查，都要考核评比，都要问责。

面对上级高压，下级不得不"发明"出各种应对办法。

为了在考核中能表得好名次，进而获取上级的资源，自然就花费大量时间填造报表，甚至虚构事实和材料来匹配考核指标，数据掺水和工作造假的事情时有发生。有些人则因害怕出事担责，不愿也不敢做事。很多简单的事情，需要多个部门和领导的审核才能通过，表面上看是恪守规则程序，实际上是在"推、绕、拖"。还有一些地方和单位，在工作方式上片面强调"留痕迹"，把精力放在美化材料和各种"证据"上，开会和发文不是为了推动工作，而是为"证明"自己完成了工作。时间长了，有的人甚至会预测上级什么时候要什么材料，就按时间节点提前加以准备，做到你要什么我有什么，你什么时间要，我就什么时间报。

现实中，有些人思想僵化，不能正确认识和把握内容与形式之间的关系，也是导致形式主义的一个重要因素。

通常情况下，内容比较活跃，形式相对稳定。随着时间的推移，原有形式会慢慢变得不大适合内容需要。但有的官员认识不到内容变化的新要求，恪守过时的旧形式；有的热衷于在形式上搞简单的花样翻新和过头行为，导致形式脱离内容，成为形式主义。比如，时至今日，一些官员仍习惯用"运动"式思维与方式做工作，凡事注重营造气氛，刷标语，挂彩旗，层层动员，人人表态。规模越大越好，气氛越热烈越好，好像非此就不能把事情办好。学习借鉴别人经验时，不从自己的实际情况出发，简单地奉行"拿来主义"，生搬硬套，也或多或少地产生形式主义做派。

值得警惕的是，在传统体制中，往往越是求真务实的领导，越容易导致形式主义。

明朝首辅张居正堪称求真务实、雷厉风行的改革家。

为了增加国库收入，他推出以"一条鞭法"为核心的系列改革举措。其中之一是对官员的"考成法"，要点是：凡下达给各级衙门的工作任务，依照路途远近和事情缓急，确定一个执行期限，每月月底做一次复盘检查，每半年再做一次全面的复盘清查。不能按时完成任务者，要上报到内阁等候旨意，对相应的衙门和个人实行问责。每年四季都要对上年未完成任务者督察问责，直到政务完结为止。他还倡导有如今天的"数目字管理"，尤其是在清丈土地时，要求各级衙门严格按照规定数目、质量、期限完成任务，否则就要严刑重罚。

这项举措刚开始时确有实际成效。后来，成了各级官员表演、朝廷欣赏、百姓受罪的游戏。官员们纷纷投机取巧，阳奉阴违，层层加码，弄虚作假，使"考成法"成了"胡乱管理法"，"数目字管理"成了"数目字不管理"。

批示里面有学问

批示，是领导指示中的一类。

古往今来，领导指示大概分为两类：一类是口头的，或当众讲述，或耳提面命，不一而足；一类是见诸笔头的，就是各种批示。

秦始皇一统天下后，自以为功绩胜过三皇五帝，于是定名号为皇帝，自称为"朕"，命为"制"，令为"诏"。汉承秦制，东汉蔡邕在《独断》中说，汉天子正号曰皇帝，自称曰朕，臣民称之曰陛下。其言曰制、诏，其命令一曰策书，二曰制书，三曰诏书，四曰戒书。

一般说来，诏为正式的文书，适用范围较为广泛，通常由专门的秘书班子起草，经皇帝同意后颁发；策多为册封或任命官员的文书；戒也称戒敕，汉代主要用于对刺史等地方官员的告诫；制是皇帝的命令或意见类文书，通常由皇帝本人书写，更接近后世的领导批示。

史称秦代郡县制刚刚开始实行的一段时间内，遭到很多人反对。司马迁在《史记》中说，公元前213年，秦始皇在咸阳宫设盛大宴会，大臣们纷纷上前祝酒，大臣周青臣赞扬秦始皇统一天下的功德和实行郡县制的好处。在座的一个叫淳于越的博士，却不赞成周青臣的意见。这时丞相李斯说："有些读书人，总觉得现在的制度没有古代的好，到处造谣惑众，利用古书记载来攻击现行制度，这种情况如果不禁止，对陛下的统治不利。"秦始皇认为李斯说得有道理。史称"制曰可"，就是在李斯的奏书上写了个"可"字。这个"可"字可不得了，它是皇帝的批示和命令，也即有名的"焚书令"。据此命令，除了秦国的历史书、博士官掌管的国家图书和医药、算卦、种书一类的书籍外，私人收藏的各种书籍，一律焚烧。

秦汉以后，帝王和各级官员的指示、批示，名目和讲究越来越多。总的来说，官越大，对下属面对面的口头指示就越少。更多的则是见诸笔头的批示。因主体、层级、对象、事由、范围等的不同，批示的种类也形态不一，并无定式，里面的学问很多。

官僚机构的日常运转，主要靠各种各样的文件来进行。其中许多文件并无实质内容，比如日常工作的信息传送、报喜请安之类，领导有时根本无暇过目，只能由秘书代劳。

一位高级官员曾说："我每天白天忙得不可开交，晚上还有尺把厚的'作业'（文件）要'做'（阅批），真是苦不堪言！"其实，尺把厚已是经过秘书筛选过的，如果不加筛选，三五尺厚也是有的。

有时，有的领导在本应做出明确批示的文件上，有意无意地只是画了个圈。这是什么意思？是同意还是不同意？抑或仅仅表示知道了？按理，只要你画了圈，就算是同意文件所请示的问题。但有些不大重要或不需要明确表态的文件，领导画圈，就仅仅表示知道了。

有些重要会议或活动，因种种缘故，领导不能亲临，但又要表示自己的重视，这时，会议或活动的主办者，或者领导的秘书班子可以代领导草拟批示，经领导认可签字后，公开发表。这样就使会议或活动升格，引起社会的足够重视，便于推动工作，也能给主办者脸上增光添彩。

真正见功力的，是那些对实质问题的批示。

一种是要求尽快表明态度的。

比如对突发的重大灾情和事故，主政一方的主要领导和分管领导，在接到报告后，须得在第一时间做出批示，要求迅速抢救人员、查明原因、做好善后、追究责任、完善制度等。虽说这类批示大都有套路，但遣词造句之中，还是可以窥见领导的不同风格和水平的。

一种是要对下级请示的具体问题做出答复的。

下属请示的事情多种多样。有些比较简单，其中可能有自己答应过的，可以直接批给有关部门酌情办理。

有些比较麻烦，比如要增设机构和人员、调整具体职能等，对此须慎重，一般只能批给分管领导和主管部门"研究"，不可轻易表态。

有些比较复杂，比如地区和单位之间发生纠纷，一时难以弄清虚实是非，通常只能批给中立部门先去调查了解，然后上会研究解决。

一种是需要请示上级解决问题的。

按照公文运行规则，一般不允许下级直接给上级的领导个人行文，只能"公对公"请示问题。但实际运行情况是，下级领导如果不在文件上面写几句话，上级领导一般不会给明确的批示。因此，通常在给上级单位的公文页面上，下级主要领导会题写"请某某领导审示"之类的话，以期引起上级领导的注意和重视。当然，在签批之外，可以其他方式请上级领导予以关照。这样，问题解决会更顺当一些。

一种是需要平级之间协作的。

对此类公文，可以径直批给对方平级领导，当然态度要拿捏得恰到好处，不能让对方反感，也不可让上级领导不爽。对一些比较重要的事情，也可以批给本系统的上级领导，由其再酌情批给需要给予协作的另一方领导。

需要注意的是，有些看起来是请示的公文，实际上可能只是一种礼貌，人家不好意思绕过你，因为你是分管领导，或者你也有权帮忙。这时，比较聪明的做法，就是仔细琢磨一下，该批给谁就再批给谁，不能到此为止，使流程中断。当然，有时这类公文上面，列出多个需要知会的领导，若与自己关系不大，也可画圈表示知道了。

一般说来，作为上级，特别是主要领导，如果想解决问题时，批示尽量明确、具体、严厉一些，下级见状，是不敢怠慢或阳奉阴违的。如果仅仅是为了表态，可以批得隆重高调一些，但字里行间要让下属明白须慎重对待。这不是所谓的"权术"，许多时候是不得不如此的。下手太重了，会伤及无辜；太轻了，不能安抚舆情。而真相可能需要很长时间才能明了。

动笔批文，有不少技巧或规矩。比如，作为初级批文者，必须在公文首页的天地之间，找准自己的位置，给上级领导（有时不止一个），留下足够的空间。切忌目中无人，笔下驰骋，把上司挤到角落里。如果这样，尽管你写得都有道理，领导心里肯定不爽，说不定事情就黄了。

作为一个公文的顶级批示者，自然可以任意挥洒，比如当年雍正帝的批示就有许多嬉笑怒骂的东西，即使今天读来，也可从中窥见这位冷面君王的内心世界和独特风格。

有人总结，在机关工作，无非办文、办会、办事三件事。而办会和办事，大都要通过办文来进行，所以办文就是一项基本功。作为机关里秘书班子成员，尤其秘书长和办公室主任，主要职责就是负责公文的运转。

通常，一件公文来了，无论是上行、下行还是平行公文，都要由秘书人员先草拟办文意见，包括需呈批的范围和次序，然后由办公室主任或秘书长审定。

一件公文从这里出发，经过各位领导的批示后，还要原路返回，即先由下到上批示，然后再由上到下传阅，目的是让每位做出批示的相关领导，知道其他领导是什么意见，这样才能协调动作和步骤。这一点非常重要。

如此，一件公文所承载批示的运转才算圆满结束。当然，实际问题的解决，往往才从此开始。

从当年秦始皇的衡石量书，到雍正皇帝的日批万言，彰显着传统国家中领导批示的极端重要性。

虽然在传统教育和现代教育中，都还没有一种专门的批示学；但不可否认，进入职场的人，都要在实践中掌握这门重要学问的精髓要义。只有读懂批示，学会批示，知道如何按批示办事，才算真正地对职场有所了解。

不可小觑的"纪要"

所谓"纪要"，顾名思义，就是记录要点，或者说要点记录。而在职场，则主要是指会议情况的要点记录。

需要厘清的是，会议纪要不是会议记录。虽然二者都是对会议的记述，但记录基本上是"有话必录"，而纪要是主要议题的结论性意见。

应该说，只要有国家、有政府，有职场、有会议，就会有各种形式的纪要。古代可能不叫纪要，但确有纪要类的东西，比如唐代以后历朝相当于规则汇编的会要，其中有一些就像类似今天的纪要。还有一些帝王的制、诏、敕、令，以及朝廷印发的邸报等，有的也与纪要相似。

实际上，在历代职场中，正常情况下，但凡正式一点的会议，都要形成会议纪要，或者是会议公报，公报也可视为一种大型纪要。因为会议的类型很多，纪要也就很多。

纪要在职场日常运转中的作用不可低估。

我们知道，会议的一个主要目或功能就是决策。每当遇到一些需要协调各方意见的问题时，就得通过会议协商讨论，达成基本共识，形成纪要。

有时，虽然会前相关方已就某个议题进行磋商，并取得一致意见，但还需要在正式会议上进行意见重申和确认。

有时，一些特别重大的问题，开会之前就已经协商沟通，甚至拟定好了会议纪要，然后开会讨论，根据讨论情况，再对纪要加以修改，并在会议结束时通过，会后由主要领导签发。这样显得更加庄重，更具有权威性。如果不在会前做好作业，到会上意见过分分散，就不大好弄了。

可以说，开会的过程，就是达成共识的过程，也是纪要形成的过程。纪要是各方共识的体现和会议成果的载体。

既然是共识，纪要自然而然成为会后各方的行为准则和依据。尤其对那些负有牵头责任的领导或单位而言，纪要也是推进工作、解决问题的重要抓手。按照会议纪要抓落实，就显得"师出有名"，可以理直气壮地要求相关方面，按照纪要确定的原则相互配合，或者出工、出钱、出力，等等。

正因为如此，有时相关单位既要在会上吵，也要在会下争，千方百计在纪要中写上有利于自己方面的话。有时甚至会找主要领导或主要执笔者，反复表达自己的意见，请求修改某些表述。而利益相冲的另一方，也会用同样的办法，来争夺纪要中的话语权。

史载清代朝会时，皇帝现场办公，内阁学士当速记员写会议纪要，写完交军机处存档。领旨之人回去宣旨之后，要把朱批原件退回到军机处存档。这一个原件、一个纪要，二者是要对得上的，以此防止有人篡改圣旨。

纪要还是有权部门督促检查和执纪问责的"尚方宝剑"。比如，督察部门可以手拿纪要，督促相关单位履行纪要确定的职责。相关方面必须对照纪要，向督察部门如实汇报。如果没有按规定的范围、时限和标准完成任务，就有可能被问责。

除此之外，无论哪一类纪要，无论是否具有实质性内容，在客观上都有备忘录性质。对于这个问题或事情，我们是这样认识和解决的，也就是用纪要的形式"立此存照"。若干年后若需要了解情况，可以看一看当年的纪要。不然，有的人或单位，可能在某些问题上失忆或失误。

有了这个纪要式的"备忘录"，可以免除一些纠纷和麻烦。有时，还可以在此基础上，打造新的起点，减少弯路和重复劳动。

纪要的作用不可小觑，同时它的一些问题也不能忽视。

在现代国家，政府行为的重要前提是合法性。尤其是政府出台的规范性文件，必须符合国家宪法和法律的基本原则和精神，否则一律无效。因此，所有规范性文件，都要进行合法性审核。有的是要通过议会的审查，有的是设有专门机构来审查。

大量的专题会纪要，以及其他一些会议纪要，通常由业务部门起草，分管领导签发。有的部门由法制人员进行合法性审查；有的则没有，或不经法制审查。有人认为，会议纪要不是规范性文件，可以不进行合法性审查。

这就难免发生问题，事实上也不时发生与法律规范相冲突的问题。比如某地曾以政府常务会会议纪要形式，将民营和个体企业手中的探矿权一律视作代政府持有，实际上等于剥夺了对方的探矿权。由此引发了一系列产权纠纷，其中有的还演化成涉及面很宽的大案。

政务公开是现代政治的基本原则。作为重要运作方式和依据的会议纪要，却大都是半公开或不公开的，由此会引发与现代法治原则相悖的问题。某地工商局在处理某项业务事宜时，声称"根据政府会议纪要"做出该项决定。利益相对人因自身权益受到侵犯，向政府申请公开纪要。答复是纪要属于机密文件，不在政府信息公开之列。利益相对人不服，向法院提起行政诉讼，法院判决政府败诉。

应该说，法院的判决是正确的。

现代国家的政治文明，集中体现在执政党依宪执政、依法治国，政府依法行政、依法办事。对于政府而言，法无授权不可为；对于公民而言，法无禁止即可行。

在这个大前提下，政府行为只要实际上侵犯了行政相对人的合法权益，行政相对人就可以提起行政复议或诉讼，依法维权。

"尚左"与"尚右"

《水浒传》中，梁山 108 将各有各的本事和功业。各路豪杰齐聚山寨后，宋江和吴用为了使好汉们都有把合适的交椅，坐在一起相安无事，颇费脑筋。最后想出的办法，就是将刻有事先排好座次名单的石碑埋在地里，然后"被发现"。假借天意，使 36 天罡和 72 地煞各安其位，没有异议。

这种梁山泊英雄排座次的情况，是职场中的一大学问。

凡有官员集体活动的时候，大都要排座次。排座次时，除了首要人物的朝向外，最重要的就是左右次序。无论古今，尚左还是尚右，既很有讲究，也屡有变化。

先秦时期，人们认为，天是从左向右伸展开的，地是从右向左转动的。天道为阳，故以左为上为尊；地道为阴，故以右为下为卑。

也有学者认为，远在旧石器时代，人类便逐渐发展出了右利手的倾向。从人的生理习性来看，使用右手比使用左手方便利落，所以右尊于左。据心理学家统计，中国人的右利手率约为 99%。考古学者还发现，商周时期的"族徽"文字中，右手持械者远多于左手持械者。以此推断，尊右观念发生在先，尊左观念形成于后。

从文字学上看，《说文》将仅表示右手的"又"字来泛指双手，正是"右利手"观念在造字上的典型体现。这正如后世人们只说

"左撇子"，而很少说"右撇子"一样，是左右利手不对称性在语言上的遗留。

当年孔子赞扬管仲时说："微管仲，吾其被发左衽矣！"（《论语·宪问》）意思是：假如没有管仲，我们恐怕要披头散发穿夷狄的左衽衣服了！清人吴昌宗《四书经注集证·论语》云："古人以右为尊，又手足便右而不便左，故衽属右，夷狄则反之。"

显然在孔子眼里，尚右是华夏正统！

而实际上，先秦时期，尚左尚右的情况均有。先秦文献中，比较明确论及尚左尚右观念的当数《道德经》。其基本原则是：日常生活中，以左为上为尊，以右为下为卑，所以君子贵左，吉事尚左；而在丧事、军事等所谓凶事活动中，则以右为上为尊，以左为下为卑。即使打了胜仗，因为有人牺牲，也属凶事，故"战胜，以丧礼处之"。

这应该算作古代的精神文明。

先秦的兵符制度中，规定国君掌握右符，将领掌握左符。也可验证当时凶事尚右、用兵贵右的观念。如1978年陕西出土的战国时秦国虎符《杜符》的铭文云："兵甲之符，右在君，左在杜。凡兴士被甲，用兵五十人以上，必会君符，乃敢行之。"《秦汉金文录》中著录的战国虎符，也有大致相同的铭文。

史载西周的买卖契约券书，都是分为左右两半，债权人执左联，称左契或左券，作为索债的凭证；债务人持右联，称右契或右券，作为还债的凭证。故《道德经》有所谓"圣人执左契而不责于人"的说法。执左券以索债的观念，又引申为对事物握有主动权、控制权之意。

《史记·魏公子列传》载，信陵君为迎接夷门侯生，大办酒宴，并"从车骑，虚左"，即留着左边的位子，亲自去迎接贵客。故有"虚左以待"之说，是以左为尊为上。但同时又有"无出其右者"的说法。如《史记·廉颇蔺相如列传》中载："以相如功大，拜为上卿，位在廉颇之右。"这显然是尚右。

到秦汉时期，总体上是尚右。当时皇亲贵族称为"右戚"，世家大族称"右族"或"右姓"，以"左迁"表示贬官。在建筑住宅上，豪门世家必居市区之右，平民百姓则居市区之左。如《史记·陈涉世家》载："发闾左谪戍渔阳。"表明当时低贱之人居住在闾里左边。

东汉末到末代，则总体尚左。这个时期，左仆射高于右仆射，左丞相高于右丞相。蒙古族建立元朝后，规定以右为尊，当时的右丞相，在左丞相之上。朱元璋建立明朝，复改以左为尊，明清两代大体如此。

实际上，每个朝代又都有前后变化和一些例外情况，不一一赘述。

当今世界上许多国家也有尚左或尚右的理念和做法。

比如，西方正式宴会的座位排列，一般奉行下述原则：女士优先，恭敬主宾，以右为尊，面门为上，交叉原则，按距离主位远近来定座位。近者为上，右尊左卑，一般都应摆上桌次牌。吃西餐时，均使用长桌，同一桌上座位的尊卑，亦以距离主人座位近者为上。西方习惯是男女交叉安排，夫妇也分开落座。

中国会议安排以及日常生活、饮食礼仪所奉行的基本规则是：前为尊，后为次；中为尊，侧为次；左为尊，右为次。一般的宴会，除自助餐、茶会外，为了不致互相推辞谦让，主人都会事先安排好席位，排好座次，以便客人"对号入座"。主人居中，离门口最远，陪侍者对面入座；主宾和副主宾分别坐在主人的左右两侧，位居第三位、第四位的客人，分别坐在陪侍者的左右两侧。

职场具体活动中的尚左或尚右，在多数情况下，是有利于维系正常秩序的。但若过度讲究，则可能形成各种各样的形式主义，造成浪费与低效。其中影响最大的是意识形态和政治领域的左右之分。

秦汉时期，已有将不合统治者正统观念和规则的想法、说法和做法，称为"旁门左道"，而"执左道以乱政"是重罪。汉武帝"罢黜百家，独尊儒术"后，儒家思想成为司法依据。谁要是"背经术，惑左道"，是要被杀头的。

而近代中国的"左派"与"右派"之争，严格说来，则是舶来品。

18世纪末的法国制宪议会上，温和派的保王党人坐在会场的右边，而激进的革命党人坐在左边，由此产生了"左派""右派"两种称呼。后来，马克思、恩格斯以此引申出右派即资产阶级反动派，左派即无产阶级革命派。

20世纪初，列宁和斯大林开始用"左倾"来指代无产阶级内部的激进派。当时无产阶级力量还比较薄弱，激进派会给刚刚萌芽的革命造成损失，因而受到批判。

近代中国，共产党在夺取全国政权之前，将国民党分为左右两派，采取不同策略去对付。在共产党内部，也有同"左倾"机会主义、"左倾"冒险主义和右倾投降主义的斗争。因为自己是左派，为区分正误，将不加引号的左视为正确，加引号的左表示错误。后来可能考虑到人们不一定能看明白，便把加引号的左称为"左倾"或"极左"。

凡事一倾一极，肯定是错的。

需要注意的是，左右双方经常用自己的主张，去宣传、动员和组织大众，而一旦涉及大众，左右之争就会形成全社会的口舌之争和派别之分。派别之分形成后，立场决定一切。这时，无论是左还是右，与客观事实和社会发展规律会渐行渐远。如果没有宪法和法律的至上权威，人们没有遵守宪法和法律的行为习惯，就会闹得天下大乱。

可以说，人类社会左右观念的形成，是认识自我与认识自然的结果。无论是尚左还是尚右，在社会生活一些具体领域的运用，总体上是有利于人们的有序生活与生存的。

意识形态与政治领域的左右划分，多数情况下也只具有便于辨识的标签作用，与是非对错并无直接或绝对关联。北宋时期王安石和司马光都算得上是正人君子，但二人政见不同，在朝堂上一左一右的主张，也都曾给百姓造成实质相同的悲惨境况。

其实不只北宋，其他朝代也有类似现象。

《诗经·小雅》云："左之左之，君子宜之；右之右之，君子有之。"意思是该左就左，该右就右，君子无可无不可。关键是要有起码的共识和底线。

不在其位，不谋其政

战国时的韩非，讲过这样一则故事：

韩昭侯身边，有典衣负责衣服，有典冠负责帽子。一天，韩昭侯醉后睡着了，旁边的典冠见状，怕他受寒，就拿了件衣服盖在身上。他醒来后问，谁给他加的衣服。典冠回答是他。结果，韩昭侯把典冠和典衣两人都处罚了。处罚典衣，是因为他失职；处罚典冠，是因为他越职。（参《韩非子·二柄》）

这件事如果发生在当今，典衣可能会受处罚，而典冠肯定是要得到嘉奖的。因为他关心领导身体健康，不管分内分外，工作积极主动。

韩非是法家，法家是主张严格依法履职的。用现在的话讲，就是不能缺位，也不能越位。

其实，儒家也是如此。如孔子曰："不在其位，不谋其政。"（《论语·宪问》）这句话的字面意思，就是你不在那个位子上，就不要考虑那个位子上的事情，这与韩非的主张是相同的。道理很简单：因为你不处在那个位置上，对那个位置上的事情，就没有多少体验，能得到的信息也不会很多，不可能洞悉内情。行政还是要靠经验的，不能光凭理论。当然，还有一层意思，如果你总想做那些分外的事情，就会乱了官场规矩，既误了自己的事，也可能坏了别人的事。

历史上一些有名的大臣，都注意遵守这个原则。

西汉文帝登基后，因为太尉周勃率兵诛吕氏有大功，就让周勃当右丞相，陈平为左丞相。当时官场尚右，周勃位在陈平之前。

一次，文帝问周勃："天下一年判决多少案件？"周勃说他不知道。又问："一年的钱粮出入是多少？"周勃还是回答不知道。几问下来，周勃汗出沾背。

这时，文帝又转过来问陈平。陈平说："这事有主管官员。"文帝问："主管者是谁？"陈平说："办案的事，可以问廷尉；钱粮的事，可以问大司农。"

文帝说："既然各有主管之人，你干什么呢？"

陈平恭恭敬敬地回答说："我负责管他们！因为宰相的职责，就是上佐天子，下育万物，外抚四夷，内亲百姓，使各位大臣各司其职，各负其责。"

文帝听后连连称善。

周勃非常惭愧，下朝后埋怨陈平说："你怎么不事先教教我呢？"陈平笑着说："你在这个位子上，还能不知道自己的职责吗？如果陛下问你长安城中有多少盗贼，难道你也要勉强回答吗？"于是，周勃知道自己比陈平差远了，不久就称病请辞，让位陈平。（参《史记·陈丞相世家》）

同样是在西汉，还有丞相丙吉问牛的故事。

丙吉出行时，碰上清道民夫成群斗殴，并有死伤，丙吉却像没看见似的，继续前行。当他碰到有人赶牛，牛气喘吁吁热得吐出了舌头时，停了下来，叫骑马的小吏去问："牛走了几里路？"属官十分奇怪地说："丞相见死了人也不管，却去过问一头牛为什么出汗，真是让人看不懂。"

丙吉说："百姓斗殴杀伤，是长安令（县长）和京兆尹（首都市长）应该管的事，宰相不必亲自过问。现在是早春，天还不热，这牛没跑多远而喘息，说明节气不对，恐怕对农事有妨害。丞相要总揽全局，调和阴阳，这是我职责范围内的事，所以过问。"（参《汉书·丙吉传》）

从法理上讲，在职责清晰，没有重复交叉和漏洞的前提下，各司其职、各负其责是最好的职场运作状态，也是最好的协作配合。因为专业化运作，在正常情况下更有秩序和效率。现代国家的治理大都遵循这一原则。

当大家都不去精通本职工作，却一窝蜂地去做那些自己根本不懂或做不了的事情，必然没有效率。

当今有的人为了打开工作局面，也会不分职责范围，带头去做某件事情，比如书记招商定项目、市长上街捡烟头之类。这种以上率下的做法，的确能起到一定的作用，但不可持续。否则，会出现该管不该管的事，都要领导亲力亲为才行。结果是领导抓什么，什么就行，有时只是表面行；领导不抓什么，什么就不行，真的不行。

《世说新语·贤媛篇》有这样一个故事：

赵家女儿出嫁时，母亲嘱咐女儿到了夫家"勿为好事"。女儿反问："那能不能做坏事？"母亲严厉地说："好事都不能做，怎么能做坏事！"

那应该做什么事呢？

赵氏说："要做好女儿本分之事。"

在传统社会中，一个女人的本分之事，就是孝敬公婆，相夫教子，勤俭持家。不必再超出这一标准，刻意去做什么好事。否则，很可能引起家庭不睦。

这是有道理的。

"不在其位，不谋其政"，这句话倒过来说，就是在其位，就必须谋其政。恪守本职，是官员的基本行为准则。

如果本分之事都做不好，却一味地去做分外的好事，结果很可能是适得其反。

榜样的力量是有限的

春秋战国时的鲁国有一条规定，无论谁在别国发现鲁国人做了奴隶，应该花钱将他赎回来，政府再将所花费用补偿给当事人。孔子的学生子贡是个富有商人。他在郑国发现一个鲁国人沦为奴隶，就花钱将他赎回。鲁国政府按规定将赎金补偿给子贡。子贡表示，为国家做事情，不要赎金。鲁国政府认为子贡品德高尚，号召人们向他学习。

孔子听说这件事后，严厉批评子贡的行为，也批评政府的做法。他认为，无论子贡还是政府的做法，都对鲁国有害无益，而且是不道德的。（参《吕氏春秋·无私》）

为什么？

因为这样做，将会出现事与愿违的情况。比如，一个并不富裕甚至贫穷的人，在别的国家看见一个鲁国人沦为奴隶，他本可以花钱或者借钱将奴隶赎回，再得到政府的补偿。可有了子贡这个榜样后，他就会犹豫不决。因为当他付出代价赎出奴隶，回国后还好意思向政府要赎金吗？如果要了，人们会说，你怎么不向子贡学习？觉悟太低了！他本来是做对国家有益的事，却被认为没有觉悟。面对这种情况，他肯定会放弃赎人。

如果是很富有的人呢？钱自然不是问题。但自利是人的本性，即使再富有，他也不愿白花钱。若他向政府要赎金时，人们同样会用子贡的标准来衡量：你跟子贡一样富有，不缺这点钱，人家不要，你还好意思要？有子贡这个道德榜样存在，他也不肯赎人了。

于是，人们不再关心鲁国人是否沦为奴隶了，也不会再花钱费劲将他们赎回来了。

所以孔子严厉批评这种做法。

古今中外的无数事例证明，一个社会如果单纯地树立道德榜样，号召大家向他们学习，并想以此保持或提升社会风尚，往往会适得其反。

胡适先生当年曾言：

一个肮脏的国家，如果人人讲规则而不是谈道德，最终会变成一个有人味儿的正常国家，道德自然会逐渐回归。一个干净的国家，如果人人都不讲规则却大谈道德、谈高尚，天天没事儿就谈道德规范，人人大公无私，最终这个国家会堕落成为一个伪君子遍布的肮脏国家。（参胡适《道德和规则》）

因为高尚的道德要求，对少数人可能有用，但对多数人不行；短期内可以，长期不行。如果把榜样门槛立得太高了，要么是榜样本身失真，要么是人们高攀不起，既然学不了，就只能装样子；如果把榜样门槛立得太低了，甚至把一些常识范围和底线要求的东西都当作榜样来宣传，人们可能会不屑一顾。

就职场而言，要求领导事事带头，为人楷模，有时可以，有时就不一定行。

在影片《大决战——淮海战役》中，有一个画面，讲的是二野的一支部队为了执行任务的方便，要求战士一律剃光头。一位大概是知识分子出身的战士，就是不肯剃。时任二野政委的邓小平同志见后，没有说过多的话，而是坐在凳子上，让人先给自己剃头。邓小平同志的头被剃光后，那位起初不肯剃头的战士，二话不说，也坐在了凳子上。剃头，算不得一件大事，但要求别人做到的，领导要先做到。这大概是当年共产党那么有号召力的根本原因吧。

但在更多的时候，领导不可能都去带头亲力亲为。

比如一个儿童落水，岸上有许多人，但没有领导，是否一定要等个领导来，先往水中一跳，其他人才肯下去吗？显然不是。因为这是做人应有的底线，如果人们连这个底线也不要了，还谈什么道德榜样？可见，对于一个正常社会，成天讲道德，不如守规则。对于领导干部来说，既要以身作则，更要以则作身。所谓以则作身，就是要懂法律，守规矩，这样才能立得住，行得远。

还有，榜样不宜树得太多。

萨缪尔森《经济学》中，有一条边际效益递减规律：相对于其他不变投入量而言，在一定的技术水平，增加某些可变投入量，将使总产量增加；但是，在某一点后，由增加相同的投入量而增加的产出量，很可能会变得越来越少，甚至为零。

这个定律的实质，是个投入产出比问题。

简单说，应当成为榜样的人太多时，就没有榜样出现了，作用也会递减。不信你办一个全是高级干部参加的学习班，时间一长，干部们的表现可能同小学生没什么两样！

还有，非常时期与正常时期的情况，也不相同。

在战争等非常时期，人们的危机意识较强，精神易受激励，敢于斗争，勇于牺牲，英雄模范人物会层出不穷。和平时期，这种状况不大会出现。国家治理和社会进步，只能靠制度建设。如果仍然沿袭非常时期的那种重德治、树榜样的做法，实际效果可能不尽如人意。

唐代的柳宗元有篇传世之作，叫《敌戒》。大意是：都知道仇敌存在的害处，却不知道它大有益处；秦国因为有六个仇敌——韩、赵、魏、齐、楚、燕，不得不兢兢业业，奋发图强，而一旦六国灭亡，人们普遍精神懈怠，秦国也很快土崩瓦解了。

　　在没有"敌存而惧"的心理，而有"敌去召过"的环境，榜样的作用必定也是有限的。

"懂法"还是"不懂法"

某省一位高官犯罪后,在法庭最后陈述时说:

"原来我作为一个省的高级官员,以为什么都懂,但通过这次法庭审理才发现,我其实是个法盲。我现在非常懊悔,曾经作为一个省的高级官员,我却不懂法。在民主法制国家,作为一位高级官员不懂法,这是很大的问题。"

像省一级这样大的官不懂法,的确是个很大的问题。

如果他说的是真话,人们不禁会问,他为什么不懂法?

一种可能是不屑于懂法。

在中国传统文化里,权大于法的观念是根深蒂固的。往大里说,皇权是高于法权的。汉代的大法官杜周说过:"前主所是著为律,后主所是疏为令。"(《汉书·杜周传》)虽然杜周此话的本意可能是解释律与令的区别,却道出了一个古代立法的基本原则,即老皇帝说的话是法,新皇帝说的也是法。"朕即是法",只要是皇帝,他说的话就是法。往小里说,皇帝以下的各级官员,虽然不敢说自己就是法,但以权玩法的胆量和本事都还是有一些的。特别是在天高皇帝远的地方,州县主官眼里能揉进去几多王法?否则,就不会有那么多官逼民反的事情发生了。

这种权大于法的意识,至今仍有很大的潜在市场。在不少官员眼里,遵纪守法、循规蹈矩是无能的表现,唯我独尊、一言九鼎方能显示出个人的权威来。在官员考核选拔中，往往会认为那些坚持依法办事的人没本事，那些敢耍横霸蛮的人能力强。尤其是一些地方和单位的"一把手"，骨子里确有鄙法意识。在这样一种社会氛围里，像省一级这么大的地方主官，是很难把法律放在眼里的。

另一种可能是不需要懂法。

"不屑于"指主观意识，"不需要"则是客观因素。

从执掌全国政权以来，我党基本的执政方式就是开会、讲话、发文件。时间长了，就形成了一套固定模式。所谓"工作就是开会，协调就是喝醉，谁官大谁对"的民谣，在某种程度上就反映了一些地方和单位的现状。

不是说依法执政就不需要讲话和发文件，即使号称早已是法治社会的国家里，也还是要有官员讲话和政策性文件的。但这些讲话和文件是要依据宪法和法律的。因为宪法和法律是全民合意，具有最高地位。而讲话和政策，通常是个人或组织意志，必须服从全民意志的宪法和法律。

我们一些地方和单位，情况恰恰相反。

某省颁行全民体育健身条例，规定"政府投资兴办的公园应当对公众晨练和晚练活动免费开放"，但城市公园的管理者置若罔闻，当有人问为什么不免费开放时，回答是"还没有看到内部文件"。

一些地方和单位在解决棘手问题时，不按现有的法律规定办，却要三番五次地征求或揣摩上级领导的意思。因为不懂法不要紧，得罪上司不得了。

据查，该高官被捕后，对要不要请律师的问题颇费心思。他根据自己几十年的政治经验，认为请律师辩护，可能会给组织一个"认罪态度不好"的印象。在该高官心中，法定权利和组织印象孰轻孰重，不敢有丝毫含糊。

也正因为如此，我们的一些领导干部，主要心思也就用在揣摩和迎合上级的意图方面，而不是学法和懂法了。加之各级官员整天忙着到处赶场讲话，坐在办公室里阅批文件，还有迎来送往的各种应酬，哪还有闲工夫去学法。不懂法也就在所难免了。

也有人会认为，该高官说自己"其实是个法盲"，并非"灵魂深处的话"，只是想以此博得法庭的同情而已。如果他讲的是假话，也就是说他其实是懂法的，人们不禁要问，他为什么会轻而易举地走上犯罪之路呢？

首先，恐怕与不平等的司法传统和现状有关。

在传统的人治社会中，法律主要是用来对付老百姓的，而不是用来约束统治阶级自己的。对那些针对百姓的法律，官员们是门清的，但对那些约束自己的法律是不大在意的，也很少会自觉遵守。因为即使违法了，也不大会受到惩处。中国古代有句话，叫"王子犯法与庶民同罪"。猛一听，好像是法无偏袒、一律平等了，但仔细揣摩一下，就会发现并非如此。因为"王子"，毕竟只是帝王之子，而帝王本身从一开始就被排除在司法对象之外了。

也有人会说，这里的"王子"，指的是"天子"，就是帝王本身。即使如此，从传说中的三皇五帝，到清末的光绪宣统，没听说过有哪个帝王真正被依法宣判受刑的。

就是一些民间传说和故事，也是很有分寸的。《三国演义》里的曹操，最多做到"割发代首"，虽然曹操当时不是帝王，但实际权力不亚于帝王。在古典戏剧中，北宋的包公审理"狸猫换太子"案子时，对负有"不孝罪"的宋仁宗，也只是象征性地打打龙袍而已，还敢真的把板子打在皇帝屁股上？

就是在今天，这种影响仍不可低估。在一些人看来，官越大，就越保险，只要不"犯上"，不"大逆不道"，其他的事都好"商量"，也可以"摆平"。大不了换个地方，再不就是给个党纪政纪处分，不会"伤筋动骨"。

于是像上述这样的高官，知法犯法也就在所难免了。

其次，恐怕还与普遍缺乏规则意识的社会氛围有关。

据说，上述高官在最后庭审时曾表白："如果我还有下辈子的话，我一定选择学法律，去从事法律工作。"

他有没有下辈子，会不会去学法并从事法律工作，我们无从得知，但从他几十年成长和后来堕落的轨迹中，我们应该悟出一些道理：无论哪一级官员，一定要有法律意识，要学一点法律知识。这是提高执政能力的要求，也是自己安身立命的必需。

不问苍生问鬼神

唐朝诗人李商隐的诗作《贾生》云：

宣室求贤访逐臣，贾生才调更无伦。

可怜夜半虚前席，不问苍生问鬼神。

这首诗的前两句是说，汉文帝求贤若渴，在宣室即未央宫的前殿，召见虽负才子盛名却受到贬谪的贾谊。后两句是说，虽然汉文帝对贾谊非常谦恭有礼，相见时却不问国计民生，只谈些神仙鬼怪的事情！

对后两句，学界有多种解释。

比如"虚前席"，一说是皇帝对面那个座位，一直空着，等贾谊来坐。一说是汉文帝询问鬼神之事，贾谊低声絮语、绘声绘色，汉文帝聚精会神、侧耳倾听。因为谈得投机和兴奋，文帝全然忘却自己本应高高在上的君主身份，纡尊降贵，不知不觉间数移座席，双膝一次次靠近贾谊。

不管是虚位以待，还是移膝向前，都表明汉文帝对贾谊的尊重，意思差别不算太大。

对流传千古的"不问苍生问鬼神"，也有不同解释。

一说汉文帝之所以不谈国事谈鬼神，是因为贾谊之前所上的有关国家大事的几篇奏议，触动了朝野的神经。汉文帝心知肚明，虽然同意贾谊的意见，但在当时环境下又没法实施，只好请他吃顿饭，谈谈别的事情，以表安慰。

一说汉文帝时期，外有匈奴侵边，内有诸侯僭越，文帝有感于王朝面临的危机，求贤若渴，召见作为逐臣的贾谊。汉文帝的"问鬼神"只是表象，其中一定含有治国所需的丰富内容。"问鬼神"与"问苍生"并行不悖，"问鬼神"就是为了"问苍生"。

应该说，表示安慰与虚心求教，二者可以并行不悖。

史料显示，汉文帝是中国历史上一位被世人称道的贤明君主，也是"文景之治"的开创者。他在位期间，信奉清静无为的黄老之道，以安民为本，善于平衡政局，躬身节俭，轻徭薄赋，虚心纳谏，择善而行，励精图治，使汉朝逐步走向繁荣。因此，说汉文帝不关心民生疾苦，显然有悖史实。

当然，无论是汉文帝，还是他前后的所有帝王，都不同程度地相信鬼神，这是事实。比如商代的甲骨文、周代的易经八卦，在一定意义上都是迷信天命和鬼神的产物。汉代以讲授《公羊春秋》见长的大学者董仲舒，给司马迁上的第一堂课，就是讲解"天人感应"的道理。

可见，文帝与贾谊见面时谈些鬼神之事，不足为怪。从中领悟国计民生之道，也在情理之中。

而后世职场中有许多人真的是"不问苍生问鬼神"了。有的相信谶纬之说，预制黄袍龙椅，梦想如期登上九五之尊；有的迷信风水之说，在祖先的坟墓上大兴土木，甚至给自己预修豪华的地下寝宫；有的改建衙门朝向，调整座椅位置，设置"靠山"背景；有的信奉命运轮回之说，遇神就磕头，见庙就上供，而且出手阔绰，动辄成千上万；还有的不惜套用巨额公款，修建大庙，金塑神像，等等。

这种情况，除了与落后的文化传统和愚昧的社会风俗有直接关系外，还有特殊因素。尤其是在社会转型时期，人们经常会碰到意想不到的情况，遭遇始料不及的结果。职场中人们的进出升降，适用"测不准定律"。空前的不确定性，加上无时不在的恐惧感，使他们将眼睛转向冥冥之中的鬼神。

如何改变这种状况呢？

有人说，明白是科学，不明白是迷信。这有一定道理。

因此，普及科学知识，是减少迷信的重要途径。

也有人说，当社会成为真正的法治社会时，人们的行为有确定的预期，还去求神问卦干什么？这当然也是对的。

还有人说，如果官员的进退升降，都按既定规则进行，是公开、公平、公正的，搭天线、走门路、找靠山、投机钻营、行贿受贿，就会大大减少。官场的迷津不多了，官员的恐惧感少了，相信谶纬、风水的人自然会越来越少。这肯定也是不错的。

有一个耐人寻味的现象，就是除了愚昧的百姓、惶恐的官员外，许多著名的科学家好像也是"迷信"的。爱因斯坦等世界顶级的大科学家就相信宗教。中国有的科学家，也曾公开认可人体特异功能。

这是为什么？

撇开宗教和迷信的同异不说，有一点大概是可以解释这种现象的，那就是：懂得越多的人，越觉得有许多不懂的东西。当找不到所观测现象的终极原因时，就只能相信有个万能的上帝存在。上帝就是所有事件的最终操盘手。

从系统论角度看，人是自然界的一部分。人类行为可以影响自然界，自然界也可以影响人类，而且可能最终决定人类的生死存亡。早在汉代"天人感应""天人合一"理论正式产生以前，中国社会就有"天视自我民视，天听自我民听"（《尚书·泰誓》）的说法。意思就是，做官的人，尤其是做帝王的人，一定要敬畏百姓，因为上天是从百姓那里了解实际情况的。

说到底，人与人之间的关系，既是一种社会关系，也是一种自然关系。这种双重关系，决定了人的一言一行都会有必然的结果，或者叫报应。或来早些，或到迟些，或应在自身，或报在子孙。所以古人言："积善之家，必有余庆；积不善之家，必有余殃。"并且强调："为恶必灭，若有不灭，祖宗之道德，德尽必灭；为善必昌，若有不昌，祖宗之道殃，殃尽必昌。"（《易传·文言传》）

那些真正的风水师，会告诫主人，好风水就在自身。

可以说，敬畏鬼神，害怕天谴，无论对官员还是百姓，并非一定是坏事。前者因此收敛欲望，后者则可避免盘剥。

进一步说，官员问鬼神，说明还敬畏鬼神。如果碰上个连鬼神都不敬畏的主儿，比如张献忠之类的魔王，杀人成瘾、杀人如麻，那无辜的百姓，必然要遭大殃。

如果问鬼神时也问问苍生，或者真的是为了苍生而去问鬼神，未尝不可。像古代那些为民请命的清官，有时为了保境平安，祷告上天，消灾祛害，虽然行为有些怪异甚至可笑，但还是能得到百姓的认可和赞许的。

『角色』种种

做官的底线

做官须先做人。

官也是一种人。既然是人，就得按做人的标准来要求，说人话，做人事，不被百姓视为"另类"。

当然，官又是一种特殊的人。特殊在于他手中有权，可以办普通百姓办不了的事。如果能守住做人的底线，就能办好事；如果守不住底线，就会办坏事。

自古以来，人们对官员的操守，有过种种要求和期许。其实，最基本的应该是三条。

一是不贪。这个要求不算高，但能真正守住这条底线的官员不多。看看人们对"清官"的赞颂和期盼，就能知道"不贪"的稀缺性。

二是不欺。不欺的意思有多种。这里只说两种，即不欺骗和不欺压。

不欺骗，有对上的，有对下的，有对同僚的。这与做人的"诚信"要求相似，但侧重于不故意隐瞒真相。作为官员，有些不该说的话自然是不能说的，但按规定必须如实说明的事情，则不能隐瞒。不然，就是失职甚至渎职。如果夹杂着个人的其他不良意图，则另当别论了。

不欺压，侧重于对百姓的态度。特别是那些有实权的、经常和老百姓打交道的，这一点尤其重要。俗话说，官不在大，有权则灵，或者说官不在大，有权则横。比如古代的各类衙役，尽管官不大，有的甚至不算官，但在百姓眼里，他们就是政府。历代"官逼民反"中的"官"，十有八九就是这些小官或者小吏。

三是不偏。不偏就是不偏三向四，办事公道。

从大的方面讲，是要求高层制定出台的政策和法律，应当具有公正性。

从小的方面讲，是具体实施政策和执行法律的官员必须持中守正，不能欺软怕硬，优亲厚友。尤其是司法人员，更应该恪守公平正义的底线，能使百姓从每一个具体案件中，感受到司法的公正性。

做官还得做神。

权力崇拜是传统社会的通则，掌权的官员自然是被崇拜的对象。官越大，就越受人崇拜。帝王就是人们最崇拜的对象。帝王之下的各级官员，也具有程度不同的神圣性。

严格说来，"神圣"二字还是有些区别的。"神"多指智慧超群，比如神通广大、深不可测等；"圣"多指品德高尚，比如圣贤风范、圣人慈悲等。

若将"神圣"二字冠于某人头上，那就意味着他的智慧和品德都令人难以企及。即便他本质上仍是个凡夫俗子，人们也要根据他权位的高低，给他塑造出种种光辉的形象来，甚至编造出各种匪夷所思但又不敢不信的神话来。于是他非神也是神，非圣也得圣！

权力崇拜和官员神圣，对职场中人具有双重影响：

一种影响可以算是正面的。

一个向来行为荒唐的人，当上官后，会突然变得正经起来，言称规矩，行近方圆，令人刮目。比如刘邦没有当大官前，行为很不检点，好吃懒做，不务正业。尤其是鄙视循规蹈矩的儒生们，甚至"溺儒冠"：往儒生的帽子里尿尿。但当了皇帝后，竟对儒生叔孙通炮制的朝仪欣赏备至，再也容不得当年曾是战友的部下们的非礼之举了。虽然当皇帝后仍有不够检点之处，但在大的方面，是颇合规矩、近方圆的。

皇帝是中国古代最大的官，故有此正面效应。

小官呢，似乎也一样。比如在小学中，一个班里谁最调皮——不是流氓，但不加教育，发展下去有可能成为流氓，老师就说："选他当班长！"果然，一当上班长，他就规矩多了，颇有些好孩子的形象。

另一种则是负面的了。

一个本是常人的人，因为各种机缘当了官，如果没有权力崇拜和官员神圣的要求，他还可能保持做人的本真、做官的本分，但随着官位的升迁、权力的增加，可能架不住人们或真或假的吹捧与歌颂，就想超凡入神了。于是，不懂要装懂，不能偏要能。有时，则要故作高深，说些模棱两可、不着边际的话，让人捉摸不透，以此保持永远正确的神圣形象。因为这不仅是个人的事，也是保持权力神圣和统治地位的需要，有时还是百姓的期盼。

职场的虚假、官员的虚伪，与要求官员做神为圣的传统文化不无关系。至于由此而产生的其他弊端，不在此赘述。

在四柱八字算命法中，"官鬼"是并列的一种状况。可见古人对做官就得做鬼是早有认识的。

做鬼不见得就是境界低下。鬼可分三六九等，也有高下好坏之别。蒲松龄《聊斋志异》中的许多鬼，就通人性，非常可爱。

官员要经常面对各色人等、各类事情。有的用正常的权力行使可以解决，有的用神圣的光环也可以糊弄过去。但总有一些人，是天不怕、地不怕的；总有一些事情，是靠常规办法解决不了的。这个时候，就得在神和人之外想办法。得有些鬼点子，会说鬼话，做鬼事。手段可能有些上不了台面，但结果可能差强人意，甚至皆大欢喜。

唐朝的狄仁杰和宋朝的包拯，是后世称颂不已的好官、清官。但翻开正史，再看看传说，他们在处理行政事务和司法事务时，也的确是精灵鬼。

狄仁杰在狱中，如果不当面认罪，暗地递信申诉冤情，恐怕是不能活着出来的。他和武则天的关系处得那么好，恐怕也不光是因为有一身正气吧！

包公虽然一身正气，但在审理疑难复杂案件时，不时装神弄鬼，不择手段地获取证据。否则，"包青天"的称号从何而来？

做官免不了要做鬼，但如果不分青红皂白，不管难易繁简，都不循正道，不按常理出牌，总是喜欢捣鬼，人前一套，人后一套，见人说人话，见鬼说鬼话，时间长了，就会失了人性，损了官体，被人瞧不起，难以立足官场。

借用鲁迅先生的一句话，那就是："捣鬼有术也有效，然而有限。所以以此成大事者，古来未有。"（鲁迅《南腔北调·捣鬼心传》）

"量大第一"

做官，特别是做主官，俗称"一把手"的，须得肚量大。有人甚至认为，为官者的所有品行中，"量大第一"。

何谓"量大"？

首先，是大方。

拿刘邦与项羽来说。

刘邦虽然是个大老粗，但为人处世能豁出和舍得。他年轻时，是个小亭长，大概相当于现在的派出所所长。上峰派他押送一批犯人到骊山做工，半道上就跑了好几个。刘邦想，等走到前方，恐怕跑光了。怎么办？他备下酒肉，请囚犯们撮了一顿，然后说："你们都跑吧！"结果有些人跑了，有些人不跑，说："我们干脆跟着你干吧！"他豁出去了，就得到了起事的人。

楚汉之争最后关头，刘邦的军队打到楚国境内，与项羽在垓下会战。这时韩信、彭越、英布等实力派人物却按兵不动。刘邦心里清楚是怎么回事，对张良说："我准备得胜后把天下给分了，你看分给谁合适？"张良一听有戏，就说："彭越和英布在楚汉之间摇摆，现在倾向于汉；韩信本来是你的属下，现在独当一面。如果你愿把土地分享，他们一定南下来合围。"刘邦说："那好，就跟他们约定吧。"

果然，这几支军队全来了，把项羽给活活围杀了。

项羽虽然出身贵族，平时小仁小义可以，关键时刻却小肚鸡肠，拢不住人心。张良本是韩国人，在灭秦斗争中，受韩王的派遣帮助刘邦。灭秦后，项羽分封诸侯，嫉恨韩王让张良去帮刘邦，虽然也封了韩王，但就是不让他到自己的封国去，最后还把他杀了。张良反秦的目的是要恢复韩国，投刘、投项都可以，但项羽硬是断了他的后路，逼得他走到刘邦阵营。

项羽手下有个谋士叫范增，对项羽忠心耿耿，且极富政治眼光和军事韬略。可是项羽不听他的，有时还怀疑他与别人有一腿。结果，鸿门宴上走了刘邦，以致后来上演了"四面楚歌"和"霸王别姬"！

再就是大度。

春秋时的楚庄王，有一次宴请群臣。喝得正欢，蜡烛突然灭了。有个大臣趁机拉美女嫔妃的衣服，嫔妃扯下这个人的帽缨，告诉庄王说："刚才蜡烛灭后，有人拉我衣服，我把他的帽缨扯下来了，你快叫人点灯，看看是谁。"楚庄王却认为，醉后失礼是人之常情，怎么能为了显示妇人的贞洁，而使臣子受辱呢？！他马上命令群臣："今天与我喝酒的，不扯断帽缨不尽兴。"大臣们都把帽缨扯掉，然后点灯接着喝酒，尽欢而散。

三年后，晋楚交战，有位大臣奋勇争先，每场战斗都冲杀在最前面。此战打败晋国后，楚国逐渐强盛起来。战后楚庄王感到奇怪，就问他说："我德行浅薄，好像也不曾特别施恩于你，你为什么会这样卖力呢？"大臣说："当年宴会上，帽缨断了的人就是我。大王隐忍不治我的罪，我始终不忘您的恩德，决心为您肝脑涂地！"（参刘向《说苑》）

当然，大度有时还要有自知来加持。

唐朝名相狄仁杰以心胸宽阔著称。一次退朝后，武则天将他单独留下，对他说："你虽然很能干，政绩卓著，但还有许多同僚在背后说你坏话。你想知道的话，我现在可以把这些告状信给你看看。"狄仁杰赶紧说："陛下请别告诉我！"武则天有些惊讶："你不相信我？"狄仁杰说："不是我不相信您，而是我不相信我自己的雅量。"接着他说："我并没有多大的才能。别人批评我，是对我的监督和爱护。如果陛下认为我做得不对，我愿意知道自己的过失并及时改正；如果陛下认为我做得对，不相信那些流言，那是我的荣幸。既然如此，我又何必要知道那些批评者的姓名呢？"（参《资治通鉴·唐纪》）

武则天听后，大为赞叹，认为狄仁杰确有宰相的气度。

北宋名臣吕蒙正也是如此。他刚升任宰相入朝时，听到有人说："怎么这小子也当上宰相了呀？"吕蒙正好像什么也没听见似的继续前行。与他同行者要立刻追查这人是谁，吕蒙正赶紧制止。下朝后，他向同僚解释说："一旦我知道了那个人的姓名，可能将难以忘怀。不知道他，对我来说，并没有什么损失啊！"

此事传开后，朝中大臣再也没人小看他了。连宋太宗都说："吕蒙正的度量，我也不如啊！"（参司马光《涑水纪闻》）

还有就是大气。

宋太祖赵匡胤的发小赵普，时任宰相。赵匡胤时不时到他家中做客。有一年一个下大雪的晚上，赵匡胤一时兴起，突然造访赵普家。这可把赵普夫妇吓坏了，因为当天下午南方进贡来一批东西，就摆在客厅，他还没有来得及查验上报。于是赶快跪下接驾，奏明原因。赵匡胤安慰说："没有关系，公事明天早上再说。"

说罢就到客厅去转，看见贡品中有一个大瓶子，上面写好送赵普的。他有些好奇，打开来一看，里面都是金瓜子。赵普夫妇吓死了，立刻又跪下来说，实在不知道是黄金。赵匡胤笑着说："你身为一个宰相，别人以为天下事都决定在你手。外邦送你这么一点东西，算得了什么？你照收不误！"（参司马光《涑水纪闻》）

不论赵匡胤的动机是什么，这个包容之心是了不起的。赵普除了为皇上肝脑涂地外，还有什么可说的呢！

当然，君臣之间和朋友之交中的"量大第一"，是要以相互了解和信任为基础的。同时，还要以顾全大局为重。

战国时齐桓公与鲍叔牙、管仲之间的关系，堪称典范。管仲最穷的时候，一切都依赖鲍叔牙。共同做生意赚了钱，管仲多分了，鲍叔牙不在乎，对人说管仲要赡养老人，一片孝心。管仲曾帮助公子纠与齐桓公争夺王位，还差点将齐桓公射死。齐桓公夺位成功，要鲍叔牙推荐能助成霸业之才。鲍叔牙推荐管仲，齐桓公说："我没有杀他，已经够宽大了！"鲍叔牙说："你是要成霸业，还是要报私仇？如果想成霸业，非管仲莫属。当年他帮助公子纠射你，是各为其主嘛！"

于是齐桓公就用了管仲，终成霸业。

管仲感慨地说："生我者父母，知我者鲍叔。"

管仲临终前，齐桓公问他，鲍叔牙可否接替他的职位？不料管仲说不可以。他对齐桓公说鲍叔牙的天性，是疾恶如仇。当宰相的人，肚里是要能藏污纳垢的。如把相位交给他，可能害了他，也会坏了国事。鲍叔牙知道管仲说的话后，不但不抱怨，反而很高兴，认为只有管仲懂他。（参《吕氏春秋·无私》）

从为官之道看，无论是主政一方，还是治理一国，都会面临各种错综复杂的事情，与各种各样的人物打交道。俗话说，"金无足赤，人无完人"，如果过于追求清纯，就会出现"水至清则无鱼，人至察则无徒"的窘境。

作为"一把手"，须有"宰相肚里能撑船"的气度，才能容得下各路神仙鬼怪，听得进各种逆耳之言。

当然，要做到"量大第一"，除了自身性格禀赋外，有时还需要有一定的制度保障，以及规则坚守者。

司马光《涑水记闻》中记载，赵匡胤喜欢在后花园打鸟。有一天一个下臣忽报有急事面奏，听奏后却是一般公事。赵匡胤面露愠色，下臣却说："臣以为，它总比打鸟要紧些。"赵匡胤大怒，挥手打落了他两颗牙齿。下臣俯身拾起牙齿，藏于怀中。

赵匡胤问："难道你还想留着牙齿，跟我算账吗？"

下臣道："臣不敢，然自有史官直笔。"

赵匡胤闻言，思索良久，转怒为喜，嘉奖了这位下臣。

史官直笔制度和下臣坚守职责的态度，恐怕是赵匡胤不得不转怒为喜的主要因素。

一句感叹，两种格局

读过《史记》的人，大概都记得刘邦和项羽初见秦始皇时的感叹。

大约公元前210年，刘邦到咸阳服徭役，恰好见到了出行的秦始皇，感叹道："大丈夫当如此也！"

秦始皇晚年游会稽，项羽见到他的仪仗后说："彼可取而代也。"

以前没感到两人的感叹有什么本质的不同，无非都想当老大而已。但仔细品味下来，悟出其中大有区别。

刘邦说"大丈夫当如此也"，直译过来就是"做男人就该这样"。这句话中，含有对秦始皇的佩服和敬仰。虽然内心可能是想当皇帝，但语气是把人家作为学习的榜样来仿效的。即使嬴政本人听到这句话，估计也不会有什么反感，可能还会很受用。

项羽"彼可取而代也"中的"彼"，是第三人称代词。这句话的字面意思是"他是可以被取代的"。直译过来就是"我可以干掉他！"有人以为这反映了项羽的英雄气概，也可以说是"初生牛犊不怕虎"，但同时看出他对秦始皇没有任何敬畏之心。故当项羽说这句话时，站在身旁的叔父项梁，赶忙捂住项羽的嘴："不要妄言，小心灭族！"

进而言之，刘邦的"大丈夫当如此也"，是见贤思齐的心态；

而项羽的"彼可取而代之",是见贤生嫉的心理。

在刘邦眼中,秦始皇之所以是个"大丈夫",不仅是他有个人魅力,更重要的是他一手缔造了统一的大帝国,创建了一统帝国的各项制度,值得敬畏和仿效。所以,当楚汉战争结束,面对当时的复杂形势,刘邦虽然实行郡县与封国并行的制度,但基础是郡县,基调是"汉承秦制"。这也为以后两千年的大一统帝国夯实了制度根基。

项羽看重的是秦始皇的帝王威风和排场,而非制度创新。对秦始皇一手缔造的秦帝国,乃至秦帝国自商鞅开始所开创和坚守的秦制则持否定态度。正因为如此,一旦秦帝国被推翻,项羽掌控实权后,就迫不及待地分封天下,重回周制。尽管他当时势力最强,毕竟也只是个"王",却大肆"封王",上演了一场史无前例的"王封王"闹剧。结果,因为分封不公,引发接二连三的争斗。这位自封为"西楚霸王"的项羽,整天疲于奔命,忙着平息争端。被他封为"汉王"的刘邦,抓住可乘之机,最终将他剿灭垓下。

有人考证,刘邦初到咸阳时,秦国统一天下不久,嬴政本人正值壮年,处于人生巅峰状态。刘邦看到这个时候的秦始皇,钦佩之心油然而生;而项羽是在秦始皇最后一次东巡时见到他的,此时嬴政年龄已大,状态可能大不如前。项羽一看此人不过尔尔,遂起了"取而代之"之心。

分析两人的具体情况,这恐怕不是主要因素。

史载刘邦出身卑微,是秦末小吏。正因为如此,他身上平民意识较强,懂得"大丈夫能屈能伸"的处世之道。虽然外在行为有些粗犷无礼,其实很有气量和眼光,善于听从别人意见,有容人之量和用人之术。他手下的张良是贵族,陈平是游士,萧何是县吏,韩信是平民，樊哙是狗屠，灌婴是布贩，娄越是强盗，周勃是吹鼓手……刘邦却能将他们团结在自己周围，各尽所长。

项羽出身楚国贵族，是武功盖世的所谓"万人敌"。他目光短浅，不识时务，心胸狭隘，难以容人。谋臣范增，为他屡出奇计，他却心存猜忌，最终被他活活气死。韩信当年在帐下，他视而不见，不得已投了刘邦。他即使做错了事，也从不低头，更不认错，只知道维护自己的面子。在乌江边，他可能觉得无颜面对江东父老，放弃渡河求生、东山再起的选择，最终以一介武夫的壮烈表演了却自我。

很多人觉得项羽是一个有情有义的真英雄，尤其是对虞姬的一片深情感天动地；刘邦则是个薄情寡义的无赖，连自己的父亲和妻子也不放在心上。

其实不然，刘邦也是个有情有义之人。尤其在危急关头，能区分轻重缓急，理智应对，从而更好地保护亲人。比如，当项羽将刘邦的妻儿和老父抓去当人质，并将老父架在一口大锅上要烹时，他却说："吾翁即汝翁，必欲烹汝翁，幸分我一杯羹。"有人说这真是无情无赖之语，其实，这正是刘邦的大智慧。因为他越是表现得满不在乎，项羽越感到人质的利用价值不大，刘邦的老父和妻儿也就越安全。

项羽的所谓有情有义，更多的是一种妇人之仁和匹夫之勇。用韩信的话说，项王这个人，平时不管谁受了伤，他都会自己拎着饭篮来探视，还流着眼泪，拉着你的手拉家常。可是一旦谁有了战功，要让他封个官爵，难着呢！他会把一枚印捏在手里磨来磨去，方的变成圆的，还舍不得给人。垓下被围时，面对四面楚歌，更是乱了阵脚，上演了霸王别姬的悲情一幕，最终留下"虞兮虞兮奈若何"的一声喟叹。

据说项羽直到临死前，都固执地认为是"天欲亡我，非用兵之过也"。这恰恰显示出他的刚愎自用和执迷不悟！因为他始终不愿意承认自己的目标和战略有问题，所以也就没有改正的机会了。

虽然刘邦和项羽的胜败有多种因素，但可以说，从两人对秦始皇的一句感叹中透露出的两种境界和格局，也就决定了后来二人不同的行为选择和两种结局。

当好副职也不易

常听人说："吃饭要吃素的，当官要当副的。"

意思是，副职比正职好当。能干或好干的事，自己就干；不好干的事，可以推给正职去干。出了事也不怕，反正天塌下来有大个子顶着。

果真如此吗？

不然。俗话说："一个篱笆三个桩，一个好汉三个帮。"任何一个正职都需要一些副职来辅佐。班子成员在一起共事，好比唱一台大戏，唱好了满堂喝彩，演砸了一片倒彩声，谁也难辞其咎。副职要在班子中找准自己的位置，演好自己的角色，并非易事。

作为副职，遇事要多向正职请示汇报，切忌自作主张。当与正职发生分歧时，不能讲一些没有原则、不负责任的话，要学会求同存异，服从正职领导，维护正职权威。

在任务面前，要甘当"老黄牛"，勇挑重担，任劳任怨；在困难面前，要争当"急先锋"，攻坚克难，勇往直前；在压力面前，要能当"防水坝"，面对风浪，不屈不挠，真心实意地辅佐正职。只有这样，才能维护班子团结，形成凝聚力和战斗力。

"人非圣贤，孰能无过。"正职由于职责重大，事务繁杂，容易出现失误。这时，副职应以积极的态度"补台"，要主动坦陈自己的看法，使正职放弃不正确的主张。

要帮助正职摆脱具体事务的纠缠，以便腾出精力和时间，思考和处理重大问题。不能过分强调分管工作如何重要，即使是正职交办的事情与分管工作有冲突，也应妥善处理，尽量做到两不误。

遇到风口浪尖要挺身而出，为正职解围。特别是当正职遇到纠缠不休的敏感问题时，不管是否在自己的分管范围，都要从大局出发，积极配合正职化解矛盾。只有"补台不拆台"，形成整体合力，才能共克时艰。

在职场中经常可以看到，一些副职喜欢自吹自擂，抬高自己，贬低正职。这实际上是思想上不成熟、能力上不自信的表现。功过是非，自有评说。标榜自己，贬低正职，其实是折腾自己。

正确的做法是本分做人，低调做官，踏实做事；不好大喜功，不揽功诿过，不抢正职风头，不损正职形象。要设身处地为正职着想，既要锦上添花，又要雨中送伞，更要雪中送炭。工作出现失误时，要虚心接受正职批评，主动承担责任。这样才能获得正职的信任和支持，得到同事和百姓的认可。

一个班子中，副职人多。除了要与正职处好关系外，副职之间的关系也要精心打理。

对那些资格较老、学历较高、经历较多、能力较强者，一定要既作为同事，又当作老师，真心放下身段，虚心学习讨教。特别是当人家有了政绩时，切忌眼红嫉妒，而应学人之长，道人之好。

对那些明显不如自己的同事，千万不能歧视和冷淡。要善于发现和学习人家的长处，真诚相待，热心相助，使自己需要时也有个帮手。

对那些与自己不相上下的副职，更要注重搞好关系。言行之间，一定要守正处中。遇到敏感事情，如分工和职务调整时，可以退让一步，切忌争长较短。

要知道，谁行谁不行，大家心里有数，关键时刻比的是品行，而不是计谋。

副职之中，最难当的是二把手。

二把手也有区别，有的被明确为"常务"，处于"储君"之位；有的是按先来后到或者任职年限等惯例，排名在"二"，上级并未明确是"常务"。无论是前者还是后者，实际上都处在一个显眼的副职位置上。有时，正职对自己不便或不想出面应对的难题，会交给二把手去应付；正职不在岗时，通常是由二把手代为主持日常工作，其他副职若有临时出缺，其分管工作也通常由二把手代管。

所以，二把手除了自己的分工外，有时还要行使一把手或其他副职的职权。要随角色的变换及时调整自己的言行，稍有不慎，就会出错。

如果遇到一个"量大"的正职，凡事还好说；否则，就会经常处在十分尴尬的境地。

在这个位置上，干和不干，干多干少，可能都有问题。

有的一把手可能琢磨，你干是什么意思，不干是什么意思，干多了是什么意思，干少了又是什么意思。所以，必须拿捏好分寸，干得恰到好处，使别人不产生误解。而究竟结果如何，还要看一把手是什么"意思"。

在传统官场中，强势的二把手，很难再上位。比如某地大家公认水平高、能力强、业绩显的几个二把手，最后都没有当上一把手；反倒是大家觉得平平常常的几个二把手，仕途顺风顺水，最后都当上了一把手，甚至更高的官职。

这与古代皇太子能接上班的不多，大概是一个道理。

为何"一阔脸就变"

"一阔脸就变",是传统社会中的常见现象。

1931年初春的一天,鲁迅会晤内山先生。内山先生对他讲了自己在上海生活20年中的见闻,尤其是官僚政客们的丑陋言行。鲁迅听了颇感兴趣,次日便根据内山先生的谈话,写成一首诗相赠:

> 廿年居上海,每日见中华。
>
> 有病不求药,无聊才读书。
>
> 一阔脸就变,所砍头渐多。
>
> 忽而又下野,南无阿弥陀。

（《赠邬其山》，《鲁迅全集·第七卷》）

大意是:你在上海居住了二十年,看透了中国社会的奇观。政客们失势装病不求药,无聊时闭门读书遮场面;他们一旦阔气就原形毕露,杀人如麻,依然凶狠阴险;忽然再度失势通电下野,阿弥陀佛,大家谢天谢地。

其中"一阔脸就变",成为刻画官僚政客面目的名言。

而历史上比较有名的这类人物,大概要算中国古代农民起义领袖第一人陈胜。

陈胜早年穷困潦倒,给人家打工时,曾对身边的一帮穷兄弟说："苟富贵，勿相忘。"造反当王后，一个老伙计来找他，敲了半天门没人理，还险些被看门的给绑起来。等到陈胜外出，拦路喊他小名，才被召见。这位故友说话随便，不经意间向人说起陈胜一些不太光辉的往事。有人便对陈胜说："大王的客人整天胡说八道，有损您的威严。"陈胜一怒之下，把故友给杀了。其他人见状，纷纷离他而去。

当今职场上，类似情况依然不少。本来是相处很好的朋友或同事，一旦当了官，马上翻脸不认人。你想和他套个近乎，他不搭理你；你想让他帮个忙，还没等你把话说完，他立刻打起官腔来；你给他打电话，他不接，发短信，也不回，好像根本没有你这个朋友似的；有时偶然相逢，没等你打招呼，他就转身到另一边去了；即使你开口叫他，他也会装作没听见；在众人面前，你若不称他的官衔，他会很不高兴，把脸拉得更长……

为何如此？

恐怕与传统社会中，官贵民贱的制度安排和嫌贫爱富的社会风气有关。一个人只要当了官，或发达了起来，就可以高居于百姓之上，摆谱扎势，拿腔拿调。

若站在"阔人"的角度想想，也自有道理。"阔"了还不能变脸，还得像过去一样低三下四，那干吗要"阔"呀！我这个官当的还有意思吗？

再细想一下，有些人其实并非变脸。只是在千方百计往上爬时，需要收敛，整天做出一副低眉顺眼、点头哈腰的样子，以讨人喜欢。一旦得势，就不必再装了，从而露出庐山真面目，而那些见惯了伪面孔的人，却以为他变了。

客观地说，当官不易，有钱也不好弄。因为亲朋故旧，都来求办事。纵然有权或有钱，但扛不住没完没了的事。何况有些人的事办成了尚可，办不成就挨骂。因此，总想躲着点，不敢多拉扯。尤其是那些有实权的官员，整天忙得晕头转向，根本没有闲工夫去主动搭理亲朋好友。

除了怕拉扯外，人一旦"阔"了，脸就成了公共产品。原来不那么熟悉的人，不那么在意你脸色的人，也会整天盯着你的脸。而那些本来就很熟悉的人，则会观察得更仔细，想从你脸色的变化中，窥探你的内心世界。你若不注意，会因一个不经意的脸色，成为大家评论的热门话题。

不论当多大的官，发多大的财，说到底也还是个人。是人就难免有七情六欲，难免遇到或开心、或烦心的事。他高兴的时候，你刚好碰上个笑脸，觉得挺好；他不高兴的时候，你恰好遇上个冷面，觉得他变脸了。其实，他很有可能正在想心事，根本就没有看见你。这种情况，在他没"阔"的时候，并非没有见过，只不过那时根本不在意他的脸色罢了。

职场中，因为角色和场景的不同，也会产生"变脸"情况。比如本是熟悉的同学，有的成了法官或检察官，有的当了律师，在法庭上或其他正式场合相见时，前者须按职场要求说话行事，后者就不能埋怨人家拿腔拿调。如果角色变换，你也会"变脸"，这叫公私分明，法不容情。

也有人阔了后，脸色反倒变谦和的，有的往往比以往更加小心谨慎，和蔼可亲，笑容可掬。虽然这其中可能有王莽式的人物，但对多数并不在乎结果的人而言，觉得与人家相见，真是如沐春风，谁还管他内心的真伪呢！

还有天生一副笑脸，却因之惹出麻烦来的。比如前些年，某省的一位官员在突发事故现场，被人抓拍到一副满脸笑容的表情，被众多网友愤怒谴责，认为他在众多死伤者面前这个样子，实在是太没人性了。在网络风暴中，他被查出有贪腐问题而入狱。

仅就因笑脸引发而言，的确有点冤。

当然，有时是"阔"后人脸没变，别人的看法变了。因为他阔了，人家对他的要求就不同以往了。明明他对人做出的是笑脸，但人家却认为不是笑脸，至少笑得不自然，是虚伪的笑，甚至是阴险的笑。"阔"了的人想放下身段与人攀谈，有人偏要曲高寡合不搭腔。

说到底，也是小家子气。

从根本上说，解决"一阔脸就变"的现象，首先是要改造传统体制。无论是官是民、是富是贫，在人格上都是平等的。无论当多大的官，发多大的财，都不要轻易变脸，其他人也不必在意他的脸色。

从头到脚有"道具"

职场中人，实际上是扮演不同角色的演员。演员就要演戏，演戏就需要一些道具。其中最常见的，除了衣裳外，就是头上戴的帽子、脚上穿的鞋子、手里拿的板子。

先看帽子。

帽子，是古代"头衣"的一种。它的源头可能是巾。巾是用来裹头的，女性用的称为"巾帼"，男性用的称为"帕头"。后来又出现了一种男女均可用的"幞头"，大概是人们在劳作时，围在颈部用于擦汗的布。古人在田间劳动，为防风避寒免日晒，自然会将巾从颈部向上挪用，裹到头上，后来渐渐演变成各种帽子。

汉代许慎的《说文解字》中没有"帽"这个字，可见"帽"字大概出现在东汉以后。

帽子有实用价值，也有标识作用。

古时平民戴"巾"，贵族讲究戴"冠"。贵族男性，通常在20岁之后开始戴冠，叫弱冠，属于成人礼。在这之前不能戴"冠"，只能梳个头，还有的留两个鬏鬏，和牛角羊角一样，叫"总角"，表示幼稚。

史载汉高祖刘邦当亭长时，曾用竹皮编制帽子戴在头上，当时称"刘氏冠"，后来作为公乘（秦汉时期爵位，大约相当于当今的县处级）以上官员的祭服，又称斋冠。

"冠"的种类很多，其中最高级别的就是皇帝戴的"皇冠"。通常是头上一块板，前面有一些挂帘一样垂下来的"冕旒"。起初，这种帽子王侯大臣都可以戴，但有区别，如天子的"挂帘"是12条，诸侯是9条。从秦始皇开始，就只有皇帝才能戴这种"冕旒"。这就好比"朕"这个称谓，起初你"朕"我"朕"都可以，后来就只有皇帝才可自称为"朕"了。

后世官员戴的帽子，通常用"乌纱帽"来表示。

据说东晋成帝时，凡在都城建康（今南京）宫中做事者，均戴一种用黑纱做的帽子，人称"乌纱帽"。隋唐时期，上至天子、下至百姓都戴乌纱帽。明朝以后，乌纱帽成为官员的专用品和做官为宦的代名词。

现在人们从古装戏中看到的古代官员两边长翅的乌纱帽，则是宋朝开国皇帝赵匡胤的发明。据说赵匡胤坐上龙椅后，很不放心当年一起打天下的同僚，尤其讨厌大臣在朝堂中交头接耳。一天上早朝时，他发现不少官员窃窃私语，心里十分恼火，于是就想出个办法，在官员的幞头纱帽后面，分别加上用铁片和竹篾做骨架的长翅，两边长翅各穿出一尺多。戴上这种帽子，只能面对面交谈，要侧着交头接耳就困难了。（参宋·俞琬《席上腐谈》）

从现有史料看，有翅的乌纱帽，只存在于宋、明两朝。

元朝和清朝，把官帽称为顶戴。帽子的最高部分装有顶珠，顶珠之下，装一支两寸长的翎管，用来安插翎枝。官员如果犯法，在革去官职的同时，须将帽上的顶珠和花翎取下。在古装剧中，常常可以看到某个官员被查办时，会宣布："摘了他的顶戴花翎！"意思很明白，他的官丢了！

当今官员戴帽子的不多。尽管头上没戴帽子，但在许多场合，人们还是会把保官或丢官称作"保乌纱帽"或"丢乌纱帽"。可见，官场中传统文化的影响之深。

再说鞋子。

如果说帽子是"头衣"，鞋子就是"足衣"了。

鞋子的起源也很早。原始人类把兽皮裹在脚上，再把毛皮割成皮条，将毛皮捆扎在足部，这样就创造了人类最原始的裹足皮鞋。考古学家在新疆楼兰，曾发现一双大约距今 4000 年前的女羊皮靴。据说，这大概是中国保存下来最早的鞋子实物。

鞋子的种类很多。以所用材质来分，大致有皮鞋、布鞋、草鞋、木鞋等。不同地域的人们，对鞋子的选择不同。北方游牧民族多穿皮鞋，南方湿热地区多穿草鞋，中原一带喜穿布鞋。每一类鞋子，又有各种具体的式样和不同的名称。文人学士则喜木鞋，也叫"木屐"。据说，南朝的文学家谢灵运，最早发明"木屐"，鞋底有齿，上山时卸下前齿，下山时卸下后齿，便于保持身体平衡，时人称之为"谢公屐"（《宋书·谢灵运传》）。李白在《梦游天姥吟留别》中就曾咏道："……脚著谢公屐，身登青云梯。半壁见海日，空中闻天鸡……"

这种木屐后来传到日本，很是风行。

鞋子不仅是人们的日常生活必需品，也承载着社会礼仪、风俗等文化因素。比如儿童要穿童鞋，结婚要穿红鞋，过寿要穿寿鞋，入殓下葬时要穿冥鞋等。而与鞋子有关的"郑人买履""削足适履""张良拾履""寇准背靴""隔靴搔痒""三寸金莲"，以及"瓜田不纳履，李下不正冠"等成语典故中，都含有值得回味的历史故事。

鞋子也是社会等级的标志。

在《周礼》中，已有对各类人等穿鞋的规范。秦始皇兼并六国后，创立衣、冠、履各种服制。男人都穿方头鞋履，表示阳气方刚；女人只能穿圆头鞋，意喻圆顺温和。在秦陵兵马俑中，官吏大都穿方口齐头翘尖履，士卒中的步兵以屦（用麻葛制的鞋）为主，骑兵则以鞮（用兽皮制的鞋）为主。

汉代帝王显贵死后，在安葬时要穿金缕玉履，即用玉片缀鞋，并配以金缕玉衣，据说这样就可以守住魂魄而死后复生。而普通百姓不敢也不配享有如此待遇。

唐代还规定官员须穿靴上朝，三品官用紫色绲边，五品官用绯色绲边，七品以上则用蓝色修饰。

唐代的李白早年一心想当官。后来在朝廷中谋得一个翰林供奉的闲差。他会写诗，又懂外语。据说，有一天唐玄宗正为渤海国的来书犯愁时，想起李白来，招他进宫。李白平时可能受了宦官高力士的气，好不容易有个露脸的机会，趁机要高力士给他研墨，并且要给他脱靴——官员入宫时穿的长筒靴子。高力士在脱靴时，李白又故意拿捏，可把人家给累坏了。（参唐·李肇《国史补》）这个传说，不知真假。但他入宫时得穿靴子，则是真的。

宋元以后，鞋子的样式越来越丰富多样，官方对穿鞋的规范也越来越严格。尤其是明代，将靴子定位为"公服"，百官平时上朝时穿的靴称"朝礼靴"。儒生平时可穿靴子，武职人员上值时可穿靴子，而外出时不许穿；庶民商贾等，一律不许穿靴子，违犯者在明初是要"卸了脚去"的。（参《明史·舆服志》）

还有补子和带子。

补子，就是官袍上绣的花样图案。相传起源于武则天时代。据说有一天，武则天上朝时，赐给官员们绣了花的官袍。因为十分好看，又是御赐之物，其他官员纷纷效仿。后世从内蒙古正蓝旗羊群庙出土的元代石雕上，发现有花卉纹的补子，同时在其他一些元代墓葬中，也发现了不少具有方补形式的元代织物。这些方补多做花卉状，在当时并没有作为官阶的标志。

明清时期的官员服饰中都有方补，并且正式成为一种饰有品级徽识的官服。清代沿袭明代的做法，形制上有些区别。明代补子织在大襟袍上，所以补子前后都是整块。清代补子是缝在对襟褂上的，因此补子前片都在中间剖开，成两个半块；明代补子以素色为多，底子大多为红色，上用金线盘成各种图案，五彩绣补较少见。清代补子大多用彩色，底子颜色很深，有绀色、黑色和深红等，都装饰有花边；明代补子四周，一般不用边饰。

清代的补子，文官用单只立禽，武官用单兽，品级不同，禽兽也不一样。文官一品仙鹤，二品锦鸡，三品孔雀，四品云雁，五品白鹇，六品鹭鸶，七品鸂鶒，八品鹌鹑，九品蓝雀。武官一品麒麟，二品狮子，三品豹，四品虎，五品熊罴，六品彪，七品和八品犀牛，九品海马。补子上除了有飞禽走兽外，还绣有海水和岩石的图案，寓意"海水江崖，江山永固"的意思。

带子，也称绶带。从祈南汉墓出土的石刻画像来看，这东西挂于腰间，是一种系于印纽的织有丙丁纹的丝绦。它由不同的颜色和绪头多少来分等级，和官印一块由朝廷颁发，通称"印绶"。官员平时把官印纳入腰侧的革制囊中，而将绶带垂于腹前，有时也连绶带一并放入囊中。《汉书·百官公卿表》中记载，当时已视官阶高下，分别以金、玉、犀、银、铜、铁为饰绶。唐代高宗时，规定武官三品以上服紫，金玉带；四品深绯，五品浅绯，金带；六品深绿，七品浅绿，银带；八品深青，九品浅青，石带；庶人服黄，铜

铁带。（参《旧唐书·高宗纪》）

有意思的是，清朝在皇族中使用带子。从太祖努尔哈赤父亲塔世克辈分开始算起，然后按嫡旁亲疏，分作"宗室"和"觉罗"两大类。凡属塔世克本支，即努尔哈赤及嫡亲兄弟以下子孙，统统归入"宗室"；塔世克叔伯兄弟支系的，都称"觉罗"。规定宗室腰系黄带子，觉罗身系红带子，故此宗室也俗称"黄带子"，觉罗呼"红带子"。

手中的板子也很重要。所谓板子，是古代官员上朝时，手里拿的那块笏板。

史学家认为，春秋以前，至迟在商朝时，笏板就出现了。它又称手板、玉板或朝板，一般用玉、象牙或竹片制成。笏板最主要的功能，是官员朝见君王时，可将上奏要点记在笏板上，防止遗忘。

官员品级不同，所用笏板也不同。唐代规定五品官以上用象笏，六品以下用竹笏；三品以上的笏前拙后直，五品以上的前拙后屈，后改为上圆下方。明代规定五品以上的官员用象笏，五品以下的官员就没资格用了。

古代官员原则上一人一笏，但公务繁忙者不受此限。手中拿不了时，就用一个袋子装，这个袋子后来称为"笏囊"。唐代张九龄为相时，因年老体弱，就让随从背笏囊。没想到后来竟成时尚，官员纷纷仿效。（参《旧唐书·张九龄传》）

据说唐代郭子仪六十大寿时，七子八婿皆来祝寿。他们都是有笏板的高官，拜寿时把笏板放满床头。到了明清两代，"满床笏"则常被用来比喻家门禄昌盛，富贵寿考。《红楼梦》中曹雪芹"好了歌"里"陋室空堂，当年笏满床；衰草枯杨，曾为歌舞场"的句子，则反映出古代官员以笏板为象征的命运莫测、祸福难料的情况。

笏板既有礼仪之用，也是护身之符。

古代皇帝高高在上，给人一种神秘威严之感。入朝议事的官员，不能随便挺腰抬头，去看皇帝真容。每当需要面见皇上之时，官员们就可以用笏板遮着自己的脸，奏事时眼睛盯着笏板，这样就不会被人弹劾偷窥天颜了。

到了清朝，笏板就废弃不用了。有人说，大概是满族人以骑马为主，手里要拿鞭子、牵马绳，空不出手来拿笏板。

"红得发紫"要小心

职场中，如果有人受到上司信任，被重用或快速提拔时，大家就会说他是"红得发紫"。

为什么这样说呢？这与古代对颜色的定义以及官服制度有关。

中国古代把颜色分为正色和间色。正色是指青、赤、黄、白、黑5种纯正的颜色，间色是指由5种正色混合而成的绀（红青色）、红（浅红色）、缥（青白色）、紫、流黄（褐黄色）5种颜色。

作为间色的紫色，本是卑贱之色。《释名·释采帛》称："紫，疵也，非正色，五色之疵瑕，以惑人者也。"春秋第一霸主齐桓公，偏偏喜欢紫色。上有所好，下必甚焉，以至于当时5匹生绢也换不到1匹紫色布。后来管仲劝他不要再穿紫衣，不久国中没人再穿紫衣了。齐桓公的这个癖好在后世流传下来。

曹魏制定九品官制时，以紫、绯、绿三色为九品之别，紫色成了高级官员的服饰颜色。南北朝时创立五等官服制度，依次为朱、紫、绯（深红色）、绿、青。

隋朝规定，五品以上的官员可以穿紫袍，六品以下的官员分别用红、绿两色，小吏用青色，平民用白色，而屠夫与商人只许用黑色，士兵穿黄色衣袍。

唐朝武德年间，规定亲王及三品以上官员方得服用紫色，四品五品为朱色，六品、七品为绿色，八品、九品为青色，流外官、庶人、部曲、奴婢只能用此外的其他颜色。

宋初官员的品色服因袭唐制。宋神宗元丰改制后，变为四品以上服紫，六品以上服红，七品至九品服绿。以后的辽、金、元各朝，游牧民族占统治地位，服色风尚与汉族不同。明清时期，则基本沿用唐宋时期的品色服规定。

服色中的黄色，在隋朝之前还没有成为皇帝专用之色。隋文帝和隋炀帝虽然着黄袍，但未禁止他人穿黄色衣服。到唐高祖武德年间，黄袍才成为皇帝专用之服。"红得发紫"的故事，就发生在唐代。

史载大中八年（854），唐宣宗外出打猎，遇到一个樵夫。宣宗问樵夫是哪里人，答曰："泾阳。"又问县令是谁，答曰："李行言。"再问为政如何，答曰："死心眼。"县里抓了几个强盗，神策军的人来要，李县令居然不给，还把他们杀了。宣宗马上就记住了李行言，回宫以后，把他的名字写下，贴在寝殿的柱子上。等到李行言升任海州刺史时，宣宗又赐他金鱼袋和紫色官服。李行言谢恩毕，宣宗问："知道这是为什么吗？"李行言答曰："不知。"宣宗就让左右把殿柱上的纸条拿给他看，这才恍然大悟。

唐代泾阳属京兆，京兆的县令级别是正六品，刺史是正四品。按唐代官服制度，七品浅绿，六品深绿，五品浅绯，四品深绯，三品以上才能衣紫。从县令升为刺史，由绿变绯，成了"红人"；皇上又"赐紫衣"，岂非"红得发紫"？（参《资治通鉴·唐纪》）

历史上，不少"红得发紫"的官员，在锦衣玉食和威风八面的官场环境中，难免产生傲慢之行和不臣之心。这就会引火烧身，甚至性命不保。

更多的情况是，虽然为人很低调，但只要处在红得发紫位置上，也难免招人嫉妒。比如北宋名将狄青，因为战功显赫，从奴隶变将军后，虽然仍是谦恭有礼，还是被人说三道四，最后抑郁而终。

嫉妒是人类的天性之一。有人曾说中国官场有三大定律，即越穷越想当官、好好先生升得快、实权越大越难升。这三大定律或多或少与人类的嫉妒心理有关。

贫穷地区，人们发财无门，可又穷则思变。在传统体制下，算来算去，只有做官来得快。由于人们文化素质普遍不高，眼界也没有那么宽阔，心胸自然会狭窄一些。在富裕发达地方不算个什么事，在贫困地方可能要争得头破血流。纵然如此，还是要挤破头去当官。

当官本是一种责任，履职就得办事，可一旦办起事来，就没有不得罪人的。办好事要得罪坏人，办坏事要得罪好人。只有那些无所事事的人，才什么人都不得罪。这样的"好好先生"，在领导看来，缺点不明显；在群众眼里，印象也不坏。平时不显山不露水，提拔时也少遭人嫉恨。所以这些人做起官来，大多顺风顺水。

实权是一种稀缺资源。实权越大，就越稀缺，想得到的人就越多。当官有了实权，就会有人惦记。有羡慕的，有嫉妒的，有求你的，也有恨你的，还有不少想取而代之的。握有实权的人，除非钢铸铁打，滴水不漏，不然稍有不慎，就要遭人算计。要是工作中再有个三长两短，被人抓住把柄，不仅升官无望，还可能被送进班房。

仔细观察便会发现，嫉妒有个规律，即通常是"妒近不妒远"。正如俗语所说："乞丐不会妒忌一个百万富翁，却一定会妒忌那个比他乞讨得多的乞丐！"可见，要远离妒忌，其实是很难的一件事。除非你远离尘世，不和大家一个锅里搅稠稀。

因此，久处职场的人，大都懂得低调做人的道理。

明朝嘉靖年间，北京有个以做官服闻名的裁缝。都察院的一名监察御史慕名而去，请他做一套官服。裁缝量了尺寸后，跪下叩头问："不知相公在都察院干了多少年？"御史奇怪："这跟我的工龄有什么关系？"裁缝说："刚当上御史的相公们，志高气盛，喜欢挺胸凸腹，衣服要前长后短；干了几年后，意气微平，衣服要前后长短一样；时间长了，等待升迁时，心存畏惧，态度谦恭，衣服就要前短后长。"（参清·朱潮远《座右编》）

这个裁缝因为懂得为官者的这种心态，所做的官服几乎没有不合身的。

《论语·雍也》中，记载了这样一个故事："孟之反不伐，奔而殿，将入门，策其马，曰：非敢后也，马不进也。"孟之反，是鲁国的大夫。鲁哀公十一年（公元前484）作战的时候，孟之反为统帅之一。古代"伐"与"矜"两字常常会连在一起。"矜"是自以为高明，"伐"是自以为有功。不伐就是不宣耀功劳。

在战场上打了败仗，哪个敢走在最后面？孟之反则不同。"殿"是最后的意思，"奔而殿"，是叫前方败下来的人先撤退，他自己跑去断后。当快要入城门时，才用鞭子抽在马屁股上，赶到队伍前面去，然后告诉大家："非敢后也，马不进也。"意思是：不是我胆子大，敢在你们背后挡住敌人，实在是这匹马跑不动啊！

打仗有胜有败。往往是，打了胜仗大家都要炫耀争功，打了败仗则会埋怨诿过。孟之反怕引起同事之间的摩擦，以"非敢后也，马不进也"的自谦，消减相互埋怨，以及可能对自己的嫉妒。

孔子认为孟之反的这种修养真是了不起。

与孟之反的低调风格相反，历史上有不少狂妄之徒，因言行不慎而遭人暗算。

战国时晋国四大家族之中，智氏一族独大。其宗主荀瑶，可谓智勇双全，雄心勃勃。韩、赵、魏三家，唯荀瑶马首是瞻。后来荀瑶觉得赵氏不够听话，就率领韩、魏两家围攻赵地晋阳。晋阳坚固，打了一年多也没打下，荀瑶就引晋水来淹晋阳。

看着晋阳危在旦夕，荀瑶十分得意。他转身对韩、魏两家首领说："原来我还不知道水可以灭国！晋水可以淹没晋阳，那汾水就可以淹没平阳，绛水匕可以淹没安邑吧！"平阳是韩家的居城，安邑是赵家的居城。韩、赵两家首领听了这话，心惊肉跳。两人本就对荀瑶的飞扬跋扈心怀不满，刹那间便有了同感共识：必须灭了荀瑶！

于是他俩暗中与赵氏联手，利用晋水反灌智氏，将荀瑶灭了。（参《资治通鉴·晋纪》）

本来最强大的智氏，最先倒下。后来韩、赵、魏三家分晋，也就没有智家什么事了。

"慎始"不易"善终"难

曾做过明朝吏部尚书的张瀚，在《松窗梦语》中讲述了这样一件事。

都台长官（监察院首长）王廷相乘轿进城，半路中下起了雨。有个轿夫穿了一双新鞋，开始时，他小心翼翼循着干净无水的地方走。可一不小心，还是踩进了泥水坑。后来再往前走时，他就不再珍惜自己的新鞋了，随便在泥水里踩。王廷相感叹地说，做官、做人、做事的道理，与此相似。只要你一不小心犯了错，以后可能就不再有所顾忌了。这位轿夫从"择地而行"到"无所顾忌"的变化，启示为官者，一定要慎始慎初，走好第一步，把好第一关。

应该说，古往今来的一些官员，的确是能守正立身的。他们每走一步，都择地而行；每临一事，都小心翼翼。虽常在河边走，很少会湿鞋；久在官场待，就是不腐败。

即便是贪官，有的起初为官时，也并非本心要贪的。但在传统体制之下，尤其是体制转型时期，滋生腐败的社会氛围浓厚，方式花样翻新，令人防不胜防，一不小心就会失足。比如，有的行贿者善于察言观色，投其所好，使你简直无法拒绝；有的借上司来要挟，使你不敢不收；有的乘你不在时，向家人和身边工作人员进攻；有的锲而不舍，由小到大，由浅入深，让你在不知不觉中坠入深渊；等等。

有的官员坦承，第一次接受贿赂时，有些心惊胆战，晚上睡不着觉，或者被噩梦惊醒。有时则心存侥幸，觉得只要少拿一点，只是一些土特产，问题不大。或者，这次实在没法推辞，下不为例。再者，此事只有你知我知，我给你办了事后，量你也不会去说什么，等等。

时间一长，没见发生什么问题，又看到周边同僚甚至上司也是如此时，感觉就变了。再受贿时，就有些心安理得了。到后来，来找自己办事的，如果不表示表示，心里还会很不爽，对所办之事，能办也不给他好好办。再后来，甚至可以开口索要，并不觉得难为情。于是，有一难免有二，以至于三。一旦湿了鞋，就不再珍惜了。贪欲一旦激活，就会成为无底洞。

它与商代的"象牙箸"定律，有着相同的人性底蕴。

据说，殷纣王即位不久，命人为他琢一双象牙筷子。贤臣箕子知道后说："象牙筷子肯定不能配瓦器，要配犀角之碗、白玉之杯。玉杯肯定不能盛野菜粗粮，要与山珍海味相配。吃了山珍海味就不会再穿粗衣，住陋屋，而要衣锦绣，乘华车，住好房。国内满足不了，就要到境外去搜求奇珍异宝。我不禁为他担心。"（参《韩非子·喻老》）

果然，纣王从此一发而不可收，横征暴敛，广造楼堂馆所，广收玉器珍宝，极致以酒为池，悬肉为林，使男女裸逐其间。百姓怨而诸侯叛，最后国灭身亡。

殷纣王的所作所为，给后世留下两个字："殷鉴。"所谓"殷鉴"，就是没有节制的权力，加上无限膨胀的贪欲，等于自取灭亡。

唐代陆贽在《兴元论解姜公辅状》中说："夫小者大之渐，微者著之萌，故君子慎初，圣人存戒。"这是为官者应当牢记的至理名言。

类似的格言还有许多。比如"千里之堤，溃于蚁穴"。意思是要慎始慎微。一旦开了口子，不及时填补，就会一败涂地。再如"从善如登，从恶如崩"。意思是学坏容易学好难。还有"猴变人万年久，人变猴一瓶酒"的说法，意思是变好不易，变坏快。

与慎始相比，善终似乎更难。

历史上许多帝王，往往是开头还不错，后来就不行了。比如唐朝的李世民，前期虚怀若谷，后期讨厌诤言。风流天子李隆基，更是前后判若两人。唐朝的由盛而衰，就是从他当政的后半期开始的。

因为在帝王的位子上，各种诱惑太多，很难把持得住。时间长了，几乎无人能经得起考验。比如，酒、色、财、气，哪一样都能把人引到沟里去。这其中，酒是吃喝，色是美女，财是钱物，都是有形的诱惑，好理解，却难以抵挡；而气是无形的，不好理解，也难以警戒。人活一口气嘛！把气戒了，还让人活不活了？其实，戒气不是不让你呼吸，而是不让你使性子。对久处官场的人来说，尤其要防止牢骚满腹，怨天尤人。

职场中人的怨气，多因面临逆境或政治失望而来。

有的官员任职时间较长，且上升无望，认为是上级对自己有成见，不公平，由此产生不满、消极与抵触情绪。

有的官员从权力大的部门调到权力小的单位，即使职务提升了，也会认为是"明升暗降"，心生不满。

有的官员犯了错误，背了处分，不从自身找原因，反而觉得全世界都是给自己挖坑的坏人，恨不得把所有人都一口吞了才解气。

有的官员年龄即将到限，眼看就要离开官场，感到被压抑了一辈子，现在无所谓了，于是口无遮拦，整天骂骂咧咧，看谁都不顺眼。

这时候，就离出事不远了。多少人一辈子的煎熬和努力，可能就毁于此时。不少贪官，就是在临近退休时栽了跟头的。

孔子曾经说过："贫而无怨，难；富而无骄，易。"（《论语·宪问》）这里的"贫"，是经济上的贫，也可以包括政治、思想和知识方面的"贫"。把这句话的次序倒过来说，就是人富了而不骄傲，还是比较容易做到的；人贫穷了不产生怨气，则是很难做到的。

人们常说"得意忘形"，其实"失意忘形"才更普遍。古今中外，有些人地位高了，风度挺好，可能内心觉得自己了不起，但外表还看不出骄傲来。而失意的人，或者说官场上不得志的人，最容易产生怨气。人"穷"气大嘛！

在古汉语中，"穷"是"不通"的意思。

其实，既然选择从政，就应该明白，既可有当大官的愿望，也要有不如愿的准备。无论古今，当官都要讲求资历和台阶。职场是个金字塔，不是每个人都可以升到比较满意的高度。无论是谁，都不可能永远在职场顺风顺水。

仕途不顺发牢骚也在所难免，毕竟谁也不是圣人，但要看开看淡，学会自我调适。孟浩然有"不才明主弃，多病故人疏"（《岁暮归南山》）之叹；柳永有"忍把浮名，换了浅斟低唱"（《鹤冲天》）的自我排解；李白则既能高呼"天生我材必有用"，也能低吟"古来圣贤皆寂寞"（《将进酒》）。

他们明白，想在职场混，必然有屈伸。整天怨天尤人，牢骚满腹，既无济于事，又伤身害人。说得再透彻一点，在政治相对清明时期，怀才不遇本身就是一种"不才"的表现。

从政，一定要有积极进取、乐观向上的人生态度，也要有古人"穷则独善其身，达则兼济天下"的见识和胸襟。这样，才能无论顺逆自然淡定，宠辱不惊，进退自如；也才可能既慎始又善终。

"沉默是金"吗

中国有句话，叫"沉默是金"。

对这句话最确切的解释，是所谓"万言万当，不如一默"的格言。这句话出自宋代黄庭坚的《赠送张叔和》："百战百胜不如一忍，万言万当不如一默。"

清朝康熙年间的张廷玉，把"万言万当，不如一默"当作座右铭，"终身诵之"。他历经康熙帝、雍正帝、乾隆帝三朝，谨言慎语，守正持中，几近完人。雍正帝临终前遗言，张廷玉身后可配享太庙。后来的乾隆，可能出于驾驭老臣权臣的目的，曾对他多般打压。张经常动辄得咎，备受羞辱。但他毕竟修炼到家，能够忍辱负重，最终如愿以偿，进了太庙。

对于职场中人来说，之所以把"沉默是金"奉为圭臬，是有一些道理的。

当不该你说话的时候，你却说话，不管对错，人家可能都会反感。关键还在于，你有时根本弄不清什么时候该说，什么时候不该说。因此，与其讨人嫌，不如闭住嘴。

当情况复杂、众说纷纭时，你若贸然说话，保不准会出差错。除了丢人现眼外，还可能要得罪人。关键在于，你吃亏后还不知道得罪了谁。

当你觉得对某个问题有十足的把握，可以说一些正确的话时，很可能说得越对，得罪的人越多。因为只要是个问题，就有是非对错。有时对的人少，错的人多。你坚持原则，据理力争，结果会触犯许多人的利益。

更多的时候，尤其是在专制体制下，许多人认为，你说什么都不管用。居上位者要么听不见，要么不理睬，一旦触犯禁忌，还会引来牢狱之灾或杀身之祸。

故哲人告诫："三岁学说话，一辈子学闭嘴！"

纵然有诸如此类的缘由，在职场中，并不是任何时候都"沉默是金"。该沉默时沉默，是金；不该沉默时沉默，就不是金，甚至连破铜烂铁都算不上。

黄庭坚在吟出"百战百胜不如一忍，万言万当不如一默"之后，又说："无可简择眼界平，不藏秋毫心地直。"

意思是，人还是要活得简单一些，为人处世以平直为好。那个把"万言万当，不如一默"当作座右铭的张廷玉，在雍正帝遭八爷党围攻时，不也是不避风险，纵论古今，批驳八爷党，力挺雍正帝吗？也可以说，张廷玉是老谋深算，知道如果八爷党获胜，他作为雍正帝亲信，不会有好结果，故而拼命一搏。可也有人即使在这种情况下，仍心存侥幸，做缩头乌龟，不发一声。

可见，能掂得出利害轻重，该出口时就出口，才算得上真正的明智之人。有时挺身而出，仗义执言，虽然会得罪人，但唯有如此，方可彰显正直之心，赢得人们尊重。

有些重要的事，一个人说不管用，就大家一起说；说一次不管用，就坚持说。总有一天，是会起作用的。如果都只想当明哲保身的"聪明人"，社会就很难有进步。

当然，有时则需要说话的艺术，使人家幡然醒悟，乐于接受，从而达到劝谏目的。

《晏子春秋》载：春秋时期，齐景公心爱的一匹好马得急病死了。景公大怒，下令将马夫碎尸。大臣们见状，谁也不敢吱声。这时晏子起身问："明君肢解犯人，从哪个部位开始呢？"景公一听，有些尴尬，但仍要将马夫交给狱官处死。

晏子又说："马夫可能还会不服，请让我替您指出他的罪过，然后再把他关进监狱。"景公点头同意。晏子于是对马夫说："你的罪过有三：大王的马让你养死了，这是其一；你养死的是大王最喜爱的马，这是其二；你让大王因为一匹马而杀人，百姓听到后肯定会恨大王，诸侯们听到后会轻视我们的国家，这是其三。"

晏子说完后，转身对景公说："请您动手吧！"这时景公已经明白了晏子的意思，干咳了一声说："算了，把他放了吧！"接着走到晏子面前说："若不是您，我险些犯大错！"

这种类似归谬法的委婉进谏，要比那种直言相劝的效果，可能要好许多。

"不倒翁"的两面性

官场上有一类人，叫"不倒翁"。在历史上的"不倒翁"中，唐末五代时的冯道比较有名。

有人算过，五代时期 50 多年，冯道臣服过 5 个朝代的 11 个皇帝，官至要职，位极人臣。73 岁死后，他还被封王。人们不得不佩服冯道的能耐。

他最主要的能耐是善于选边站队。

后唐明宗时，冯道深受重用。明宗死后，其子李从厚继位。明宗的另一个儿子李从珂不服，起兵进入都城，李从厚出逃。二子相斗时，冯道开始保持中立。见李从厚大势已去，冯道便上表奏请李从珂称帝。李从珂假意推辞，冯道再三劝进。李从珂一当上皇帝，马上封冯道为司空，位列三公。

李从珂当皇帝才两年多，手下的大将石敬瑭依靠契丹势力推翻李从珂，自己做了皇帝，改国号为晋。这期间，冯道是否暗中与石敬瑭勾肩搭背，不太清楚。反正是石敬瑭称帝后，冯道又被重用，"事无巨细，悉委于道"。

石敬瑭临死前，托孤冯道，希望他辅佐幼主，冯道满口答应。可石敬瑭一死，他的弟弟齐王石重贵便拥兵自重，欲夺皇位。冯道看出齐王势大，便舍弃幼主，拥立齐王石重贵，因而再次得到重用。

这种见风使舵、弃旧迎新的事，冯道做了多次。

在朝堂上立得久了，且一直当红，难免遭人嫉恨。冯道的聪明之处在于，他为人低调，很会处事。

当年到河东投靠李存勖后，李很器重他，要他出任掌书记（相当于现在的党政机关的办公厅主任），冯道听说后，便拒绝了。李存勖明白冯道的意思，坚持任用他。在群僚眼中，是李存勖强迫，冯道出于无奈，也就不好说什么了。

到了李嗣源时代，冯道成为宰相。身居高位后，他从不摆架子，尤其是对那些得罪过自己的官员也不计较。

工部侍郎任赞等人，经常嘲笑冯道爱读《兔园策》那样的儿童读物，是个泥腿子。后来，任赞犯事了，冯道没有乘机报复，而是极力营救，深得任赞本人和其他同僚的赞誉。

冯道既能低调做人，又能帮助曾与自己有过节的官员，这就减少了自己的对立面，使他能够在错综复杂、尔虞我诈的官场中，立于不败之地。

身处高位，总是要说话和进言的。一言不慎，即遭贬谪，甚至掉脑袋，在君主专制社会中屡见不鲜。冯道的明智，在于他善于判断君主，知道何时可言，何时闭嘴。

冯道初入官场时的第一个顶头上司，是唐末控制幽州的燕王刘守光。刘守光性格残暴，动辄杀人，冯道曾当众劝谏，结果被打入死牢，差点丢了性命。此后的冯道汲取了教训，对那些他认为是昏君的主子从不谏言，而是百依百顺，因此也遭到时人和后世的唾骂。

对那些他认为是明君的主子，冯道还是敢于进谏的，史籍中也不乏这样的事例。比如，后唐时连年丰收，中原没有大事发生。冯道却告诫明宗："以前我在河东，奉旨出使中山，在经过井陉天险时，怕马有个闪失，一路小心翼翼。到了平地后，就放松下来，结果突然被马颠下鞍。在危险的地方因考虑周到而得安全，处于太平环境却因放松警惕而产生祸患，这是人之常情。"明宗听后颇有感触，深以为是。

一次明宗问他，粮食丰收后，百姓的生活是不是有保障。冯道用文士聂夷中的《田家诗》说："谷贵饿农，谷贱伤农。"明宗让左右抄下这首诗，经常诵读。

水运官在临河县得到一个玉杯，上面刻着"传国宝万岁杯"。明宗兴奋地向冯道显摆，冯道说，大宝只是表示君主的地位，仁义才是帝王之宝。

这些谏言，颇具贤臣风范。

经常处在一人之下、万人之上者，最容易被君王猜忌。冯道的聪明之处，是能恪守做臣子的底线，始终不越雷池一步，尤其是绝不染指要害。一次，石敬瑭问他军务之事。冯道说："陛下历经艰难险阻，创立大业，本是军事天才。何况军机大事，应当由陛下独断。我不过是个书生，只知道为陛下办些循规蹈矩的事务，哪里懂什么军事战略！"石敬瑭听了十分高兴和放心。

冯道能长期立于不败之地，还在于他的严于律己。

官场中，凡是被人攻讦的，归纳起来，除了政治站位外，多为财色之类。冯道在这方面要求很严，几乎无懈可击。当年晋国和梁国在黄河边打仗时，冯道就在军中。他住在一间茅草棚中，没有卧床和席子，睡在一捆柴草上。所得俸禄，与随从和仆人一起花，从不搞特殊。将士抢来美女送给他，实在推却不了，就另外找间屋子养着，找到其家长后再送回去。父丧后，他居住在故乡。时逢饥荒，他倾家财救济乡民。有人田地荒废，他就在夜里悄悄去替人耕种。主人得知后登门致谢，他表示这是应该的，用不着感谢。

后世对冯道的评价，分歧很大。

宋朝的欧阳修认为，冯道为人做官，虽然有古人之风、大臣之礼，但他"有奶便是娘"，是个没有骨气的人。按照儒家传统的"烈女不嫁二夫，忠臣不事二主"的道德标准来看，冯道是个不忠不义的失节之人。

也有人认为，冯道一生正值五代战乱之际。当时武夫之间你争我夺，胜王败寇，没有什么是非对错，谁做皇帝对老百姓来说都一样。对官员来说，只能顺应，以保性命。不能用"烈女不嫁二夫，忠臣不事二主"的政治伦理来要求冯道。

冯道自己也说，三公也好，三师也好，不都是为皇帝效力吗？在他传世的一些诗句中也表露出，不管谁来做皇帝，只要能凭自己的努力，做一点对百姓有利的事情就好。

客观地说，冯道能成为久立朝堂的"不倒翁"，至少对中原文化的保存有一定的功劳。但他违犯了传统的政治伦理，在历史上背负毫无气节的千古骂名。

玩具中的"不倒翁"之所以不倒，是因为自身构造中有很强的平衡性。

官场中的"不倒翁"，也是如此。他们善于在错综复杂、派系林立、刀光剑影之中，寻找结合部、平衡点、藏身处。他们的所作所为，尽管有许多不足为道的地方，但在某些特定时期，也有平衡政局、稳定社会的作用。

冯道的故事告诉我们，人是复杂的，官场中人更为复杂，久立官场而不倒的人，尤为复杂。

对于官场中的"不倒翁"，不能简单地说好还是坏。

赏罚激励

从"功人"与"功狗"说起

公元前 202 年，楚汉战争结束。庆功宴上，刘邦问大伙："都说说，我为什么能得天下，项羽为什么会失天下？"

大臣高起和王陵回答："陛下待人有些傲慢，项羽好像仁爱一些。但您让人攻城略地后，能分享胜利果实，而项羽却妒贤嫉能，不能容忍有功者和贤德者，所以失掉天下。"

刘邦说："你们只说对了一半。还有一个重要的原因，就是我能用人所长。比如，运筹帷幄之中，决胜千里之外，我不如张良；治理国家、优抚百姓、保障后勤，我不如萧何；率百万大军，战无不胜、攻无不克，我不如韩信。这三个人，都是各有所长的杰出人才，我能用其所长，这是得胜的主要原因。而项羽呢，只有一个范增给他出谋划策，还不信任他，哪有不失败的！"

当时在谁应为首功的问题上，大家争吵不休。

后来，刘邦听从谋臣的意见，确定萧何为首功，但多数人不服。刘邦说："你们都打过猎吧？打猎时，追杀猎物的是狗，而给狗发号施令的是人。虽然大家都有功，但你们大伙是'功狗'，而萧何是'功人'。"（参《史记·高祖本纪》）话糙理不糙，大家再也不好争什么了。

刘邦的"功人"与"功狗"之说，实际上隐含着人才分类使用的一个原则，即水平与能力问题。水平高的人，优于能力强的人。

萧何虽没什么武功，也没多少带兵打仗的经历和业绩，但他总体智慧和水平高于那些武将，对全局的贡献也就大于其他人。

当然还有张良，不过他功成身退，早早去做隐士了。

与水平和能力相关的，是"贤能分列"问题。

古代有"贤者在位，能者在职"（《孟子·公孙丑上》）之说，意思是有贤德的人，要把他供起来；有办事能力的人，要给他具体的职权。前者可以获得民望，引领方向；后者可以具体操作，解决问题。

历代所谓的"养贤"与"用能"，即由此而来。在官制中，则有爵、勋、职、级的分设分享，合理有效地使各类人才各得其所，形成和衷共济的局面。只不过要掌握好度，过度了，就会出现良莠不分的冗滥现象。

与贤能关系相类似的，是德才关系。

宋代的司马光通过德才组合关系，区分出圣人、愚人、君子、小人四种类型。他的主张是，占尽德才的圣人，只能作为学习的偶像供起来；德才全无的愚人，自然不用；德高于才的君子，当然要用；才过于德的小人，虽然也可用，但须得时刻加以提防，以免造成麻烦。（参《资治通鉴·周纪》）

此外，"才"与"材"也是一个需要区分的问题。

无论是在口头还是文字中，人们常常会遇到"人才"与"人材"两个概念。

严格说来，二者还是有区别的。才，应该是先天具有的东西，属于"性"；材，则是后天培养的结果，属于"能"。才可以决定材，才同而材有不同。比如，松树与榆树，是不同的树种，属于"才"的范畴；在生长过程中，由于不同环境和人工培养，同为松树或榆树，但粗细曲直并不一样，这就属于"材"的范畴了。

虽然才不同，材也可能不同，但只要合理措置，都可以派上用场。北齐刘昼曾说："君子善能拔士，故无弃人；良匠善能运斤，故无弃材。"（《刘子·适才》）用俗话说，就是尺有所短，寸有所长，关键看你把它用在什么地方。在如何用人所长、避其所短方面，三国时的诸葛亮曾有一段名言，列举了历史上许多扬长避短的例子：比如可以让商鞅搞变法，但不能让他掌教化；伍子胥善于破敌，但不会谋身；尾生为爱情坚守承诺，但不懂得应变；等等。（参《诸葛亮集·论君子》）

可见，古往今来，在一个团队或国家之中，主政者一定要善于区分和使用各类人才；人才也应当有自知之明，找准自己的位置。这样，才能各安其位，各尽其力。否则，就会在无休止的内耗中，无所成就，乃至失败。

在如何选用人才方面，还有个有用与无用的辩证关系。

《庄子·人间世》中，有这样一则寓言：

一个名叫石的木匠去齐国，他来到曲辕，遇见土神庙旁的一棵栎树，大得可以遮阴上千头牛，树干周长约有一百抱，十仞以上才有枝杈，来看树的人就像赶集的一样多。

这位木匠师傅却不看不问，继续往前走。他的弟子看了半天，赶上师傅后说："自从我拿起斧头后，还没见过这么大的树，师傅却不愿看它一眼，这是为什么？"师傅回答："这是一种木质疏松的树，做船会沉，做棺材会速朽，做器具会很快损坏，做门窗会流树汁，做柱子会被虫蛀。它不能用来做任何东西，毫无用处，所以才能有这么长的寿命。"

但它能生长得那么长久高大，可供那么多人参观欣赏，算不算也是一种"用"呢？

"因势利导"好成事

法家的治国理论，主张君主用法、术、势三样武器来驾驭臣下。

法和术好理解。势是什么呢？

势，古汉语写作"埶"，字形从"坴"从"丸"。"坴"为高土墩，"丸"为圆球，字面意象是圆球处于土墩的斜面即将滚落的情形。一个向下滚落的圆球会越来越快，这种具有加速度特征的巨大力量，就是"势"。

《孙子兵法》中有两句关于势的说法。

一句是："激水之疾，至于漂石者，势也。"湍急的流水，能冲走巨石，这就是势的力量。

另一句是："转圆石于千仞之山者，势也。"转动一块圆石在"千仞之山"，就是势。仞，是古代长度单位，一般指成人两臂平伸时两手之间的距离，大约 160 厘米。"千仞之山"等于现在两千米左右的高山。在这么高的山上，转动一块圆石下来，那会形成多大的力量！

在古汉语中，势也指雄性动物的生殖器。这似乎暗示，势的生成离不开原初的种子，或者说要有第一推动力。老子在《道德经》中说："道生之，德畜之，物形之，势成之。"这四个程序，完整地表述了世上万物的生成过程。其中的势，是最终的助成力量。

"因势利导"一词，大概出自《史记·孙子吴起列传》："善战者，因其势而利导之。"因，是循的意思；势，指趋势；利导，则为引导。大意是，善于打仗的人，应该顺着事物发展的趋势加以引导。因为势是一种不可逆的状态，顺势而为，事半功倍；逆势而动，岌岌可危！

把握和运用"势"的规律，非常重要。

俗语有"飓风起于萍末"之说。台风刚刚刮起来时，海里、河里会看到一片浮萍漂在水面上。忽然浮萍摇动起来，底下冒出一个水泡，立刻感到风要强劲起来了。最初只是一点，然后愈摇愈大，逐渐形成可以把山岳吹垮的台风。（参先秦·宋玉《风赋》）

现在人们说的"蝴蝶效应"，大概就是这种现象。

职场中的人都知道，那些平时难以解决的顽症痼疾，一旦"运动"来了，形成高压态势，就会迎刃而解。对于自身权势较弱者而言，要想做成一些事情，就得会借势而为。有时，遇到靠自身力量无法解决的难题，适逢某个势能来了，恰好与要解决的问题相关，只要抓住这个机遇，就会很快解决问题，收到事半功倍的效果。

古往今来，时势可以造英雄，英雄也可以造时势。

对于处在九五之尊的帝王而言，如何造势和运势，掌控局面，防止"权大欺主"现象的发生，是一个大问题。

因为官场中人，往往只效忠权势最大的一方。

开国君主造势的手法千奇百怪，无所不用其极。比如宣扬谶纬之说，证明自己本为天子；装神弄鬼，显示自己有非凡本领；夸大其词，塑造无往不胜的形象；使用雷霆手段大开杀戒，震慑人心，等等。

那些继承者则需要多动脑筋来保势和造势了。其中最直接有效的办法，就是以法与术的结合运用，形成合理合法的势能。法是一般性和原则性，术是特殊性和灵活性，而势是二者结合运用后的产物。这方面，法家代表人物商鞅、韩非、李斯等都有非常精辟的论述，并成为历代帝王的心传。

当年刘邦起事时，宣称自己是赤帝之子，还有剑斩白帝之子的"壮举"，也就是一条白蛇。传说他所隐藏的地方，天空上方有紫气笼罩，老婆找起他来不费一点工夫。人们听说后，自然愿意跟着他打天下了。

刘邦做了皇帝后，在选择接班人时碰到一件棘手的事。他宠信戚姬，据说一度想把太子，也即吕后所生的刘盈废掉，改立戚姬所生的如意为太子。吕后非常着急，问计于张良。张良告诉吕后，只要太子能把商山四皓请来，高祖就不敢废太子了。据说刘邦想请四皓出山，人家还不理睬呢！吕后果然教太子以卑辞厚礼，把商山四皓请来，坐在太子身后。刘邦见此情形，对戚姬说，太子的"势"已成。连自己都请不到的商山四皓，都来给他助阵，改立如意为太子的事，就免谈了吧。（参《史记·留侯世家》）

其实，刘邦是个具有大智慧的主。他并非真的因商山四皓坐在太子背后，就不敢再提换太子的事了。可能是权衡利弊之后，他觉得不换太子更稳妥一些。张良的这个办法，在客观上是帮刘邦给戚姬一个回答，摆脱尴尬局面。

要想成事，驾驭臣下，除了会借势造势外，还应该让臣下在顺从和做事的同时，能获得相应的利益。

俗话说"无利不起早"，职场中人同样如此。

因势利导的本意，就是既要有势的威慑，也要有利的诱导。双管齐下，才更有效。从事成之后的封王封侯的许诺，到"闯王来了不纳粮"的说法，还有"打土豪，分田地"之类的号召，其中无不含有因势"利"导的意思。

对于处上位者，还要防止失势。只有与时俱进，不断造势，才能保持势能活力，立于不败之地。

不过，天下没有永不衰竭的势力。运石于千仞之山，终有落地的一刻。石头一旦掉到地上，势能也就没有了。人们走累了，可以在上面坐坐，或当当垫脚石。碰到顽皮的小孩子，还可能用脚踢它一下。

失势的石头，也只能是逆来顺受了。

"二桃杀三士"中的君子之风

　　据说春秋时期，齐景公帐下有公孙捷、古冶子、田开疆三员大将，号称"齐邦三杰"。他们恃功而骄，令人忌惮。

　　一天，鲁昭公带着相国访问齐国，齐相晏婴陪齐景公设宴招待，"齐邦三杰"佩剑立于堂前。席间上了六个大蟠桃，齐景公、晏婴、鲁昭公和鲁相国每人一个。尚有两个，应该如何分享呢？

　　晏婴灵机一动，对齐景公说："大王，盘里还有两个桃子，应该论功行赏，看看谁的功劳大，就让谁吃。"齐景公觉得有理，同意晏婴的主张。

　　"三杰"之一的公孙捷先开口道："我搏杀野猪，力诛猛虎，保护主公的安全，这功劳够得上吃桃子吗？"晏婴忙说："这样大的功劳，够得上。"说着递给公孙捷一杯酒、一个桃子。

　　接着古冶子站出来说："打死一只老虎，有什么了不起！当年我曾在黄河斩杀妖鱼，使主公转危为安，这样的功劳够得上吃桃子吗？"晏婴听了，给古冶子一杯酒、一个桃子。

　　这时田开疆一步跳了出来，大声说道："我曾奉命讨伐徐国，斩杀徐国著名大将，俘获 500 多名甲士，使徐国屈服于齐，也震慑了其他诸侯，使他们推举主公为盟主，这样的功劳，难道还够不上吃桃子吗？"晏婴对齐景公说："这么说来，田开疆的功劳最大，可惜没有桃子了，只好赏酒一杯。"

田开疆按住剑柄怒吼道："斩妖打虎都是小事，这样的人，吃到了桃子，而我跋涉千里，血战沙场，反而吃不到。我在两国君臣面前，受到这样的奇耻大辱，怎么还有面目立于天地之间呢？"说完，拔剑自刎而死。

公孙捷、古冶子见状，羞愧难当，说："我们的功劳赶不上田开疆，拿桃子时又不谦让，这是不义！这样活着不死，就是不勇！"于是，他俩交出桃子，也刎颈自杀了。

自古以来，人们大都称赞晏子的计谋了得。其实，这则故事最打动人的，应是三位勇士的君子之风。

三位勇士恃功自傲，是不应当的。他们头脑简单，只知争抢荣誉，不懂相互谦让，中了晏子的计谋，是可悲的。但他们面对事实，勇于承认己不如人，是可贵的。把脸面和荣誉看得比生命还重要，发现做错事时，勇于承认与自责，性情刚烈，不惜用生命去践行君子的仁义之道，更为难得，令人钦佩！

先秦时"士可杀而不可辱"的君子之风，并不罕见。

同样是在齐国，孟尝君的门客之中就有类似的人物。据说孟尝君能平等对待门客，不分高低贵贱；并以身作则，与大家穿一样的衣，吃一样的饭。有天晚上，孟尝君请门客吃饭。其中一位门客不久前刚慕名来投，对孟尝君的人品半信半疑。恰巧席间有人无意中挡住了灯光，这位门客以为孟尝君一定是给他安排了次等酒菜，不敢以正面示人，才命人遮挡。他一怒之下，推开食案，起身就要离去。孟尝君见了，站起身来，端起自己的饭菜，来到那人面前。这位门客见主人的食物与自己的并无二致，才知错怪了孟尝君，顿时感到无地自容。于是，门客二话不说，当场拔剑自刎，向孟尝君谢罪。

这种以死明志和谢罪的行为，表明了他们是有血性的人。这种风范，在中世纪欧洲的骑士身上同样可以见到。近代日本的武士道精神也有相似之处。

伟人曾说："人是要有一点精神的。"孔子也曾说："知耻近乎勇。"知耻，认错，用自己的生命谢罪，就不仅仅是勇了，还有仁，还有义，还有礼。

晏子计杀的三位勇士，虽然不应该相互争功，但至少他们都有功劳可争，而且的确都是大功劳。而后世职场中的有些人，整天什么事也不做，或许可能是不会做，也可能是不愿做，反正是一事无成。一遇到评奖领赏之类的好事，那是一定要出来争抢的。有时甚至不惜用弄虚作假、移花接木、无中生有等方式，给自己涂脂抹粉、乔装打扮。有的人不仅无能，不做事，而且经常做错事甚至做坏事，从不反省与改正。尤其是一些官员，不论出什么差错，总是一推六二五，要么是别人的错，要么是老天爷的过，反正与自己无关。有人当面指责时，也是一副事不关己的样子，一脸无辜的表情，任人笑骂，不为所动。

面对此等无耻之徒，晏子"二桃杀三士"的伎俩还能行得通吗？不要说两个桃子，就是两锭金子，恐怕也杀不了一个"士"！

当然，现在看来，"齐邦三杰"和孟尝君的那位门客以死谢罪的做法有些过了。我们不能要求凡有过错的官员，动不动就以自杀的方式谢罪，但有了过失，总要认个错吧！如果犯了大错，主动引咎辞职，也是应该的。

古代的帝王做错了事，有时还会下个"罪己诏"什么的，向天下人承认自己的不德与失误，祈求百姓原谅和上天庇护。有时还会因此处置一些大臣，以此抚慰民心。虽然这种做法，有的史家认为是做秀，但毕竟还有个态度。与那些自以为一贯正确的做派相比，还是好一些吧！

三个和尚有水喝

中国有个说法：一个和尚挑水喝，两个和尚抬水喝，三个和尚没水喝。

这是为什么？因为集体行动中，难免有人"搭便车"。

以前，人们想当然地假设，一个具有共同利益的群体，会为共同利益采取集体行动。比如同一社区的人，会保持公共环境卫生；消费者会组织起来，与售卖伪劣产品者做斗争；同一国家的国民，会支持本国货币的坚挺，等等。

美国的奥尔森教授发现，这个貌似合理的假设，并不能很好地解释和预测集体行动的结果。许多时候，合乎集体利益的行动并没有产生。相反，个人的自利行为，往往导致对集体不利甚至极其有害的结果。

原因在于，集体行动的成果具有公共性，所有成员都能从中受益，包括那些没有分担行动成本的成员。比如，由于罢工的胜利，工人们可获得加薪，对大家都有好处，但是那些参加罢工的人，承担了所有的风险成本。这种不合理的成本收益结构，导致"搭便车"行为。

南郭先生不会吹竽，却混进了宫廷乐队。他表演时毫不费力地装模作样，仍然得以分享国王的奖赏。滥竽充数的南郭先生，算得上中国"搭便车"的一个典型。

在《集体行动的逻辑》一书中，奥尔森得出一个结论：由于"搭便车"行为的存在，理性或自利的个人，一般不会为争取集体利益做贡献。人数较少时，集体行动容易产生；随着人数增加，集体行动就越来越困难。

一个和尚挑水喝，是因为别无选择；两个和尚抬水喝，是协作成功的例子；三个和尚没水喝，是都想"搭便车"。

奥尔森还发现，集体行动在两种特定条件下容易产生。

一是集体成员收益的不对称。当个别成员从集体行动中得到的利益比其他成员要大时，他为集体行动做贡献的积极性就高。假如三个和尚中有一个是喝水特别多的水鬼，其他两个是耐干渴的种，水鬼挑水给大家喝的可能性就比较大。亚洲金融危机对日本的影响很大，日本就积极出钱设立亚洲货币基金。同样地，美国认为北约能给美国安全带来很大利益，因此愿意负担大部分费用。

二是选择性激励的存在。选择性激励主要有正向激励和反向激励两种。所谓正向激励，就是通过各种奖励刺激人们为集体行动做贡献。比如许多慈善机构的做法是：你若购买慈善演出门票，可以看别人看不到的演出；你若捐款，可以获得抽奖机会。三个和尚中的那个小和尚，也许不介意天天下山挑水。因为他可借此机会，偷偷瞧一瞧在河对面洗衣的美貌村姑。

所谓反向激励，就是惩罚"搭便车"者。最常见的，是禁止"搭便车"者享受集体行动成果。比如许多国家的工会，都将劳资谈判的范围限制在工会会员内，使非会员无法享受工会争取到的加薪等优惠待遇。

行为经济学家还发现，虽然在不同的社会中，都存在一些利他主义者，但是这种人属凤毛麟角，为数少于1%。

有40%～66%的人，属于以德报德、以怨报怨的类型，这类人被称为规范使用者。另外大约有20%～30%的人，无论别人如何善待他们，他们都不会有所回报，被称为理性利己主义者。

那些为数众多的规范使用者，又可分为两种。

一种叫条件合作者，大多属于老好人。他们愿意发起协作行动，只要群体中有一定比例的人以互惠行为做反应，就坚持合作。但他们对"搭便车"行为的容忍度不尽相同。"搭便车"的人越多，条件合作者对集体行动的贡献就越少。一旦"搭便车"的人数超过他们的容忍度，这些人也采取不合作行为。这时，理性利己主义者会诱导和驱使条件合作者，做出自私自利的行为选择。

另一种叫志愿惩罚者，大多是疾恶如仇的侠客。以德报德、以怨报怨在他们身上体现得淋漓尽致。只要有可能，他们就会自发地对"搭便车"者进行各种形式的惩罚，即使惩罚对自身利益造成明显损失，也在所不惜。这些志愿惩罚者的存在，可以约束"搭便车"行为起着维护社会规范的作用。他们的惩罚使利己主义者不得不修正自己的行为。

这些发现，丰富了人们对集体行动产生过程的理解。

那么，三个和尚究竟有没有水喝呢？

奥尔森会这样回答：一般来说，三个和尚没水喝。但是，如果这三个和尚不对称，或存在选择性激励，那么就可能有水喝。

行为经济学家的答案可能是：三个和尚有没有水喝，取决于那两个规范使用者中有没有志愿惩罚者。如果两个都属于老好人类型的条件合作者，三个和尚最终会没有水喝，因为那个理性利己主义和尚会破坏合作环境，驱使条件合作者选择"搭便车"行为。如果有一个和尚是志愿惩罚者，情况就完全不同。这位侠义和尚会不惜时间和代价，盯住想"搭便车"的理性利己主义者，不让他喝一滴水，逼迫他参加取水行动。结果自然是，三个和尚有水喝。

中国学者则提出与此相似但又有创新的办法。

一种是分工协作。第一个和尚从河边挑到半路停下来休息，第二个和尚继续挑，走一段后转给第三个和尚，由他挑到缸里灌进去，空桶回来再接着挑，大家都不累，水很快就挑满了。这种协作办法，叫"机制创新"。

另一种是引进竞争机制。三个和尚都去挑水，谁挑得多，晚饭加一道菜；谁挑得少，吃白饭没有菜。三个和尚竞相去挑，一会儿水就挑满了。这叫"管理创新"。

还有一种办法是，三个和尚研讨后，把山上的竹子砍下来连在一起，接到水缸处，然后买一个井辘轳。第一个和尚把水摇上，第二个和尚专管倒水，第三个和尚休息。然后三人轮流换班，一会儿水就满了。这叫"技术创新"。

机制、管理和技术创新，统而言之，是制度创新。

有了赏罚分明的制度创新，才能保证三个和尚有水喝。

信赏必罚的难处

信赏，是该赏就赏；必罚，是该罚就罚。无论古今中外，要让官员尽职尽责，就得信赏必罚。

要赏罚，就得先掌握官员履职的情况。现在叫考核，古代叫法不一，比如大比、上计、考课、磨勘等。

大比，是《周礼》中对地方官员三年一次的考核，除了考核辖区情况外，还有人才推荐等内容。

上计，是战国和秦汉时期考核官员的主要办法。战国时各诸侯国的长官，岁末将赋税收入等情况书于木券，送交国君。汉代前期的郡国和后来的州县长官，每年也要将本辖区户口、垦田、钱谷等数字，逐级呈报至中央尚书台。

考课，本指检查农田收成，三国期间演变成对官员实绩考核的专用术语。就是中央依照所颁布的法令和行政规则，在一定的期限内对各级官吏进行考核。

磨勘，含有磨炼、查验和熬年头的意思。唐代对官员的考核中，已使用"磨勘"一词。宋代将其定为制度，规定文官三年一磨勘，武官五年一磨勘，视考核成绩决定升降。

宋以后的历代也都有类似的考核办法，如明代有"京察""大计"，清代有"四格""六法"等。京察、大计是考核名称，四格指才（才干）、守（操守）、政（政绩）、年（年资），六法指不谨、罢

（罴）软无力、浮躁、才力不足、年老、有疾等情况。

尽管历代都有官员考核的一整套制度，包括具体标准、程序、办法及结果运用等，但很难达到理想的程度。

一难，在于标准不好掌握。

对官员的考核标准，通常都是德、才、绩等多方面情况。但这些标准，有的缺乏科学量化，只能是一种主观判断，见仁见智。拿考核中的"德、能、勤、绩、廉"标准来说，除了勤和绩外，其他都只能是靠主观判断。就是勤和绩，也还有个如何看待的问题，比如如何界定是否"出工不出力"，如何区分显绩与潜绩，等等。

因为难以判断，有人建议干脆就以实际完成指标情况来考核，或者叫以实绩论英雄。问题是实绩有时难辨真伪，过度强调也有弊端。古今职场，有不少在考核中优异的官员，往往不久就发生一些意想不到的问题，令上下左右非常尴尬。

二难，在于其中会有"上下其手"的情况。

公元前 547 年夏，楚国进攻郑国。楚军的前锋穿封戌生擒郑军守将皇颉，但公子围却硬说是他俘虏的皇颉。二人争得面红耳赤，只得请随军的太宰伯洲犁来评判。

伯洲犁听后说："你们不要争，我自有办法。"他命人把皇颉带来，故意把手抬得高高的，毕恭毕敬地指着公子围说："这位是公子围，我国国君最宠爱的弟弟！"接着又把手压得低低的，指着穿封戌说："这个人叫穿封戌，是一名小县尹。你仔细看看，这二位中的哪位擒了你？"皇颉从伯洲犁的手势中，明白了他的真实意图，于是极力赞誉公子围身手过人，捉了自己。伯洲犁听了，便把生擒皇颉的功劳判给了公子围。结果公子围加封，伯洲犁提升，穿封戌被贬，皇颉脱险！（《左传·襄公二十六年》）

与此类似的，是有意糊弄主政者。

齐宣王担心考核作弊，亲自听取上计官报告。主持这项工作的丞相田婴，故意让上计官员先汇报那些枯燥乏味的数字，宣王听着听着就睡着了。上计官员趁机抽出刀笔，修改原来的数字。（《韩非子·外储说》）

三难，在于信息的不对称。

战国时，齐国的阿城（今山东阳谷县）大夫不干实事，专走上层路线；即墨（今山东平度市）大夫一心为民，不肯巴结上司。齐威王问起左右，都说阿城大夫好，即墨大夫坏。齐威王怕受蒙蔽，暗地派人到阿城和即墨去实地调查。

不久，齐威王把阿城大夫和即墨大夫召来，在大殿上放了一口大锅，锅里烧着满满一锅开水。

当着文武百官的面，齐威王对即墨大夫说："自从你到即墨，天天有人告你，说你怎么怎么不好。我派人去即墨调查，他们见地里长着绿油油的庄稼，老百姓安居乐业。你专心办事，不来跟我身边的人联络，也不送礼给人家，人家就天天说你坏话。像你这种老老实实、勤勤恳恳、不吹牛拍马的大夫，齐国能找得出几个？今天我加封你万户的俸禄！"

齐威王又对阿诚大夫说："自从你到了阿城，天天有人夸你怎么怎么能干。我派人到阿城去调查，他们瞧见庄稼地里长满了野草，老百姓面黄肌瘦，暗地里叹气，连话都不敢说。你欺压盘剥小民，装满自己的腰包，不停地给我身边人送礼，叫他们替你说好话，他们就把你捧上天。像你这种鱼肉百姓、巴结上司的贪官，要不惩办，国家还成体统吗！"

说着，便令武士把阿诚大夫扔到大锅里煮了。

齐威王回头叫那些平日颠倒是非的人过来，责备他们贪赃受贿，以私害公。这些人吓得跪地哀求，齐威王就挑了几个最坏的治了罪。（参《资治通鉴·周纪》）

与此相同的例子，是说晏子治理东阿的前三年，廉洁奉公，百姓获利，却遭到君王严厉处分。第四年，晏子徇私纳贿，欺下媚上，君王反而大加奖赏。魏国的西门豹也曾有类似遭遇。

这类故事背后的深层原因是"信息不对称"。受仁政之惠的群众没有发言权，而受恶政之利的权贵垄断了信息通道，君主得到的必然是黑白颠倒的信息。

四难，在于群众的眼睛有时也不一定是雪亮的。

孟子去见梁惠王，梁惠王说："我怎样才能识别官员好坏而加以取舍呢？"孟子说："左右都说好，不一定好；大臣们都说好，不一定好；国人都说好，然后加以考察。果真好，就可以使用。左右都说不好，不要听；大臣们都说不好，不要听；国人都说不好，然后加以考察。果真不好，就可以罢免了。左右都说可杀，不要听；大臣们都说可杀，不要听；国人都说可杀，然后加以考察。果真可杀，就可以杀了。"（参《孟子·梁惠王下》）

这种做法比偏听偏信当然要好多了。

但难点在于国人皆说好或坏，有时也不一定就好或坏。"周公恐惧流言日，王莽谦恭未篡时"说的就是这种情况。辨别真伪好坏需要一定的时间，而考核必须在短时间内出结果。在官员考核中，这几乎是一道无解的难题。

五难，在于赏多必滥，罚多必疲。

《韩非子·内储说》中有这样一个故事：

有一天，下人为韩昭侯整理衣服，拿出一条旧裤子，问他以后是否还会穿，韩昭侯随口说不穿了。下人又问他可否赏给自己，不料韩昭侯没有答应。

他儿子有些不解地说："为何要吝惜这样一条旧裤子呢？"

韩昭侯对儿子说："明智的君主在奖赏问题上不能随便。虽然是一条旧裤子，但是随意奖赏给人，会使无功的人觉得不用努力也可以获得赏赐，使有功的人觉得君主的赏罚随心所欲，跟自己是否努力没有多大关系。这样，阿谀奉承的人就会有机可乘，投机取巧的人就会心存侥幸，埋头苦干的人就会不思进取。长此以往，国将不国了。"

而历史上更多的情况是，君主往往乐于行赏，不忍处罚。许多王朝最后都在这种做法中腐烂。

远的不说，近代的太平天国起事时，何等兴盛。一旦天王意志消退，封王上千时，无功受禄者侥幸以进，英勇善战者愤愤不平，天国的形势就江河日下了。

有时矫枉过正，同样起不到应有的赏罚激励作用。

因为对官员的处罚过于严苛，最终受害的是老百姓。有人认为，秦朝二世而亡，就是因为实行过于严苛的考核和责任追究制度，结果官逼民反，成了压垮秦王朝的最后一根稻草。陈胜、吴广为避追责而起事，可以佐证这一点。

处罚过度，官员人人自危，整天处于恐惧之中，也就没有多少精力去谋事创新，而是想方设法保全自己。

当动辄得咎，人人身上都背着处分时，大家也就不再把处罚当回事了。反正债多不愁，虱多不痒。

这时，你就是整天拿着鞭子去吆喝人，还管用吗？

颇受争议的"末位淘汰"

小时候营养不良，个头小，体质弱，在村里小孩中，走路老是落在后头，打架也总是吃亏，人们叫他"殿窝窝"。

当时不懂是什么意思，后来考诸古籍，才知道是最窝囊和最末位的意思。因为在古汉语中，"最"与"殿"是反义词。官员考核中，最是第一，殿是最后，也就是末位。

比如秦汉时对官员考核的结果，通常分为最、中、殿三等。最是最好，中是中等，殿是最差；最可升官，中可平调，殿要降级。

唐代官员考核中，则有"四善二十七最"之说。"四善"，分别是德义有闻、清慎明著、公平可称、恪勤匪懈。这四项标准，是对所有官员的共同要求。"二十七最"，则是根据各官署执掌的不同，对官员在才能方面达优的具体标准。比如，对纪检监察官员的要求是"献可替否，拾遗补阙，为近侍之最"；对组织部门官员的要求是"铨衡人物，擢尽才良，为选司之最"；对法官的要求是"断决不滞，与夺合理，为判事之最"；对教育部门官员的要求是"训导有方，生徒充业，为学官之最"。诸如此类，共有二十七种。（《唐六典·吏部》）

对殿后官员的具体评语，有时针对性很强，毫不留情。清代这方面的资料保存较为完整，试举几例。

顺治十六年（1659），对安徽歙县县丞金起元的评语为："本官查履历年开六十二岁，而朽迈不堪任事。"

乾隆二年（1737），考核浙江严州府经历国鹏的结论是："本官躁妄轻浮，嗜酒狂悖。"

乾隆九年（1744），对湖南善化县教谕毛大鹤的评语称："本官不守官箴，全无师范，难居司铎之职。"

乾隆十三年（1748），对直隶邢台县巡检王紫垣的评价更是形象逼真："本官不守官箴，时与村民往来，笑谈狎玩，全无体统。"（以上转引自《历史档案》2011年第4期）

有些朝代的官员考评，大都是千篇一律的套话空话，可谓"千人一面"，从中看不出官员的具体特点。

最难办的，是对末位者要不要淘汰。还以清代为例，那些在考核中被说成是"不堪任事""全无体统"者，后来好像也并没有都被淘汰出官场。因为这是很难处理的事情。

20世纪后半叶开始，以美国为代表的西方国家开始重视并研究政府企业化改革，并将企业中的末位淘汰法，引入政府人事管理中。中国的一些机关，后来也开始对职员试行末位淘汰。通过优胜劣汰机制，打破事实上一直存在的能上不能下、能进不能出的状况。但人们对此有不少质疑和担忧。

有人认为，末位淘汰激励机制缺乏"以人为本"的理念，存在两个明显的缺陷。

一是缺乏科学性。任何一次排名总会出现一个末位，而且不同部门和单位之间的末位缺少可比性，末位与不称职也不能完全等同。

二是缺乏明确的法律依据。现行相关法律中，规定年度考核中连续两年被确定为不称职的，不胜任现职工作又不接受其他安排的，可以辞退。具体程序，是由所在机关提出建议，按管理权限呈报任免机关审批，并以书面形式通知本人。如果仅以年度考核是否末位决定去留，没有法律依据。

实际操作过程中，也易引发两种不良行为。

一是不正当的竞争行为。由于惧怕末位，考核中人们往往会故意贬低别人。有些人则在日常工作中十分注重人际关系，以致在工作中丧失原则性和公正性。

二是不规范的处理行为。有的部门在实施过程中，将正常休产假的女员工确定为末位，理由是她在这一年当中上班时间最少。有的则不论实际表现，大家轮流坐庄。按规定，连续两年为末位者淘汰。每年轮流坐庄，实际上规避了这种情况。还有的单位由主要领导定末位，难免有不公正的情况，等等。

由此看来，实行末位淘汰制，不是一件容易的事。

首先，是要完善"岗位管理"为中心的人事管理制度，即将目前定职能、定机构、定编制的"三定"法律化，保证机关因事设职、以职选人，避免人浮于事、推诿扯皮。

其次，是要制定科学的考核标准。可以量化标准，即设定若干考核项目，赋予不同的分值，最后以得分排序，确定末位。也可以定性为主，即划定行为"禁区"，如上班时玩游戏、喝酒之类。一旦触犯"禁区"，查实后直接确定为末位。还可以将定性考核与量化打分结合起来，这样既可以直接确定末位，也可以通过评分排序确定末位。

最后，是要科学核定淘汰比例。在推行末位淘汰制的过程中，对于末位占考核总人数的比例，有的加以明确规定，如对100人以上的单位，规定末位人员的比例为1%。有的不规定比例，但规定具体人数，如将考核成绩最后的几名作为末位。有的则没有规定具体名额，只是划定分数或等级，如按考核结果划定 60 分以下的为末位，等等。

实践表明，如果比例太低，起不到应有的作用；比例太高，不利于队伍的稳定。

此外，还要做好末位淘汰的配套工作：加强对人员的教育培训，加强事前宣传沟通，尽量减少思想阻力；建立淘汰人员的安排机制，尽量在体制内设置一定的缓冲期；对那些尚有能力的，可改任下一级领导职务，以及改任非领导职务、从事专业技术工作、担任荣誉职务等，这样既可以发挥其作用，又能减少实施的阻力；对那些淘汰后自谋出路者，给予一定的鼓励和支持，比如在一定年限内保留原待遇，发放一次性补贴等。也可适当利用政府关系资源，帮助他们寻找就业门路，提供创业信息，给予一定的人文关怀。

说到底，"末位淘汰"不是目的，让大家努力工作才是关键。

"问题官员"的复出问题

看过《红楼梦》的读者，大概还记得贾雨村在贾政的帮助下，以革职官员的身份，"起复"为金陵应天府知府一事。所谓"起复"，是说贾雨村以前犯过错，现在重新任职。

古往今来，都有被问责免职的官员重新任职的制度安排。对这项制度安排，人们是有些疑问的。

那么，官员出了问题被免职后，能否复出呢？回答应该是肯定的。

古人云："人非圣贤，孰能无过。""过而能改，善莫大焉。"(《左传·宣公二年》)意思很清楚，是人就难免犯错，改了就是好同志。唐代名相陆贽认为：放弃闲人，使用有上进心的人，可以成就霸王之业；老记着人家的过失，就会失去有用之才，这是国家衰落的原因。工作中有过失可以处罚，只要接受处罚并改正错误，可以重新使用。这样既不违背法度，也不浪费人才。(参《陆宣公全集·论朝官阙员及刺史等改转伦序状》)

"问题官员"复出之所以是应该的，还有其他一些因素要考虑。

中国一直实行职业官僚制。也就是说，对官员是长期培养和使用的，要耗费大量资源。如果一有问题就弃之不用，成本太大。而且，有些官员出问题，是因制度设计造成的，与个人作为并无直接关系。譬如，出现重大公共危机事件时，一些主管官员实际上并无直接责任，但因负领导责任而被问责。有的被问责官员本来就是代人受过，责任厘清后，应该复出。

还有很重要的一点，就是在社会转型等非常时期，需要敢于担当的官员冲锋陷阵。如果一有过失，就弃之不用，就会造成懒政现象。

那么，如何使"问题官员"的复出免遭物议呢？关键在于区分具体情况，采用不同办法。

首先是要看"病源"性质。

官员犯错的原因有多种。有的是客观因素所致，有的是作风使然，还有的是被牵连问责，等等。什么类型的错误可以复出，什么类型的错误不能复出，组织部门应该有一本"明白账"。

还要看对"病情"的认识态度。

官员是否真正认识到犯错的原因，是否有一个明确的悔改态度，是能否复出的重要前提。不能单凭一己之词就轻松"放行"，还要征求其所在地方和单位的同事，以及服务对象的意见，再考虑复出问题。许多国家的"问题官员"复出，必须向公众公开道歉，得到公众谅解后才行。犯错而不认错的人，不能复出。

当然，要使"问题官员"的复出不再有"问题"，还需要健全和完善相关制度，比如对官员的问责要规范。

根据国际惯例，问责一般属于政治和道德层面的制度安排，那些负有决策及政治责任、道德责任的官员，是问责的主要对象。至于那些胡作非为而触犯法纪的官员，则应按照相关的法律和纪律处理。如果随意扩大问责范围，就会混淆错误性质，处罚失当。

再有，应科学规定复出的时限和条件。

复出的时间，不应当是不加区别的一年标准，而要综合被问责的缘由、免职期间的二作表现、个人能力和职位空缺等情况，通盘考虑。国外有的规定为三年，有的为两年，也有一年的，而且考虑被问责者的改过情况等因素。在同一问题上屡犯错误者，不能担任原职务；一般不能平级复出，更不能提拔重用。

还有，官员复出的程序须公开透明。

程序公开的一个重要作用，就是通过社会有效监督形成舆论压力，从而提高问题官员违规复出的风险，降低暗箱操作的可能性。

"吏员出职"与"师爷弄权"

吏员和师爷是古代各级衙门中的具体办事人员。

上古已有"吏"的说法，但那时的吏可能是贵族的通称。秦汉以前，官与吏分得不是那么清楚，官可叫吏，吏就是官。直到今天，我们还把干部队伍建设称为"吏治"。

师爷，源自周官中的"幕人"或"幕僚"。

据《周礼》，幕人的职责是掌管帷幕等物，在周王军旅、朝觐、会同、祭祀时张幕设案。另外，古代将帅出征，治无常处，需要安营扎寨，就由幕人张幕设案，以幕为府，故称幕府。佐治人员如参谋、文书等，则统称为幕僚。

汉代以后，官场中的幕僚制度逐渐形成。

本质上，幕僚与吏员都是官场中的附属阶层。区别在于，吏员大都从事杂役事务，幕僚大都从事文案工作；前期的吏员，还可以算作国家干部，由国家统一招录，并原则上由财政部门发工资；而幕僚或师爷，除宋代一度由国家招录和财政供养外，其他朝代大都由官员自掏腰包聘用。

随着儒家在统治阶层中地位的上升，"吏"逐渐从"官"的队伍中分离出来。汉代实行官阶制后，把官俸二百至四百石的辅佐官员称为"长吏"，其他俸禄低于此的称为"少吏"。科举制盛行后，通过科举入仕者为"官"，非科举出身的办事人员为"吏"。虽然有时仍把他们叫"官",但在儒家士大夫眼里,他们是不配为官的。

古代有"明主治吏不治民"的说法。虽然这里的"吏",泛指所有官员,但侧重于吏员也是说得通的。因为"县官不如现管",吏员虽然名分不如官员,但多为官场的具体操盘手,实际能量很大。

历史上吏员地位最高和作用最大的,要数元代。

元代吏员地位的重要,主要原因有两个。一个是朱元璋所言,蒙古人初主中原,与汉人风俗、语言各异,又不通文墨,所以凡事都倚仗原来衙门中的胥吏。另一个是元代近80年不行科举,大多数读书人没有出路,只好混进衙门当吏员。

元代对吏员的重视与使用,最突出之处是"吏员出职",即吏员可以转变出身,进入官员行列。

确切地说,元代之前的各种"吏员",也有上升通道。如唐代,官吏分为流内九品与流外九品,前者为国家正式官员,后者通常称"吏"。流外官任职一定时间后,经吏部考选,可以升为流内官,叫作"流外入流"。

到了宋代,官与吏的界限趋于严格,而且很难逾越。王安石对此很有感慨,他在《上仁宗皇帝言事书》中说,从前没有流内流外之别,孔圣人也当过小吏,小吏也可以当公卿这样的大官。后代有了内外之别后,吏的地位下降,也就缺乏自尊自重了。

与宋及宋以前的情况相比,少数民族统治的金元时期,吏员的境况要好多了。当时明确规定,各级衙门里的吏员,可以凭借自己的能力、德行和服务年限,经法定程序转为官员,即"吏员出职"。

"吏员出职"的硬杠子,是当差时间。如元朝规定,以30个月为一考,90个月为三考,三考为考满。在这期间,如果你没有犯错或犯法，考满即可出职。这有点像当代基层政府中的"以工代干"类人员，干了一定时间，本人表现好，有空缺职位，可由工人转为干部。

因为吏员类型复杂，出职通常采取循序渐进的原则，即杂役类吏员，通常须进入职役类吏员方有出职资格；下级政府的吏员，通常应进入上级政府当差后，才好出职。或者说，优先考虑高级衙门中的文案类吏员的出职问题。

那些有特异才能和劳绩的，以及在边远地方当差的，则不一定要考满，可以提前出职为官。

为体现与正途出身官员的区别，吏员出职的最高级别，通常只能到四品，但有正途如举人以上身份，并在高级衙门从事文案工作者，实际上不受此限。生活于金、元之际的著名诗人元好问，因为有正途出身，既当过吏员，也当过相当于宰相的"知制诰"，故也不受此限。

吏员出职的制度效应不应低估，因为它打破了传统的官与吏的壁垒，在体制内开通了吏员转换身份的通道，客观上使吏员有盼头和有干头。

这一制度在后来的实际操作当中，逐渐扭曲走形。如违例补用、不辨贤愚等，导致严重的吏治腐败。有人认为，它加剧了元朝的崩溃，是一项失败的制度。

其实，不能把吏治腐败完全归咎于"吏员出职"。官场腐败现象在元代前后都不同程度存在。吏员腐败与官员腐败并无本质区别。没有大量吏员的工作，没有相应的"吏员出职"制度，元朝说不定崩溃得更快！

我们可以看一下元朝后继者的情况。

朱元璋把元朝统治者赶出中原后，因为战乱之际，人才缺乏，衙门的日常事务任凭胥吏处理。过了几年后他说：当年元朝上层粗通文墨后，各地政务仍然把持在胥吏之手。自古以来贵贤臣轻胥吏的传统，丧失殆尽，要严格控制"吏员出职"的数额和级别。

到明成祖时，先是不准吏员做御史，后又不准考进士，官和吏成为不能变通的两条轨道。

与此相应，明清官场的一大现象，就是"师爷弄权"。

当时州县衙门正式编制很少，通常只有主官和几个副职有公务员身份。他们多为科举出身，不大会做具体事。加之异地任职，对当地事务不甚了解，只能交给吏员去办。

为防止被吏员欺瞒，清代地方各级主官一般都要聘请若干师爷帮助自己处理政务，故有"无幕不成衙"的说法。

师爷与官员之间的关系，远比一般吏员亲近许多。

从实际情况看，官员选用的师爷，大都是自己的铁杆亲信，有的甚至父为子幕，妻为夫幕。师爷与幕主，或友、或宾、或师、或亲，加之幕主在工作上的仰仗，其权势在许多地方超过主官，甚至可以反客为主，由佐治变为主治。

师爷中不乏为人忠诚，办事公道，比较清廉之人。但总体上看，其地位以及与幕主之间的关系，使他们难免弄权肥己。事情到了手里，都有被违规操作的可能。

师爷中最重要的角色，是钱谷师爷与刑名师爷。古代政府总体上是"小政府"，主要职责就是收税和断案。而协管钱粮和刑名的师爷，自然非同他人。

"刑名"一词，原指战国时以申不害为代表的法家学说。刑名师爷的前身，大概就是秦汉时期的"刀笔吏"，相当于后世的司法办案人员。明清时，由于法律过于繁杂，主官难以通晓，导致"审判之名在官，审判之实在幕"。刑名师爷在堂后听审、剪裁供证、"锻炼"详文等各个环节，操纵着司法审判大权。

清代云南元江县发生命案，杀人者证据确凿，师爷却按照"救生不救死"的原则，将情节改为"双方口角斗殴而死"，使杀人犯得以免除死刑。云南宣良县两个相邻的小山村，因婚宴发生食物中毒，全村人都死了。县官勘验现场时，发现有砒霜，但究竟是误用还是投毒，一时无法认定。为了不影响考绩和前程，县官接受师爷建议，干脆放火把两个村子烧得无影无踪！（参葛建初《折狱奇闻》）

可与刑名师爷比肩的，是钱谷师爷。

古代赋税征收一般是"民收民解"，即由民户轮流当差征收。明代税制改革后，实行"官收官解"。这项工作极为繁杂辛苦，需由精明强干的师爷协助长官料理。

据考，钱谷师爷在这方面需要处理的事务有接收交代、奏销钱粮等 60 多项，每项都有可以做手脚的地方。

比如前后任交接时，账册上拖欠赋税者是否属实、钱粮是否被侵蚀贪污，新来者很难一一弄清。前任师爷稍微做点手脚，后任就得吃亏。有的官员离任前，钱谷师爷会用"跌价"的办法诱使百姓提前交税，使后任者"扑空"。

还有账房师爷，手头有一本特别的账簿，记载向各种长官孝敬的份子。按官场惯例，账簿须一任任传递下去。后来形成陋规，后任须得花钱向前任买账簿。有的后任不大了解行情，不愿出钱或出钱不够，前任就会做本假账交手。后任照此份子行礼，结果连累长官莫名其妙丢官！

明清师爷们的这些劣迹，与当时规定由长官自掏腰包给师爷发工资不无关系。

当时州县主官的正俸不过百十两银子，后来的"养廉银"虽然可观，但谁又愿意总是在自己身上割肉？这在客观上给师爷们特权搜刮、贪污受贿开了不当的"正当之门"。故有"任你官清似水，就怕吏滑如油"（《醒世恒言》卷二十）的说法。

从当时情况看，朝廷有时允许包括师爷在内的吏员通过科考转换身份。据说清代名巨郭嵩焘和左宗棠都曾做过师爷后经过科考，获得正途。

绝大多数师爷没有这个水平，或者本就是多次科考的落第者，能从这个通道中上去的实属凤毛麟角！

从整体上看，明清时期包括师爷在内的吏员，缺乏类似元代那样通过"出职"改变身份的上升通道。有人做过一个微型统计，《汉书·循吏传》中的18位良吏中（当时官吏界限不像后世那么分明，良吏就是官员），有11人在郡县衙门当过吏员，占比为60%；到了清代，乾隆二十九年（1764）全国数千名地方官员中，科举出身的占72.5%，捐纳得官的占22.4%，其他途径入仕的占5%左右，包括师爷在内的吏员正式入仕的微乎其微。

如果说，"吏员出职"的意义，在于它开设了官场中身份变换和上升通道的话；"师爷弄权"的教训，就是在制度设计上阻断了官场实际操作阶层的身份变换和上升通道。这就使包括师爷在内的大量吏员仕途无望，不再向上，不再向善，不再向阳，只有浑身"浊流"，为非作歹了。

何以"不为五斗米折腰"

许多人都知道"不为五斗米折腰"的故事。

405 年秋,陶渊明任彭泽县令时,浔阳郡派遣督邮(相当于后世的督察官)刘云检查公务。刘云以凶狠贪婪闻名,每次都要向当地官员索贿。陶渊明一向蔑视功名富贵,不肯趋炎附势,但身在其位,不得不去拜见。起身时,下属劝他穿上官服,束上大带,以示尊重。他长叹道:"吾不能为五斗米折腰,拳拳事乡里小人邪!"(《晋书·陶潜传》)

于是,断然辞官归隐,从此一生再未入仕。

对陶渊明"不为五斗米折腰"的言行,后世有多种解释。对这些不同的解释和评价,我们不去详究。需要探讨的,是"五斗米"以及与此相关的古代官员的俸禄问题。

有人考证,陶渊明所在的东晋时期,县令的年薪是 400 斛(一斛 10 斗)粮食,发放时通常一半粮食,一半折银;如按月发,则为 15 斛粮米,2500 银钱。15 斛粮是 150 斗,分到一月 30 天,刚好一天 5 斗。有人考证,当时 1 斗米约 15 斤,不算另发的银钱,一天收入 5 斗米的官员,应该是高收入了。也有学者认为,5 斗米是月薪而非日薪。即使为月薪,加上银钱,五口之家也勉强过得去。

应该说,陶渊明放着这样的俸禄不要,还真不是瞧不起这五斗米,而是看到当时官场"真风告退,大伪斯兴",宁可舍弃五斗米,也不愿"徒为所污"。

他的"吾不能为五斗米折腰,拳拳事乡里小人邪",与后世李白的"安能摧眉折腰事权贵,使我不得开心颜"有异曲同工之处,反映出古代知识分子正直清廉的品质。

古代官员的俸禄是不是都像陶渊明所处时代那样呢?

大致说来,在封建领主制时期,从天子到各级领主,是无所谓俸禄的。因为那时的国与家是一体的,你拥有或被分封的土地和人口,就是你的俸禄。所谓千里之国、万户之侯,既是权力的大小,也是俸禄的多少。当然,在具体表现形式和索取环节上,可能会有些不同。到了君主专制时期,除了帝王外,其他官员都是帝王雇佣的代理人。因此,也就有了严格意义上的官员俸禄制度。

所谓"俸",通常指钱币,"禄"指谷物。不同时期、不同职级的官员,俸禄的形式和多寡也各不相同。

大体情况是,秦汉至魏晋南北朝,实行秩石制。

秦始皇兼并六国后,统一了度量衡,以"衡"的单位"石"来计量粮食。到了汉代,以"秩"作为官阶等级,以"禄"作为官员的报酬标准,以"石"来表示,如万石、二千石等;官俸则用"量"的单位"斛"来计算,如秩万石月俸三百五十斛等。当时官吏有 30 个左右的秩阶。

从曹魏到明清,实行品级制。三国时曹魏官分九品,但官品与秩石双轨运行。至北魏时,官分九品,品有正从,即九品十八级,同时放弃秩石制而以官品定俸禄。历北齐至隋唐统一,推行于全国,一直沿袭至清末。

有人说,"秩"字拆开来看,禾为五谷,矢为箭头,引申为动态的排序。也可以说,秩石制是以俸禄来定官员等级,品级制则是以官员等级来定俸禄。

无论秩石制还是品级制，俸禄实际上都是按等级领取的。其支付形式主要是实物和货币，辅之以土地和劳动力等。大体而言，开始是实物，继而是钱币，或实物、钱币兼有，后来以银两为主。在实际支付时，则根据国家财政收支、当时物价以及实物折算等情况时有变化。

古代官员的俸禄是高还是低呢？

这是一个不好回答的问题。因为高与低，是要与当时社会经济发展程度及民众收入水平相比较的，而后者的实际情况，我们今天很难了解。

多数学者认为，宋代以前的官员俸禄是比较高的。如汉代，秩万石的官，月俸350斛，百石官16斛。县令通常为600至1000石，每月70至90斛；县长为300至400石，每月40至50斛。有人测算过，当时的县官比今天的县官俸禄要高，因为俸禄可养活的人比今天要多。

官员俸禄最优厚的要数宋代。宋代官员俸禄大体可分为正俸、加俸和职田三大类。月薪最高可达400贯，是汉代的10倍左右。除正俸外，还有各种补贴，地方官则配有大量职田。官员家中仆人的衣食及工钱也由政府出资。有人考证，王安石当宰相，配有100名仆人；包拯任开封府尹时，年薪可能过千万。可见在宋代，做官就意味着发财。

明清时期的官员俸禄，就比较低了。

明代官分为九品十八级，俸禄也据此分为十八等。正一品每年禄米1000石，俸钞300贯，从九品禄米60石，俸钞30贯。后来只给少部分米，其余的折合成钱。有时折算不合理，官员实际收入变得很有限。明宣宗初年，有位叫孔友谅的知县上书说："大小官自折钞外，月不过米二石，不足食数人。上要养老，下要育小，加上送往迎来，实在是拿不出钱来。"（参《日知录·俸禄》）嘉靖三十七年（1558），海瑞出任浙江淳安县令，年工资是90石大米，折算月薪相当于现今的1000多元。海瑞在淳安任上，只能是穿布衣吃糙米。有一次，海瑞母亲过生日，他破天荒地买了两斤肉为母亲祝寿，这消息传到了他上司的上司，即总督胡宗宪耳里，被当作笑话讲给别人听："昨闻海令为母寿，市肉两斤矣！"而海瑞死后，只留下十几两银子，不足办丧事之用。（参《明史·海瑞传》）

清代立国之初，官员的俸禄也很低。在京文武官员每年俸银，一品180两，二品155两，三品130两，四品105两，五品80两，六品60两，七品45两，八品40两，正九品33.1两，从九品31.5两。

京外文官俸银与京官同，但没有禄米。

为什么京官与外官不一样呢？因为官员除了领取国家的俸禄外，都还有自己的收入渠道。其中地方官的生财之道要比京官多，所以一直有"京官贵，外官富"的说法，京官外放就成为许多人向往的事情。

如唐朝的白居易，由翰林学士改任地方官后，客人登门祝贺，他高兴之余，吟诗道："置酒延贺客"，"不复忧空樽。"（唐·白居易《初除户曹喜而言志》）

许多地方官，通过盘剥百姓中饱私囊。同时为求得升迁，往往向京中权贵行贿。京官俸给微薄，也乐得接受外官馈赠，于是形成内外勾结、相互利用的关系。

那么，官员俸禄是高了好还是低了好呢？

一般说来，官员俸禄高一些，日子过得体面了，可能会减少贪腐行为，这样对官员和百姓都是好事，但高出经济发展程度，百姓负担不起，官场也会更加拥挤。

如果俸禄水平偏低，情况也会不妙，甚至更糟。

首先，是会影响官员工作的积极性。官员们会认为，反正就那么一点收入，也就用不着出多大力。腾出时间和精力，干点别的事情，挣点养家糊口的钱，也是理所当然的。

其次，是会辞职不干。尤其是在战乱频仍、经济低迷、俸禄极少甚至全无之时，官员辞职就会成为普遍现象。

最糟糕的是，俸禄水平过于低下，官员生活拮据就会贪腐，殃及百姓。北魏初期官员没有俸禄，就向百姓勒索，弄得民不聊生。明代俸禄过低，使得小官舞弊以救贫，大官贪腐以致富。尤其明中叶以后，官吏贪腐成为司空见惯的事情。当时地方官在征税时，散碎银两改铸大锭中的损耗称"火耗"，粮米翻晒时有"雀耗"，入仓后有"鼠耗"等，统称"耗羡"，均与钱粮正额一体征收。按规定耗羡不得超过正税的 1% ~ 2%，但有的地方甚至增加到 50%。清代康熙帝时，曾有御史上奏说，七品知县每年只有 45 两俸银，每月只有 3 两多，按当时一般生活标准，只可维持五六天，还有 20 多天得饿肚子。如果不取之百姓，势必饥寒。当时的地方官沿袭并扩大明代的陋规，耗羡大量加征，且多入官吏私囊，造成吏治腐败。（参《日知录·俸禄》）

可见，高薪未必能养廉，但低薪一定多出贪官。要想马儿跑，又不添草料，是不行的。

提高官员待遇的办法，有正邪之分。

唐代曾实行官府出面提高创收的办法，即由朝廷拨给京师各衙门一笔基金，叫"公廨本"，由各衙门派专人用这笔钱放贷创收。

结果引发强买强卖，激起民怨。（参《唐会要》）

清朝雍正皇帝的"提火耗、设养廉"，却收到较好效果。雍正帝之前，"火耗"由地方州县长官私征，他们从中贪污，并贿赂上司，导致吏治败坏。雍正帝即位后，把地方州县私自征收的"火耗"银提解到省里，实行规范化管理，再从中拿出一部分回拨给地方官，作为补助。这就是著名的"提火耗、设养廉"。（参清·蒋良骐《东华录·雍正》）

养廉银的数目往往超过正俸的十几倍甚至几十倍，成为官俸的主要部分。如当时从一品的总督，俸银也就180两，而养廉银则有1.5万～2万两，七品县令俸银45两，养廉银为600～1200两，九品芝麻官俸银只有33.1两，而养廉银有数十两到400两不等。

雍正帝时期的官场相对清廉，自然与他的铁腕反腐有关，恐怕也与实施养廉银制度不无关系。

实践证明，官员应该有"不为五斗米折腰"的气节，但也要有可以养家糊口和保持体面的"五斗米"来支撑。

"米"可以有增减，但要做到取舍有度。如此，才能既使百姓负担得起，也使官员有工作的积极性。

身怀利器，杀心自起

美国著名心理学家津巴多曾做过一个"看守与囚犯"的实验。

他从诸多应聘者中挑选出身体健康、智力正常、无心理异常的青年24人，抽签分成"犯人"和"看守"两组，在斯坦福大学心理学系设计的监狱里开始实验。

大家前世无仇，今日无冤，也都知道这是个实验。所以，头一天"看守"和"犯人"相处得友好愉快，但第二天就出现了不愉快。第三天，铁窗内的"犯人"与铁窗外的"看守"发生口角冲突。第四天，冲突升级，"看守"们滥用手中职权，给铁窗内的"犯人"戴上手铐，甚至动武，津巴多出面制止也不行。不到一星期，几乎所有的"犯人"都受了伤，坚决要求"辞职"，津巴多不得不停止实验。（参美·津巴多《路法西效应：好人是如何变成恶魔的》）也就是说，只过了三天，"看守"们便进入"角色"，假戏真做，开始用手中的权力，加害管理对象。

这是为什么？

我们先看另外一则故事。光绪六年（1880），俄国皇太子送给李鸿章一把金质手枪。他爱不释手，经常带在身上。一次外出狩猎，便不由自主想一试身手。但当他望见周围寂静的村庄时，将手缩了回来。幕僚好奇，询问原因。李鸿章回答："这是我想提醒自己，身怀利器，杀心自起，慎而重之。"

李鸿章是晚清三大名臣之一，他与曾国藩、左宗棠一样，都是朝廷重用而又防忌的汉臣。由于他们深受传统儒家修齐治平思想熏陶，在做人为官方面堪称楷模。他能意识到"身怀利器，杀心自起"的危险，并能"慎而重之"，将抽枪的手缩了回来，足见他的思想境界和自制能力非同一般。

大多数职场中人，恐怕很难"身怀利器"时抑制住"杀心"，很难权力在手时"慎而重之"。有这样一句名言："权力是一剂最来劲的春药。"因为权力是春药，一旦服用后，就能使利器在手者自我膨胀，热血沸腾，身不由己，必欲锋利见血方可。利器越锋利，魔性越玄奥，越有神秘力量驱使人们去做些越轨的事情。

中东"茉莉花"运动和叙利亚暴乱中，青少年反叛者大都为了图一快而恶意参与其中。这些完全失去理智的狂人，抱着冲锋枪机关炮乱射，不管目标是什么，"扫射"这个动作本身，就是一种快意行为。

这一切，恐怕与人性有关。

对于人性是善是恶，古今中外众说纷纭。就中国而言，大致儒家主性善，法家主性恶。此外，还有无善无恶、有善有恶，以及性三品等说法，而且都有充分的事例，以证明自己主张的正确。比如，主张性善论的孟子，就以人都有恻隐、羞恶、辞让、是非之心为例，证明人性本善；而主张性恶论的韩非等人，则举出从孩提到老翁，乃至父子兄弟之间自私自利和相互残害的例子，证明其学说的正确。

那么，人性究竟是善还是恶呢？

恩格斯在《反杜林论》中说："人来源于动物这一事实，已经决定人永远不能完全摆脱兽性。所以问题永远只能在于摆脱得多些少些，在于兽性或人性程度上的差异。"

问题在于，如何才能使人多些善行、少些恶行，或者说多些人性、少些兽性呢？性善论强调道德修养，性恶论主张严刑峻法。前者主张以德治国，后者主张以法治国。实际情况是，谁也不是单纯地以德或法来治理，而是二者结合。用当年汉宣帝的话说，就是"霸王道杂之"（《汉书·元帝纪》）。

但为什么古今中外的国家治理情况却大不一样呢？

奥妙在于，在什么时候，对什么人，用什么办法，是大有讲究的。

一般说来，在乱世或社会转型时期，要少讲道德，多讲法律。因为在通常情况下，道德比法律要求高，且缺乏强制性。乱世或转型时期，用底线思维和强制手段，才能既维持基本秩序，又释放社会活力，实现平稳过渡。

在正常社会状态下，可以德法并重，但德也不宜提得过高。因为在多数人做不到的道德标杆面前，人们只能靠"装"。久而久之，难免出现道德全面滑坡、法纪荡然无存的状况。

以儒家思想为指导的历代统治者，大都重视对官员的道德教育和警示。成型于宋代的官箴"尔俸尔禄，民脂民膏；下民易虐，上天难欺"（宋·张唐英《蜀梼杌》），被刻在石头上，遍布于各级衙门口。但各级衙门的贪官污吏，仍遍布天下。

历史经验表明，对手握权力的官员，必须以严格的法律加以约束。因为他们"身怀利器"，稍有不慎不严，就会产生杀心，伤及无辜，甚或至亲。

人们常说"虎毒不食子"，但"权力面前无父子"。

后赵皇帝石虎曾说："我实在弄不懂司马家为什么互相残杀？

像我们石家，要说我会杀我的儿孙，简直不可思议。"不料，后来长子石宣逼宫。石虎将儿子五花大绑，先拔掉头发，再割掉舌头，然后砍断手足，剜去眼睛，放在柴堆上烧死。石宣的幼子才5岁，做爷爷的石虎十分疼爱，老泪纵横地抱在怀中。当行刑官来时，尽管孩子不肯松手，以至衣带都被拉断，石虎最终还是让孙子跟其父去了。（参《资治通鉴·晋纪》）在石虎眼中，权力面前不仅无父子，连爷孙也没有！

至于因权力"利器"不受限制而导致的种种腐败行为，在集权专制国家更是司空见惯。伊拉克原总统萨达姆，洗手间的坐便器都用黄金做成。在放松国际制裁后的进口申请单中，有女人隆胸用的硅胶、西方的吸脂器等奢侈品，唯独没有儿童急需的抗生素！

欧洲文艺复兴时期，启蒙思想家们开始剖析权力本质。英国历史学家阿克顿勋爵的结论是："权力，不管它是宗教的还是世俗的，都是一种堕落的、无耻的和腐败的力量。"他的另一简洁明快的表述是："权力趋向腐败，绝对权力绝对腐败。"（英·阿克顿《自由与权力》）

这就是现代国家普遍接受的"权力腐败论"。

这个理论的实质是告诫人们，不要高估当权者的个人德行，要时刻警惕和防范他们"身怀利器"时"杀心自起"。无论对国家还是当权者个人，这样做都是有好处的。

民愚则官凶

这是一则真实的故事。

一个农妇提着一篮鸡蛋去赶集。走到山路的弯道上时，被一个男子拦住。农妇十分紧张，不知道他要干什么。男子恶狠狠地叫她把手中的篮子搁下，她有些舍不得，但又不敢不听。当她放下篮子后，那男子一下子扑过来，将她按倒在地强暴了。事毕，男子扬长而去。

农妇起身来，拍拍衣服上的灰尘，提起篮子，见鸡蛋完好无损，不无满足地说："哼，我还当你要抢我的鸡蛋呢！"

在这个农妇眼中，一篮鸡蛋比她的贞操还重要。

类似的事例，在贫穷落后的地方并不罕见。尤其在一些偏远封闭的山区，更是如此。有个故事说，几个穷人在一块聊天，不知道皇帝的日子是怎么过的。其中一个富有想象力的穷人说："皇帝整天拿着金斧头砍柴！"对他们而言，砍柴就是一个人全部生活所在，而能用金斧头砍柴就是他们的最高理想了。

由于贫穷愚昧，使得人们只追求最低端的物质需求，不知道除此之外，还有什么人生需求和人身权利需要满足和维护。对于官府的胡作非为，加在他们身上的种种盘剥和虐待，他们也会觉得天经地义，逆来顺受。

因为在传统社会中，最大的必需品，莫过于被统治。

汉代的一幅画像石中，官老爷挥舞着鞭子，痛打一个奴才，而奴才竟是满脸幸福，没有丝毫愤怒。这不由得使人们想起鲁迅在《阿Q正传》中，描写阿Q挨了赵太爷耳光后，还表现出兴高采烈的样子来！

经常被村官欺负的王某家的韭菜，被人偷偷割走了。王某在别人怂恿下骂了几句，但他没想到，韭菜是被保长老婆割走的。他知道后非常害怕："唉，她咋不说一声呢！她要说一声，我给她割了送去嘛！"当保长上门认错赔钱时，王某吓坏了，不仅不敢要钱，最后还病倒了，半夜常做噩梦，言语颠三倒四。医生弄明原因后，出点子让王某的老婆去找保长，让保长训斥他一顿，兴许病就好了。在王某老婆再三哀求下，保长到家来把王某臭骂了一顿。果然，王某心病除了，病也很快好了。

不少民众对腐败的义愤填膺，其实不是真的痛恨腐败，也不是心痛国家财富的损失，多半是觉得世道太不"公平"：人家怎么能弄那么多，而我却不能"分一杯羹"？只要有条件和机会，都会趁机捞一把。反正不管谁拿，都是"拿大家"。既然是"拿大家"，索性"大家拿"。不拿白不拿！区别在于大拿与小拿而已。

当一个社会处在腐败是个别现象时，腐败分子是众矢之的。一旦被查处时，本人可能有无地自容的羞愧感；而当腐败是普遍现象时，腐败分子就不会觉得有什么难为情，有的甚至可能成为人们羡慕的对象。当一个能干也能贪的官员，为人再"大方"一些，仗义一点，出事后甚至还会引来不少同情。

《水浒传》中宋江杀惜的故事，可以印证这一点。

宋江给晁盖等通风报信，放跑了劫取生辰冈的嫌犯。晁盖为了感谢宋江，给他送来密信和大锭金子。宋江的姘头阎婆惜发现了这个秘密，此时她正和宋江的同僚张三私通，便借机要挟宋江，要和张三正大光明地来往，并不肯交出密信。两人争执起来，宋江一怒之下杀了阎婆惜。

按说，杀人偿命、欠债还钱，是天经地义的事情。但实际情况相反，县城上上下下，从知县到捕快，从官员到平头百姓唐牛儿，都明里暗里偏袒宋江。一桩天大的命案，最后不了了之。

说"天大"，是因为宋江还涉嫌"通匪"。

书中说宋江平时仗义疏财，人缘极佳。但他仗义疏的财，是从哪里来的？就凭他那点工资，能把上上下下全都摆平？整个事件中，人情大于国法，在人情、利益和江湖义气面前，人命算不了什么！每个与宋江利益相关者，都为此做出了"贡献"，并且得到当时社会主流价值观的认可。

可以说，自古以来，官府的压迫剥削，与民众的痛苦贫穷是对立的，但与民众的愚昧无知又是统一的。

人们常说，有什么样的官府，就有什么样的百姓。反过来，有什么样的百姓，也就有什么样的官府。历史上，二者往往是互为因果的。

民国时有的地方试行民选官员，一些人说，提两个候选人让大家投票选举，是上司怕得罪人，让我们替他得罪人。有人干脆弃权：你不替我们做主，我们也不替你做主！

既然不愿或不敢做主，就只有为奴了！

"考公热"的冷思考

　　有人曾把古代的科举考试与当今的大学招考相提并论，其实不然。科举考试是招考官员，而大学考试是招录大学生。虽然科举考试后来分几级，有秀才、举人和进士等区别，也有逐级深造的意思，但目标很明确，就是"学成文武艺，货于帝王家"，要获得入仕当官的资格；而现代教育的逐级升学考试，目的并非都是进入官场。

　　在传统中国社会中，学子们大都为通过科举考试而竭尽全力。有的一举成名，年纪轻轻就进入仕途；有的屡试屡败，甚至到了七老八十仍不肯放弃，真是学到老，考到老。每到科考之时，全国各地的考生不分退迩，迁赴考场。放榜之时，万众瞩目，考生及其亲属，更是心胆不宁。榜上有名者，兴高采烈，欢呼雀跃，甚至兴奋过度如范进中举般变为"失心疯"；名落孙山者，则灰头土脸，无颜见人，甚至一蹶不振，了断此生！自从科举制度登上历史舞台之后，这样的人生悲喜剧一再上演。

　　这种状况不难理解。在传统社会中，有"万般皆下品，唯有读书高"的说法，而"读书高"的原因，在于可以当官。如果当不了官，书读得再多，也不过是一介书生，"高"不到哪里去。只有当了官，才可高居于百姓之上，摆出官威官势，拿起官腔官调。正如清代蒲松龄所说："出则舆马，入则高坐；堂上一呼，堂下百诺；见者侧目而视，侧足而立，此名曰官。"(《聊斋志异·夜叉国》)这种耀武扬威、出人头地的做派，恐怕是一些人科考入仕的主要动力。

与古代科考相同的，是近代以来世界范围的公务员招考。二者的目标，都是通过考试招录合格的政府官员。

发达国家的考公起初也很热，后来逐渐平淡，在社会上引不起太大波澜。而中国的考公，则一直热度不减。几乎每年都有上百万以高校毕业生为主体的考生参加"公考"。由于参加人数众多，录取率通常在50∶1左右，有时为80∶1。少数竞争激烈的岗位，甚至达到5000∶1。其难度远超高考，也远超考研，但报考人数仍还是只增不减。其中有不少人屡败屡战，为进入公务员队伍而不懈奋斗。

这是为什么？

考公是高校毕业生就业的一个理想渠道，尤其是在经济不景气、其他就业门路收窄等情况下，更是如此。

随着相关制度的健全完善，公考的标准、程序、方法等越来越规范，具有公开、公平、公正的特点。

对于高校毕业生而言，报考门槛也不高，不管能否入门，不妨一试。最重要的是，与其他职业相比，公务员具有明显的好处。

比如，工作相对稳定，很少有被"炒鱿鱼"的危险，在当下的中国，是为数不多的"铁饭碗"之一。合法收入不算太高，但旱涝保收，足以养家糊口；实际社会地位较高，可以满足交往中的"面子"需求。大大小小的不同岗位，都有一些实际权力，可以用来办成在其他职业岗位上不好办和办不成的事，等等。

一个老实巴交的农民对儿子说："只要你考上公务员，老子在村里就不受气了。"这句话中，隐含了至少两层意思：其一，当了公务员就高人一等，可以使家人不受欺负；其二，现实社会中恃强凌弱的不公平现象，与公务员享有种种特权不无关系。

有人说，中国长期的官僚政治，给予做官的人和准备做官的人，乃至从官场退出的人，以种种社会经济的实利，或种种虽无明文规定，但却是十分实在的特权。当官不仅可以给本人带来诸多好处，也可以给你的亲朋好友带来好处，即所谓"一人得道，鸡犬升天"。总之，进也好，退也好，都只是为了八个字："光宗耀祖，升官发财。"（王亚南《中国官僚政治研究》）

正因为如此，人们习惯于按"官本位"的方式看待一切。所谓"官本位"，就是用有没有做官和官职大小，去衡量一个人的社会地位和价值。它最早出现在20世纪80年代，从经济学名词"金本位"化用而来。由于它形象准确地描述了一种社会普遍存在的价值观，被人们所认可。

电影《南征北战》中有一个情节，一位大娘几年未见高连长了，当别人介绍说他已经是营长时，老人家高兴地说："噢，又进步了！"把一个人的升官说成是"进步了"，反之就是没有进步。一个乡下大娘都是这种看法，可见这种看法已成为全民的价值观了。

德国的权力意志哲学家尼采认为，权力比美色对动物的吸引力更大。注意，他说的是动物。其实，人和动物在本性上又何尝不相通呢。

武则天用酷吏治官，杀人无数。有人担心会无人再敢当官了。她笑着说，你看那一个个"飞蛾投火"的情景！意思是只要诱惑在，不愁没人来！（参《资治通鉴·唐纪》）

李宝嘉的《官场现形记》中，描写一个做官上瘾的人，临死躺在床上，还想过官瘾，不肯咽气。于是两个副官站在房门口，拿出名片来，一个副官念道："某某大员驾到！"另一个念道："老爷欠安，挡驾！"他这才心满意足地去了另一个世界！

当今相当多的精英人士，对社会中各种特权与不公，说起来也是义愤填膺，但他们拼命奋斗的目标，不是要改变这种现象，而是要使自己挤进那个可以享受特权的圈子中去，从而成为不再遭受不公待遇的"人上人"。

在这些年高压震慑、铁腕反腐风暴中，众多"老虎"和"苍蝇"纷纷落网，但成千上万莘莘学子的"考公"热度，仍有增无减。其中一个重要原因，恐怕也在于此。

现代民主法治国家，大都经历过一个社会的"平权"运动，使传统的官民鸿沟大体得以填平。加之社会多元化发展，人们不必都去挤官场。

在传统社会中，由于缺乏这样一个过程，官场特权依旧严重，人们自然都要去挤官场。只是，当一个国家的优秀青年都去挤官场，这个国家的经济发展与社会进步就十分堪忧了。

有道之主不求清

战国时期的韩非子说："有道之主，不求清洁之吏。"(《韩非子·八说》)这有点令人费解，谁不喜欢清官？何况还是"有道之主"呢！

有人编撰了北周时期大臣苏绰与开国皇帝宇文泰之间的一段对话，内容十分精彩。其中结论性的四句话是："用贪官以结其忠，弃贪官以肃异己，杀大贪以平民愤，没其财以充宫用。"(《北史》相关纪传）这四句话，把传统社会中帝王既反贪又用贪的心理剖析得淋漓尽致。

历史上，凡读懂帝王心术的文臣武将，都会做出贪腐状，安慰圣心，保全自己。

武将中，比较典型的有王翦。

公元前 225 年，李信伐楚战败，秦王嬴政大怒。伐楚前，嬴政问过二人灭楚要用多少兵力。李信说："20 万人就够了！"王翦说："至少 60 万！"嬴政听了李信的话，结果败了。

嬴政不得已，只能再去找王翦。当时王翦已告病在家。嬴政亲自去探望，说："我后悔没有听你的话，李信果然战败了，难道你就忍心不理我吗？"王翦坚持说自己有病，不能挂帅出征。嬴政跟他打马虎眼："行了行了，你别推辞了，就这么定了！"王翦说："一定要用我的话，那就必须派 60 万人。"嬴政表示同意。

于是王翦率领60万秦军伐楚，嬴政亲自为他送行。王翦趁机说："请大王赏赐一些田地宅子给我！"嬴政说："你只管去打仗吧，还怕会穷吗？"王翦说："我们这些人，就算功劳再大也不能封侯。所以趁着大王还喜欢的时候，要些赏赐，也是为子孙们打算而已。"

嬴政哈哈大笑，答应了他。

王翦大军到达武关时，又派人回去，向嬴政请求赏赐。

身边人说："这样不断要赏赐，是不是太过分了？"王翦说："你不懂，大王性格多疑，这次几乎把全国的兵力都交到我手里，是不放心的。我请求赏赐，不过是告诉他，我只想跟子孙共享天伦，没什么异心。"（参《资治通鉴·秦纪》）

王翦可谓参透嬴政心，善于保自身。

文臣中，则有萧何。

汉初，黥布反叛，刘邦亲率大军出征，留萧何看家。刘邦在前方，几次派使者问萧何在做什么，萧何答安抚百姓。萧何见皇上这样关心自己，很是得意。后来手下有人提醒才恍然大悟，知道刘邦担心他位高权重，深得民心，恐有异志。于是故意用低价强买民宅民田，惹得百姓们跑到刘邦跟前告状。刘邦果然非常高兴，笑着对萧何说："当相国的竟然侵夺百姓财产，为自己谋利！"并把百姓的控告信全部交给他："你自己去向人家谢罪吧！"（参《史记·萧相国世家》）

也有帝王为了江山稳固，主动劝臣下腐败的。

北宋初年，赵匡胤发动陈桥兵变。黄袍加身后的一个晚上，他准备了一席丰盛的晚宴，把石守信等几个手握重兵的将领请到一起，饮酒欢歌。酒过三巡之后，赵匡胤突然屏退左右，对石守信等人说："诸位爱卿，如果没有你们的帮助，我哪里有今天？因此，我对你们感激不尽。不过这天子也并不是怎么好做的，还不如节度使快乐些。从登基到现在，我还没睡过一个安稳觉。"

石守信等人忙问缘由，赵匡胤说："这还不明白？我这个天子的位置，谁不想坐？"诸位将领听后大惊失色，忙问："现在天命已定，谁还敢有异心？"赵匡胤说："你们虽然没有异心，怎奈你们部下会有些贪图富贵的人。如果有一天，他们也把黄袍加在你身上，难道还容许你说不吗？"将领们听罢，一起跪倒顿首说："我们没有想到这些，请陛下给指示一条生路！"

赵匡胤说："人生就好像白驹过隙，转眼即逝。人们所追求的不过是多积金钱，吃喝玩乐，再替子孙攒下些家业，让他们过上好日子罢了。你们何不放弃兵权，选些好的田宅，替子孙们置下百世产业，多弄些歌儿舞女，天天饮酒作乐，岂不快哉！我再同你们结成儿女亲家，君臣之间，两无猜忌，上下相安，以终天年，不是很好吗？"见皇上交代得如此明白具体，次日，石守信等都上表称病，求解兵权。（参《宋史·石守信传》）

赵匡胤的"杯酒释兵权"，史称政治家的大智慧。其实质就是以钱换权，用政治赎买之法鼓励臣子腐败，消弭其过分的"大志"，以确保皇帝大权在握，不生变故。

在传统社会中，即使有个真的想反腐的"有道之主"，结果也会不尽如人意，甚至适得其反。

明朝的朱元璋出身贫寒，早年饱受元朝贪官污吏压榨欺凌之苦，对贪腐有着刻骨仇恨。登上九五之尊后，他颁布了《大明律》《大诰》等法规律令，规定对贪污者的处罚标准和方式，严到即使私下收受一件衣服、一双袜子、一条头巾、几本书，也算犯罪。为了震慑贪腐，实施凌迟、枭首示众、弃市、文面、剥皮、割鼻、阉割、挑膝盖等酷刑。其中最具创意的是剥皮揎草，即把贪官的人皮剥下来，里面塞满草，然后放置在衙门的办公桌旁，用来震慑那些心存贪腐之念的继任官吏。

朱元璋十分重视思想教育工作，先后颁布了《资世通训》《臣戒录》《醒贪简要录》等文件，既动之以刑，又晓之以情，苦口婆心地告诫官员要安分守己，不可贪赃枉法。

此外他还建立了完善的监督机构，利用都察院和特务机构监督官员，网眼之密、效率之高，史上罕见。

在这种环境中为官，可谓如临深渊、如履薄冰。据说当时的京官，每天清早入朝必与家人诀别，安排后事，到晚上平安回来，便举家庆贺，侥幸又活过了一天。

令人不解的是，这样的铁腕高压、这样的苦口婆心、这样的天罗地网、这样的严刑峻罚，也没有真正阻挡住前"腐"后继的步伐。

有人估算，在朱元璋当政的 31 年中，大约有 10 万到 15 万贪官被杀，仅在有名的"空印案"和"郭桓案"中，就有数万人头落地。洪武十九年（1386），发榜派官 364 人，都是进士、监生出身，结果 6 人被杀，358 人被判刑，无一人不贪！

很多罪犯被押到大堂上受审时，发现审讯自己的州县大人，竟然也戴着镣铐，背后还有人监视！因为有时无官可用，就只能暂且用已捉拿到案的贪官来审贪官！

难怪朱元璋发出这样的感慨："吾欲取贪官污吏，奈何朝杀而暮犯！"（明·刘辰《国初事迹》）

朱元璋到他死后，人亡政息。贪腐现象强烈反弹，大明朝也成

为史上最黑暗腐败的朝代之一。用鲁迅的话说，则是："大明一朝，以剥皮始，以剥皮终。"（鲁迅《且介亭杂文·病后杂谈》）

这是为什么？之所以如此，在于朱元璋的反腐做法，问题不少。

最主要的是，以法治之名行人治之实。朱元璋制定的律法，以维护专制皇权为目的。在如何惩治贪官污吏时，以皇帝个人的好恶为准，往往突破法律条文。朱元璋本人能以铁腕作风对腐败形成高压态势。他归天之后，子孙中能有如此天威者不多，能恪守祖宗律法者更少，反腐力度便逐代递减。明朝的吏治，也因此步入下坡路。

其次是，以君子之道行奴才之役。朱元璋表面上要求官员做清廉君子，但在内心深处，却把所有官吏都当成窃贼奸贪提防，当成奴才走狗使唤，使官员失去起码的人格和尊严。而明朝的低薪制，又低到匪夷所思的程度，这等于把大多数人逼成了贪官污吏。

再有是，有监督却无制衡之道。朱元璋通过都察院、锦衣卫、东厂西厂等监察和特务机构，对天下官员实施无以复加的监控，但这些机构都要唯皇命是从。说到底，千双眼还是一双眼，万只手还是一只手。主观上难免偏三向四，客观上必然挂一漏万。

因为有"重"而无"必"，不能真正遏制腐败。实践证明，用专制独裁的方式反腐，无异于"缘木求鱼"。因为解决问题的方式，正是产生问题的根源。在贪腐遍地的情况下，如此反腐可能基本上不会有冤假错案，但也基本上没有公平正义。

到了清代，雍正皇帝则干脆把那些"操守虽清"却不太听话的儒臣，斥为"洁己沽誉"的"巧宦"，甚至认为他们比贪官还坏。他曾直言："贪官之弊易除，清官之弊难除。"（清·蒋良骐《东华录》）因为贪官贪的是利，有把柄在君主手中，不敢不听话；而清官贪的是名，不听话，还不好收拾。他在位时，宁用操守平常的能吏，也不用因循废事的清官。

乾隆帝登基后，照样不容忍臣子以气节操守获取清名。他执政的中后期，官僚士大夫不再以清廉品节相尚，埋下官场风气渐衰的隐患。

可见，在传统体制下，对于帝王而言，吏治之清是个既做不到的事情，也是个不想真的去做的事情。

"立党为公"与"结党营私"

党，在古汉语中是个多义词。

作为名词，它有"同类"的意思。在《周礼》中，它是户口编制单位，通常以五百家为一"党"。作为形容词，它有"不鲜明"的意思。"党"字在古汉语中写作"黨"，字形是上下结构的"尚黑"。作为动词，它有"偏私偏袒"的意思。与党相关的词如"朋党""乱党""死党""结党营私""党同伐异""狐群狗党"等，几乎都是贬义词。

故而在古代职场中，历来强调"君子不党"。

孔子就说过："君子矜而不争，群而不党。"（《论语·卫灵公》）就是说君子庄重而不与别人争执，合群而不结党。《尚书·洪范》中还说"无偏无党，王道荡荡"。

自古以来，职场中的党派林立却是普遍现象。西汉有外戚和宦官结党作怪，东汉有党锢之祸，魏晋南北朝有士族门阀结党营私，唐代有牛李党争，宋有蜀党、洛党和朔党，明有东林党，清有帝党和后党等。这只是其中荦荦大者。

为什么职场中的党派不绝如缕呢？

"物以类聚，人以群分。"人在社会之中，有亲戚关系、乡党关系、同学关系、师生关系、同志关系等，这些关系构成人的社会属性，同时也是人的社会资源。人们在这些社会关系之中，既相互依存利用，又相互争斗伤害。古今中外，概莫能外。

职场中的人也是人。相对于职场之外的社会而言，职场中人的生存和发展意识更强，因各种缘故而结党，是必然现象。于是，无论处庙堂之高，还是江湖之远，都能见到人们在忙着拉帮结派。他们就像一个个勤勉的蜘蛛，织造着可以利用的网络。网络越大越坚韧，捕获也就越多。

史载唐朝元和年间，崔群出任科举考试主考官，录取进士30人。平日里，崔夫人常劝丈夫置办庄田，作为子孙将来的生计。崔群说："我有30所美庄，良田遍天下，夫人还有何担忧？"夫人说："从没听说你有这么大的家业呀！"崔群笑答："我前几年考录了30名进士，这还不是最好的良田吗？"（参唐·李冗《独异志》）

他把自己的学生比作"良田"，形象地反映出其中的利益关系。连整天饱读圣贤经典的先生和学生们，也要以利益为纽带结党，遑论他人！

其实，除了经济利益外，最要紧的还是政治上的结盟。历代无论是宫廷政变还是社会动乱，都或多或少有党派的因素。作为最高执政者的帝王对此十分警惕。

史载唐朝的皇帝就曾在科举考试中，亲自主持面试即殿试。其中一个重要原因，就是把进士由主考官的"门生"，变成"天子门生"。到北宋初年，宋太祖明确下诏：国家科举取士，是为了公职选择人才。中举之人，既然由国家录用，岂能到私室即主考官那里去谢恩？今后所有中举之人，不得随意去拜见主考官。另外，考生今后不得把主考官称为"恩门""师门"，也不得自称"门生"。（参《文献通考·选举》）

清代县学的明伦堂大都立有一块石碑，上有几条禁令，其中之一就是"不得立盟结社"。

那么，是不是结党就一定是坏事呢？不一定。

宋代的欧阳修写过一篇天下闻名的《朋党论》。文章义正词严，气壮山河。大意是：朋党自古就有，应做具体分析。小人之间，是以同利为朋，利尽则交疏。君子之间，是以同道为朋，同心而共济。小人之间的朋党是有害的、虚假的，也是不能持久的。君子之间的朋党，是对国家有利的、真实的，也是可以长久的。所以做君主的，只要能斥退小人的假朋党，进用君子的真朋党，那么天下就可以安定了。

欧阳修的说法不无道理。

问题是，古今中外，有谁能弄得清楚，官员们是立党为公还是结党营私呢？因为立党为公与结党营私之间，并无科学标准和绝对界限。因为公与私是一个相对概念。

清朝的雍正皇帝也曾撰写《朋党论》，驳斥欧阳修的"俗儒陋见"，宣称凡为人臣者，只能是一心一意效忠皇上，绝不可私下交结，并威胁说："朋党小人，君主必诛！"

在传统政治体制下，最高统治者对这个问题的态度，其实大都是暧昧和折中的。党的早期领导人陈独秀曾坦言："党外无党，帝王思想；党内无派，千奇百怪。"意思很清楚，党派是不可避免的客观存在。

历代帝王，一方面担心臣下结党，对自己的地位构成威胁；另一方面为了控制朝政，又会有意无意地使臣子们鹬蚌相争，独享渔翁之利。

当然，任何君主都不会允许长久的一党独大。不管是谁，只要触碰到这条底线，那是一定要被剪除掉的。如果碰上个无能的君主，或者王朝到了日薄西山之时，则会出现帝王难以驾驭的朋党之争，最终大家同归于尽。当年的唐文宗面对剪不断、理还乱的牛李党争，就曾十分无奈地说："去河北贼不难，去此朋党实难。"（宋·王谠《唐语林》）意思是平定北方的割据藩镇不难，但要消除朝中的朋党不易。可以说，唐朝亡于藩镇割据，也亡于朋党之争。

作为最高统治者，帝王是否就没有属于自己的党派呢？

不是的。所谓"帝王思想"是"党外无党"，就说明帝王还是有自己的党派的。否则，何以谈"党外无党"？

帝王的党，通常就是帝王身边与之休戚与共的人。

鲁迅先生发现中国历史上有个"围住规律"，也有人叫"包围定律"。意思是，但凡"猛人"，身边便总有几个围住的人，围得水泄不通。结果使该猛人逐步变糊涂，有近乎傀儡的趋势。我国之所以永是走老路，原因即在"围住"。（参鲁迅《而已集·扣丝杂感》）

用现代物理学原理来形容，就好比将一块磁铁投入沙堆中，其外表便会粘上铁屑。磁铁招引铁屑是由于存在磁场。职场中，围绕权力，也有一个看不见的"权场"。各种意有所图的人都会在"权场"中向着权力核心做定向移动，所以就有了"围住"。权力越大，"围住"就越厚。

在所有"猛人"和"磁铁"之中，帝王无疑是最大的"猛人"和磁性最强的"磁铁"。而围猎者中，不乏权臣小人。秦朝有"指鹿为马"的赵高，唐朝有"口蜜腹剑"的李林甫，宋朝有祸国殃民的高俅，明朝有奸佞宠臣严嵩，清朝有贪得无厌的和珅，等等。一个王朝的最终覆灭，与此有极大关系。

制约比监督更重要

制约和监督都是对权力的控制。一般说来，制约之中有监督，监督之中也有制约。但二者又有本质的不同。

简单说，制约是以预防为主，即通过分权制衡，把权力关进制度的笼子里，使之不能为所欲为；监督则是以查处为主，通常是在出了问题后，再来惩戒。

用医学语言说，制约是"治未病"，它有利于维护体制清廉和稳定，但可能造成效率损失；监督是"治已病"，因为权力行使较少制约，可能有较高的效率，但容易产生腐败和监督者不受监督等问题。

因为缺乏制约的监督，实际上是一种同体监督。其特点就是，监督者与被监督者是利益共同体。在多数情况下，他们需要相互包容，因而产生"医不自治"的情况。一些贪官之所以能屡屡得逞，甚至肆无忌惮，或者查来查去，拿不到什么实证，或多或少与同体监督的体制有关。

历史上被查处的贪官有不少是边腐边升的。被查处后，才发现作案时间之长、涉案钱物之多，令人瞠目结舌。有人因而发出疑问：如此这般，监察机关早干吗去了？

回答是，在同体监督的传统集权体制下，要么"看不见"，要么"够不着"，要么"下不了手"。

在这种权力结构中，主官既能以自身权力保一个官员，也能以反腐名义整一个官员，结果必然导致政治领域的人身依附。主官是流动的，于是人身依附的成本又变得很高。这一官场生态链形成后，"保护"和"孝敬"就成为官场实际盛行的潜规则。

这种腐败比较普遍，却难以查处，难以根治。

自古以来的解决办法，就是强化监督。

秦汉以来，从中央到地方的各种监察、巡察机构非常严密，对事权的分割和防控无处不在。帝王们的疑人之心与防人之术，体现于其中。但尽管如此，收效不大。

因为中国古代的各种监察机构及其官员，具有明显的御用性质。虽然也有一些敢言直谏之人，如唐代魏徵这样敢于"批逆鳞"的官员，也有一些政治相对清明之时，如"文景之治""贞观之治"，但在多数情况下，高居于监察制度之上的皇帝，实际上处于无人监督的位置，只能靠个人理性来约束自己。这种制度设计，既不能保证皇帝本人不犯错误，更不能保证皇帝始终如一地维护监察制度的正常运行。

从历史上的情况看，通常是腐败过于严重，危及政治安全时，最高统治者才会大动干戈，整肃吏治；一旦觉得危机解除，就很少再出手了，而当在位者大都属自己一手提拔上来的人时，更是难以下手。因为毕竟是一家人，要尽量避免伤筋动骨，弄不好还会"拔出萝卜带出泥"的。

虽然有时也提倡"大义灭亲"，但人们心里明白，能灭亲者，亦能灭君；不守底线者，也就敢碰红线。从讲政治的角度来看，"大义灭亲"是大局意识，"亲亲相隐"也是大局意识。关键是看用在什么时候和什么人身上了。

人们赞赏"壮士断腕"者，但古今中外，真正能做到"断腕"的壮士能有几人？这也正是传统政治中，腐败无法遏制的主要原因。

还以治病来说，小病有时可以自治或自愈，但大病必须由外力即专业的医生来诊治。

现代法治国家，用严格的分权制衡，把权力关进了制度的笼子里，使传统的权力从以监督为主变成以权力制约为主，因而腐败发生率就低了下来。

实践证明，分权制衡，才能预防腐败；利害相冲，才能有效监督。这是不二选择。

"回避"不了的问题

用任职回避防止官员腐败,是一项重要的制度安排。

在古代领主制下,基本上是地方自治,官员世袭,不需要回避。而君主制下,帝王任命官员,官员给帝王打工。帝王对官员的忠诚度和廉洁度是不放心的,则需要回避。

第一个君主专制的秦帝国,时间过短,回避制度尚未形成。作为一项制度,官员任职回避大概始于汉代。起初实行籍贯回避,除了需要回避本籍之外,婚姻之家还须互相回避对方的原籍,两州人士也不得对相监临,即不能甲到乙地,乙到甲地。其后,禁忌更为严密,甚至制定所谓的"三互法",即若甲州人士在乙州为官,乙州人士在丙州为官,则丙州人士对甲、乙、丙三州均需回避。由于这种交叉回避过于严密,一度造成官员选用困难的局面。史载当时全国13个州中,就有11个州的人士不得担任幽、冀二州的长官。(参《后汉书·蔡邕传》)

汉以后的历代,都有官员任职回避制度。查阅各地的方志类史籍不难发现,古代县级以上的行政主官,基本上都是异地任职。有的跨度还很大,从东到西,由南到北。俗语有"千里来做官,为了吃和穿",其实反之亦然,也可以说,"为了吃和穿,千里来做官"。

"流水不腐,户枢不蠹。"传统中国是个人情社会,人情与关系在权力运行中影响仍然很大。回避制度对防止腐败和历练官员,的确有一定作用。外来者在任职地少有亲朋故旧，做事少牵连，看事更清楚，若本身的定力过硬，是可以干成一些事情的。但仅仅依靠回避交流和权力调度，无法将一个地方的行政权力约束在善治范围内，也是事实。

传统的君主专制体制下，素有"一朝天子一朝臣"的说法和做法。尽管是"父死子继"和"兄终弟及"的家天下，但新皇登基后，还是要大批撤换官员，以确保官员对自己绝对忠诚。有些刚上任一年半载甚至一两个月的官员，又很快被调整，形成走马灯似的人事变动。

流水般的变来变去，使官员在短期内不易做坏事，但也无法做好事。因为他们刚熟悉情况，甚至连情况也没弄清，就又被调走了。俗话说"为官一任，造福一方"，但就那么点时间，能做到"雨过地皮湿"就不错了。不少人恐怕连地皮都湿不了，就随风飘了。因为有"随时走人"的心理，许多人不重视基础性、长远性的工作，追求一些短期的、虚假的政绩，给当地百姓造成后患。

异地为官会弱化官员的身份认同和道义责任。少了成长地百姓的监督，少了家庭和道德方面的约束，一些官员的贪腐行为可能会变得更加肆无忌惮。不少人还实行利益置换，也就是你在那里照顾我的亲朋，我在这里照顾你的好友，使腐败行为更加隐蔽，徒增查处的难度和成本。

一个官员到了人生地不熟的地方，难免要使用和培植自己的跟班和亲信，这就容易与当地官吏形成官场的"窝里斗"。有时，这种地域性的内斗，会严重影响官场的正常运转，给当地百姓造成灾难性后果。

那些手握用人大权的高官，还可以通过回避交流，将那些德才不行的亲信提拔到异地当官。这就给营私舞弊者提供了可以操作的合法渠道。

在传统社会中，官员的回避交流通常是这样一个怪圈：因为没有民主选举和权力制衡，所以要实行官员任职的回避交流制度；因为实行官员回避交流制度，又稀释了民主选举和权力制衡的必要和实效。传统政治向现代政治的转型，也因之而步履艰难。

只有到了成熟的市场经济时期，人们自由流动，随遇而安，基本脱离了传统的血缘和地缘关系。地方亲民官必须对当地情况熟悉，并由当地公民选举任职才行。这时，不怕官员是当地人，唯恐官员不是当地人。因为是当地人，才可能热心为当地人民服务，并利于当地人民监督。

正是在这一意义上，民主化意味着本土化。同理，本土化必须民主化。当然，前提是权力受到法律制约。

这是一个无论如何也回避不了的问题。

"舆论监督"与"监督舆论"

舆论监督的历史是很悠久的。

大概到原始社会后期，部落酋长有了支配权。他可能把那些本属大家的东西据为己有；也可能偏三向四，处事不公。如何制止这种行为的办法随之产生。

相传尧舜时期，在交通要道或人们喜欢聚集之地，竖立一根木头，叫"诽木"或"谤木"，上面通常还要放一块横板，样子有点像中午的"午"，所以又称"午木"。谁对首领有意见，或有什么建议，都可以在上面书写。

今天的"诽谤"是个贬义词，起初它可是个中性词，指议论是非，指责过失。

因为横板上有时装饰一点图案，看上去像一朵花，古代"花"跟"华"相通，所以演变到后来，就变成了"华表"。秦汉以后，华表从议事的地方搬到宫廷里，监督作用也就消失了。宋代以后，又从宫里搬到宫外。存留至今的天安门前的两个华表，只是一种装饰品了。

古代大家族的居住地，都有一个叫"明堂"的建筑，大概是族人祭祀祖先的地方。史学大师顾颉刚先生考证后认为，明堂就是原始部落酋长开会的一个会议室。在明堂里面可以议事，如果哪个酋长做了损公利己的事，人们就可以对他提出批评。明堂里有时放一面鼓，叫"登闻鼓"。谁对哪个酋长有意见，认为哪件事情处理不公，可以到明堂里面去击鼓，请大家来评议。后来登闻鼓放在了衙门口，供人们击鼓喊冤。从秦汉到明清，一直如此。

与"诽谤木"和"登闻鼓"相比，现代社会舆论监督的途径和方式越来越多，诸如新闻出版、广播电视、网络微信等。而且，现代舆论监督，相对于政府自我监督而言，既是一种异体监督，也是其他监督的载体。监督主体可以有多种，但监督形式则都有可能成为舆论监督。

当今社会舆论监督的重要性是不言而喻的。许多在同体监督下无法触动的问题，甚至在其他异体监督下解决不了的问题，在强大的舆论监督下，均会得到解决。尤其是一些贪官污吏的糗事，往往在有意无意的舆论风暴中露出真相，令本人和本想袒护的人陷入十分尴尬的境地，只好束手就擒，令百姓拍手称快。

正因为有如此巨大的威力，在互联网和自媒体大量涌现的当今，舆论监督也不时出现"走火入魔"的现象。在毫无节制的火力四射中，命中率很高，误伤率也不低。有时，还会造成与专制独裁相同，甚至更为严重的冤假错案。比如在刑事领域，一会儿是"刀下留人"的呼救，一会儿是"不杀不足以平民愤"的怒吼，使司法审判在缺乏理性的民意左右下，做出一些有违法律基本精神的判决，从而丧失公正性。

有鉴于此，许多国家在保护舆论监督权利的同时，也注意依法监督舆论。比如，通过国家立法，设立一定的准入制度和非常时期的检查制度，明确媒介的职责、权利和相应的义务，禁止侵犯他人名誉权和隐私权，禁止传播涉毒涉黄作品，限制报道涉及国家安全和外交等事务，限制对司法审判的报道，等等。

需要注意的是，限制不是禁止，是要依法依规进行。

依法监督舆论的目的，是更好发挥舆论监督作用，而非钳制舆论。许多国家对舆论监督特别是新闻出版的监督，通常实行的是"追惩制"，即允许公开发表意见，如果确有问题，事后再依法处置。

因为舆论有一个逐步成熟的过程，人们对舆论的价值也有一个逐步认识和接受的过程。

有个故事说，一位慈祥的老妇人，拿出一个孩子的作业本，请巴尔扎克看看这孩子将来能否当作家。巴尔扎克认真看后摇摇头说："这孩子恐怕当不了作家。"不料老妇人却笑了起来，原来她就是巴尔扎克的小学教师，那些幼稚的作文，就是巴尔扎克童年时的"杰作"！

这正如鲁迅所说："倘要完全的书，天下可读的书恐怕绝无；倘要完全的人，天下配活的人也就有限。"（日·鹤见祐辅著，鲁迅译《思想·山水·人物》题记）

马克思在《评普鲁士最近的书报检查令》中也曾说过："没有新闻出版自由，其他一切自由都会成为泡影。"当年马克思和恩格斯大量批判资本主义制度的著作，能在资本主义国家出版发行，说明那些国家的新闻出版是自由的，并非都是嘴上说说而已。

在民主成熟、法治健全的国度里，可以求得舆论监督与监督舆论的适度平衡，二者相得益彰，保障公民的独立、自由、平等权利，保障国家的长治久安。

即使是古代，贤明一点的统治者也懂得这个道理。

《左传·襄公三十一年》载，郑国人喜欢到乡校休闲聚会，议论执政者施政的好坏。郑国大夫然明，建议子产把乡校废了。子产不同意，说："人们在一天劳作之余，到乡校议论一下施政措施的好坏。我们择善而从，是多好的事情！"他还说："不是我不能制止这种议论，但这就像在河流上筑坝，一旦决口，伤害的人必然很多；不如开个口子导泄，对大家都有好处。"后世"防民之口，甚于防川，大决所犯，伤人必多"的说法，即源于此。这里的"川"，是水的意思。

据说当年的孔子知道这件事后，十分感慨："人们说子产不行仁政，我是不相信的！"（参《左传·襄公三十一年》）唐代的韩愈，还专门写了一篇《子产不毁乡校颂》，赞美子产的做法。

相反的例子也有。周厉王残暴无道，百姓纷纷指责，召公告诫。厉王大怒，找来卫国的巫师，派他暗中监视说话的人。一经巫者告密，立即诛杀。果然住在国都的人都被镇住了。人们路上相遇，以目示意，不敢交谈。"道路以目"的成语由此而来。

厉王颇为得意，对召公说："我把毁谤制住了，没人再敢吭声了。"召公说："你这样做，只能堵住人们的嘴啊！高明的君主，应该让百姓畅所欲言，这样才能使政事的成败得失显露出来。否则就会失去人心，后果不堪设想啊！"

周厉王哪里能听得进去这些话，仍然我行我素。过了三年，百姓起来造反，把这个暴君放逐到彘地去了。（参《国语·召公谏厉王弭谤》）

走出『循环』

警惕"个人功业欲"

纵观人类历史,"个人功业欲"具有两面性。没有英雄人物建功立业的抱负和作为,社会的发展进步可能要迟滞许多;但若没有对英雄人物"个人功业欲"的限制,社会发展过程中的曲折甚至灾难可能更多。

仅就中国历史而言,个人功业欲极强的人物层出不穷。其中,影响较大的有秦始皇、汉武帝、隋炀帝等。

秦始皇最大的功业,是在他手中结束长达 500 多年的分裂割据状态,用武力兼并天下,同时创立了一整套的君主专制制度,实现了中国的大一统。面对如此功业,他自觉已超越三皇五帝,无视早已疲惫不堪的民众,穷奢极欲,继续大兴土木,筑长城、开驰道、建阿房、修陵寝,几乎耗尽了当时的可用国力。这些工程,有的对巩固国防、维护统一是有利的,但工程过于集中,要求过于严苛,民众负担不起,终于令民众忍无可忍,揭竿而起,使梦想万世一系的大秦帝国,仅到二世时就亡国了。

汉武帝即位时,经过几十年"文景之治"的休养生息,国力得以恢复和增长。为了报复当年匈奴的侵扰,彰显大汉国威,武帝连年用兵讨伐匈奴,终于使当年不可一世的匈奴远逃。同时,武帝又向东、向西、向南用兵,四面出击,开疆拓域,威震遐迩。在对外用兵的同时,武帝对内也实行一系列加重百姓负担的政策举措,加之宫廷内部的权斗不已，使国家出现内外俱困的局面。与秦始皇不同的是，武帝晚年意识到了自己的问题，并颁发了闻名后世的"轮台罪己诏"，停止和修正以往的不适政策，使汉帝国止足悬崖，又延续300多年。

隋炀帝也是一个雄心勃勃的主儿。他用非正当手段登基后，为所欲为，大展拳脚。在他执政的十几年中，从来没有安宁过。除了内政外交的一些常规动作外，用力最大的莫过于开通大运河，以及三伐高丽。前者虽然对民力使用过度，但毕竟对当时和后世有很大便利；后者则更多的是耀武扬威，并使早已精疲力竭的百姓，陷入生不如死的境地。于是，内有宗室起事，外有百姓起义，一个自感"好头颅不知落入谁手"的雄主，在众叛亲离、手下逼迫中，自寻了断。

客观地说，这三位都称得上是雄才大略的帝王。他们的共同之处，就是以才智自恃，要建不世之功，想留千秋之名；但因为缺乏制约，张弛失度，最终事与愿违，或失身失国，或贻害百姓。

这不由得使人想起当年有名的"窑洞对"。只是，在对"窑洞对"的解读中，人们大都注意了用民主监督的办法，来打破王朝或政权的兴亡盛衰循环，而忽视了黄炎培先生说的"只有把大政方针决之于公众，个人功业欲才不会发生"这句话。而这恰恰是"窑洞对"的一个重点所在。

在黄炎培看来，历史上兴亡盛衰情况，大致有三种。

一种是"政怠宦成"，即初时极其努力，但到后来，惰性发作，风气养成，虽有大力，无法扭转，并且无法补救。历史上多数王朝，走的就是这条路子。

一种是"人亡政息"，即伟人才能盖世，成就辉煌，却不注重形成有效的制度与更新机制，虽然个人把事情弄得前无古人，但结果是后无来者。

一种是"求荣取辱"，即为功业欲所驱使，强求发展，但缺乏对客观规律的认识和把握，一味追求理想化的奋斗目标，以致无力控制，无法适应，造成适得其反的后果。

要避免这些情况的发生，就得把国家治理的大政方针"决之于公众"，这样才能使得"地地得人、人人得事"，即每个地方都能有民选的好领导，每个人都有法定的、适合自己的事情去做。

这个"决之于公众"中，既有民主，也有法治。

民主，不管是精英之治，还是大众之治，说到底，都还是人治。因为人们的天性中，具有自己的事情自己做主的倾向，往往容易诉诸激情，使民主具有天然性、扩张性的特点，容易导致无政府主义。

法治，则是人类理性的产物，具有更多的内敛性和规范性。没有法治，公众的政治参与有可能破坏社会稳定，民主进程有可能导致秩序的失控，民主权利也有可能随时被剥夺。主张民主的领袖人物有可能演变成专制暴君。把民主制度化、规范化，才能使公民权利得到有效保障。

很多人知道阿克顿的"绝对权力绝对腐败"的名言，却不一定知道他还有一句名言："不是哪个阶级应该统治的问题，而是哪个阶级都不应该统治。因为富人靠不住，穷人也靠不住；文盲靠不住，知识者也靠不住。任何人都靠不住，谁都不应，也都不配统治。"（英·阿克顿《自由与权力》）

那该由谁来统治呢？回答是"由法律来统治"。

为什么应该由法律来统治呢？因为法律是多数人在正常情况下的理性思维。

请注意，这里有三个要素。

一个，它是多数人的意见，不是少数人，不是哪个阶级或阶层，更不是个人的意见，是众意，也是公意。

另一个，它是在正常情况下的决策，不是非常时期，不受干扰和威胁，没有言不由衷的表达。因为在非常时期，比如战争或其他紧急状态下，往往是不讲法治的。或者，要用战时管制法，但人们的正常权利会受到限制或剥夺。

还有一个，它是理性思维的决策，不是一时兴起，也不是一哄而起；不是只顾眼前，也不是遥不可及。大家对所要制定的法律规则，经过充分沟通协商，达成共识。这样的法律，既符合"天理"即客观规律，也体现"人情"即社会关系，因而能得到人们的普遍认可和遵循。

当然，多数人的理性也有靠不住的时候。尤其是在科学技术领域，真理往往在少数人手里。但在社会领域，多数人的理性决策，比起个人随心所欲的独断，要可靠一些；而且，还可分散相应的责任风险。

历史一再证明，制度比人强。制度好可以使坏人无法任意横行；制度不好，可以使好人无法充分做好事，甚至走向反面。斯大林严重破坏社会主义法制，毛泽东就说过，这样的事件在英、法、美这样的西方国家不可能发生，因为他们有一整套民主法律制度，不允许领导人超越法律之上。（参邓小平《党和国家领导制度的改革》）

这段话可以视作对当年"窑洞对"的现代解读，听来振聋发聩。沿着这个思路，对民主与法治进行深入探索，用制度建设来约束权力，不放纵领袖人物的"个人功业欲"，那么，我们就可能跳出长期困扰中华民族的历史周期律。

为官难得"知不知"

　　一天，唐太宗将自认为最好的弓箭拿出来，让工匠鉴赏。工匠看后说："这些都不是好弓箭。"唐太宗问为什么，工匠说："木心不正，脉理就不准。弓力虽然刚劲，射出的箭却不是直的。"唐太宗不信，拿自己珍藏的弓箭和工匠制作的弓箭一一比试，结果发现果如工匠所言，自己的弓箭的确不如工匠制作的着靶准确。

　　唐太宗大为感慨。他说："我用弓箭定天下，想不到并不真懂弓箭，何况天下的事，我怎么都懂呢。一个人耳目有限，思虑难尽，非集思广益，难以求治。"（参《资治通鉴·唐纪》）

　　"贞观之治"的出现与此不无关系。尤其是在唐太宗执政的前期，整天小心翼翼，总怕说错话，做错事。尽管如此，他还经常遭到臣下的批评。那个天不怕地不怕的魏徵，动不动还往他眼里揉沙子，官场上叫"批逆鳞"，就是敢于捋龙喉下的鳞毛。

　　在臣下眼中，李世民这个皇帝当得真是没什么乐趣。而这正是古圣贤们对帝王的期许。孔子有言："予无乐乎为君，唯其言而莫予违也。"（《论语·子路》）意思是：我不认为当国君是一件快乐的事情，因为他说的话没人敢违抗。

　　许多人可能觉得，难道这还不算一件快乐的事情吗？

　　回答是：正因为没人敢违抗，国君无论说什么话，做什么事，都得负责任。所谓"一言兴邦，一言丧邦"，一不小心说错一句话，做错一件事，就有可能给国家造成灾难。他不得不谨言慎行，提心吊胆。

可惜与唐太宗相反，古今中外的统治者，很多都觉得自己无所不知，无所不能，自己天下第一。

报载 1962 年 12 月，时任苏共总书记的赫鲁晓夫去参观美术展览，他指着抽象派雕塑家涅伊滋维斯内的作品说："就是一头毛驴用尾巴甩，也能比这画得好。"涅伊滋维斯内忍无可忍，便直言相问："您既不是艺术家，也不是评论家，凭什么说这样的话？"

赫鲁晓夫闻言大怒："我当矿工时不懂，我当基层干部时不懂，在我逐步升迁的每个台阶上我都不懂。可我现在是部长会议主席和党的领袖了，难道我还不懂？"（转引自《报刊文摘》，2012 年 6 月 18 日）众人哑然。这真可谓官有多大，本事就有多大。

何止赫鲁晓夫。媒体披露，某市原副市长兼公安局局长王某，仕途如日中天时，原本只有初中文化程度的他，被国内 29 所高校和许多研究机构聘为教授、博导、主席等，还被誉为书法大师、设计专家、心理学家、发明天才等。在某市任职的 2011 年，就获得 211 项发明专利，平均不到两天就获一项。如果后来不出事，在众多趋炎附势者的追捧中，估计他的头衔和专利还会疯涨，成为百科全书式的全知全能者。

古今中外，那些手握绝对权力的君王，大都以为自己是全知全能者，上可九天揽月，下可五洋捉鳖。从恺撒到亚历山大，从希特勒到墨索里尼，无一不是如此。

为了使人相信自己是全知全能者，历代都有一些神化帝王的方法。

怎么神化呢？在乱世纷争、群雄并起之时，通常是谁的智谋高、拳头硬，就能摆平四面八方，登上九五之尊。这期间，会有人编造一些"君权神授""奉天承运"之类的神话，给庄主披上一层全知全能的外衣，使得那些对立的枭雄不敢轻举妄动，百姓顶礼膜拜。

还要杀伐。历史上，越是具有雄才大略的帝王，往往越要大开杀戒；越是功臣宿将，越有可能遭诛杀。

那些开国帝王，大都走的是这条路子。后继者们有时则需要父辈的扶持。汉武帝临终之际，立刘弗陵为太子，同时处死太子生母钩弋夫人。众人不解。武帝的解释是："主少母壮。"（西汉·褚少孙《史记·补记》）就是害怕将来后宫专政，新皇没有权威。实际上，在这之前和之后的朝代，都有类似的"杀母逐子"的做法。杀母，就是杀掉太子母亲；逐子，就是将太子的兄弟们驱离到国外或边远的地方去，甚至也杀掉。春秋战国和魏晋南北朝时，这种情况还比较普遍。

电视剧《朱元璋》中，有这样一个情节：朱元璋担心儿孙难以驾驭功臣，于是大开杀戒。太子朱标宅心仁厚，劝诫父皇。朱元璋拿起一根满是尖刺的荆棘，扔在他面前说："给我捡起来抓住！"朱标说："这都是利刺，儿臣如何抓得了啊！"朱元璋说："抓不了是吧，让我抓给你看！"说着用力将利刺捋掉，接着将沾满鲜血的荆棘交给朱标："这荆棘就是皇权，我现在诛杀大臣就是在给你拔刺，这样你才能拿得住！"

未必实有其事，但有此理，它符合帝王的本性。

人为树立绝对权威的做法，会造成两种后果：

其一是消耗国家大量，遇到非常事件时，无力应对。

当朱元璋用"荆棘论"教训儿孙时，忽视了一个问题，即尖刺被拔光时，其他人也可以随意拿起。若干年后，建文帝面对叔叔朱棣来势汹汹的靖难大军时，几乎无人可用。此时的"皇权之杖"，光滑到使朱棣最终登上皇位。

当年斯大林残酷的政治清洗，固然使他牢坐神坛，但也使国家与军队的精英消耗殆尽。当德军大举入侵时，相当一段时间内缺乏有效应对的能力，差点亡国。

其二是无人指点迷津，使全知全能者滑入陷阱。

某地一位领导视察滑沙旅游项目，兴致勃勃要亲身体验一下。随行人员可能以为领导知道玩法，也可能是不敢提醒他蹲下。结果呢，领导直挺挺地站在滑板上，"哧溜"一下，连滚带爬翻到沙梁下。

实践证明，大概除了上帝外，世上没有全知全能者。无论是个人、组织，还是全人类，都不可能是全知全能者。

《旧制度与大革命》的作者托克维尔说过这样一段话："我们在历史中见过不少领导人，他的知识结构、文化水平、政治判断力和价值选择，会停留在青少年时期的某一个阶段。然后不管他活多久，也不管世界上发生多少变化，他都表现为某一时刻的僵尸。如果某个机缘，让他上了大位，他一定会从他智力、知识发展过程中停止的那个时刻，寻找资源，构造他的政治理念、价值选择和治国方略。这种人的性格一般执拗、偏执，并且愚蠢地自信，而且愚而自用，以为他捍卫了某种价值，能开辟国家民族发展的新方向。其实，他们往往穿着古代的戏装，却在现代社会舞台上表演，像坟墓中的幽灵，他却以为自己是真神。但是，他选择的理念、推行的政策，无一不是发霉的旧货。"

古今中外，那些自以为全知全能者，往往是个人在流芳百世的愿望中为所欲为，而百姓在期盼救星中备受灾难。

"及瓜而代"与"塔西佗陷阱"

春秋时期，齐襄公派手下两员大将去守葵丘（今河北临漳县境内）。两位将军临走前问："什么时候可以调换回来呢？"这时齐襄公正在吃瓜，就随口说："现在是瓜熟季节，等明年这个时候，就派人去替换你俩好了。"

到了第二年的吃瓜季节，两位将军派人带着瓜去献给齐襄公，提醒他期限已到，应该派人换他俩回去。不料齐襄公听了，生气地说："想回来，那是我说了算的事，自己怎么能随便要求呢？再等一次瓜熟好了！"

听到这样的回复，两位将军感到很气愤，君王说话怎么不算数呢！估计只要他在，咱俩就没有回去的那一天了。

齐襄公威信本来就不高，有人一直想搞掉他。在一些人的怂恿下，两人一怒之下，领兵回到国都，把齐襄公给杀了。"及瓜而代"的典故，由此而来。

古罗马历史学家塔西佗说："一旦皇帝成了人们憎恨的对象，他做的好事和坏事就同样会引起人们对他的厌恶。"（参《塔西佗历史》）后来的学者们将此描述为一种社会现象：政府或其他组织一旦失去公信力，无论说真话还是说假话，做好事还是做坏事，都会被认为说假话、做坏事。这就是"塔西佗陷阱"。

有意思的是，陕北有个行酒游戏，叫"领导讲话"。两人各拿一副骰子,在扣碗(盒)里摇晃,然后各报点数。你本来只有两个三点的骰子,可以报成两个四或三个二,等等;另一方可以不信,也可以往上加码报;你也可以不信,也可以再往上加码报。当一方表示不信时,另一方须揭盖。一旦点数不实时,须认输喝酒;如果相符,则对方认输喝酒。因为双方多虚报点数,故将此游戏称为"吹牛"。陕北人也叫"喧谎",就是说假话。把"吹牛"喻为"领导讲话",堪称民间版的"塔西佗陷阱"。

领导之所以说话不算数,原因很多。

比较常见的是,有的领导为了政绩和晋升,爱搞立竿见影的政绩工程,而后任对前任遗留的问题,则持"新官不理旧账"的态度,不闻不问。长此以往,必然失信于民。

有的领导在遇到棘手问题时,要么相互之间推诿扯皮,使问题久拖不决;要么为了一时的"门前清",超越法定权限和程序,去满足一些人的无理诉求,结果产生不良后果,引发连锁反应,形成不守信用或偏三向四的负面形象。

有的领导在推行某项政策时,为了消除人们的疑虑或后顾之忧,轻易做出一些承诺和保证。由于缺乏远见,到后来根本无力兑现,只好一再改口。

还有一些领导,为了走出一时的困境,默许甚至带头违犯成规。起初大多数人墨守成规,不敢轻举妄动;一部分人不安于现状,开始挑战当时的政策法律。后来许多人效仿,只要能赚钱,什么事都敢做。人们只问结果,不问过程,只要成功,不择手段,使"成王败寇"的价值观盛行天下,导致整个社会领域的诚信严重缺失。

除此之外,还有深层次的原因。

人与动物的主要区别，就在于人善于"伪装"。从语言学角度看，"伪"就是"人为"的意思。起初的伪，并非贬义，就是会作而已。后来，会作的东西越多，文明的程度越高，虚假的东西也就多了起来。婚姻制度、服饰文化、居室建造等，无一不含有伪装的成分。

可以说，人类文明进步的起点，就是学会了伪装。人类从原始到野蛮，从野蛮到文明，既是一个不断进步的过程，也是一个逐渐失真的过程。

比如，为尊者和长者讳，就是一种传统的作伪。古代有的大臣私生活糜烂，要说成是"帷薄不修"，即床上的帐子破了也不补；帝王吃了败仗被俘或逃亡，要说成是"狩"，即打猎去了。北宋的徽宗、钦宗二帝被金人掳掠到北方，文明的说法是"二圣北狩"；慈禧太后在八国联军打入北京后，仓皇出逃西安，官方的说法是"太后西狩"。

从制度变迁的角度看，从风俗到习惯，从礼仪到法制，一套套规范人们言行的制度，在促进社会发展进步的同时，也使人类的本性特别是率真的本性受到桎梏。在那些国家形态成熟较早的地方，特别是当君主专制制度达到极致的时候，无论官方还是民间，说真话简直成了生存的奢侈品。

就中国而言，早在西周封建时期，就有"厉王弭谤"的故事。进入君主专制时期，前有秦始皇的"焚书坑儒"，后有汉武帝时的"腹诽罪"，还有清代大量的"文字狱"。

鲁迅先生曾言，在传统国家中，统治者惯用的手段就是瞒和骗。瞒，是把真相隐藏起来；骗，是用假话欺骗百姓。客观地说，瞒和骗不仅存在于官方，民间也如此。看看当今互联网上许多自媒体海量般的信息中，不乏无中生有或捕风捉影的东西，就可以知道在名与利等因素的驱动下，人们作伪的本能冲动有多么强烈。

可见，作伪是人类的共性。"塔西佗陷阱"不是一时一家之力形成的。这其中既有官方持续不断的"挖坑"，也有百姓有意无意的作伪。当然，官方力量更大一些。但它伤害的，不仅是官方，也有百姓。许多时候，对百姓的伤害可能更大。

只是，在传统社会中，由于百姓的文化水平整体偏低，加之严格甚至残酷的管控措施，封闭的环境和落后的传播技术等因素，使得官方的许多作伪能够行稳致远。当过了很长时间，一些事件的真相逐渐显露出来时，因为隔了好几代人，恩怨情仇已经淡化，人们也就不大计较了。而这，又使得官方觉得可以继续作伪了。

"塔西佗陷阱"一旦形成，要填平是非常困难的，须有伤筋动骨的大动作方可奏效。

首要的，是转变理念。

人类对真相的了解，对真理的认知，有时需要一个较长的时间。古今中外许多遭受打压的所谓"奇技淫巧"和"异端邪说"，后来被实践证明是科学和真理。这也是发达国家对言论和出版等实行事后追惩而非事前封控的一个重要原因。

当然，任何社会，人们总有一些需要保密的事项和个人隐私。有些出于善意的隐瞒和谎言，是可以理解的。如果说了些不吉利的话，但却是事实，是真话，可惹人家愤怒，那就不要说了。过于裸真就"不是人"了；过于作伪，同样也"不是人"了。比较理想的状态，就是真话不全说，所说皆真话。难在如何取舍与选择，既要确定标准，也要与时俱进。

同时，要在国家制度建设上用些气力。

比如，在社会领域制约公权力。

一个国家，如果公权力不受制约，领导人可以随心所欲，作伪的情况就会很多。因为他想说什么就说什么，想做什么就做什么。至于说出去的话能否兑现，做的事有无成效，则不大在意，也无人敢追究。这样，什么弥天大谎都会说出口，什么伤天害理的事都能做出来。现代政治文明的一个基本原则，就是执政者所有权力必须来源于公民的授权与同意，政务必须公开。政府必须严格依法行政，并对自己的言行承担相应责任。只有这样，官员们才不敢毫无顾忌，妄言滥行；才不会以偏纠偏，挖坑不止。

再有，在经济领域明晰和保护产权。

产权是信任的载体。无恒产者无恒心，自然也难有诚信。没有对产权的法律保护，企业经营者不会有动力和耐心去创新技术和经营品牌。因为品牌和信誉的积累需要较长时间。如果辛辛苦苦去创新和积累，到头来好处被别人拿走，又何苦去劳心费力，还不如坑蒙拐骗来得快，只要自己能多赚钱就行。

有人会说，有产权也不见得有诚信。民营企业有产权，但很多假冒伪劣产品，不都出自他们之手吗？

这可能是个事实。问题的根源，可能还在于很多民企，尤其是小型民营企业，名义上产权是自己的，实际上产权是很不稳固的，随时可能受到公权力的侵害甚至剥夺。因为官方的法律政策朝令夕改，企业主就朝不虑夕，做事就朝三暮四。换言之，当企业的财产权和其他权利得不到法律有效保护，行为又缺乏法律有效监督时，就难免产生弄虚作假的机会主义行为。

最重要的是，必须重塑社会诚信文化。

中国有讲诚信的传统。无论法家还是儒家，在这一点上有相同之处。法家代表人物商鞅，曾用"徙木立信"的做法取信于民。儒家代表人物孔子，则有"自古皆有死，民无信不立"之说。在民间，则有"曾子杀彘"的故事，告诫家长要言出必行，即使对孩子说的话，也必须兑现。至于"尾生抱柱，至死方休"的爱情故事，更令人动容。

越到后世，重智轻信的风气越浓。

春秋战国时，宋襄公恪守"不鼓不成列"（不首先进攻没有排好阵列的对方）、"不擒二毛"（不俘虏头发黑白相杂的老人）等战争法则，被后人嘲笑为"蠢猪式的仁义道德"。三国时刘备借荆州而不还，被视为有智谋的典范。

于是制定规则者玩弄规则，心怀奸诈者巧破法网，却往往被当作"智者"来称颂。这种重智轻信、成王败寇的实用主义文化，渗透到社会生活的方方面面，深入到各个阶层人们的骨髓之中。

因此，必须有一个全社会的思想启蒙和文化更新，加之持续不断的制度建设，才能重塑全社会的心智文明，有效矫正弥漫于全社会的虚伪欺诈之风，逐步填平"塔西佗陷阱"。

臣民、人民、公民

先说"臣民"。

甲骨文和金文中,"臣"是"目"的变形,像一只眼睛向下看。造字本义是俯首下视,屈从听命。《说文解字》释义:"臣,牵也,事君也,像屈服之形。凡臣之属皆从臣。"

目前尚未在甲骨文中发现"民"字,但《尚书·盘庚篇》中有"民"字。金文中,"民"是一把锥子刺进眼睛而失去瞳孔的形象。故古文专家认为,民是盲目即瞎眼的生产奴隶。

臣与民原来都是奴隶的意思。秦汉刑罚中,有一种叫"隶臣妾"。隶,是指隶属于官府,臣是男性奴隶,妾是女性奴隶。后来,人们习惯把进入官场给帝王打工的人叫臣,而把在野的人叫民。于是,臣后来与官相联,成为高于民的一个阶层。越到后世,臣与民的分野越大。臣与民的对立,也就成了官与民的对立。

在君主专制社会中,不管臣与民分野多大,在帝王面前都是奴才。为官之臣,固然有各种特权,但没有基本人权。有时,遇到残暴的君主时,臣的日子甚至比民还难过。草民虽然没有"乌纱帽",但也很少被"诛九族"。

再说"人民"。

"人"与"民"本来也是两个词。

春秋战国以前,"人"是王朝的统治阶层,或者叫主人也可。

比如"夏人""殷（商）人""周人"等，是指这些王朝的正式成员，他们往往与王室有或近或远的血缘关系，通常聚族而居，住在与君王相邻的"国"中。

"民"通常为异族人口，早期社会更是如此，通常住在远离都城的野外，从事农耕生产，故有时也叫"野民"。

《说文解字》认为："人，天地之性最贵者也。""民，众萌也。言萌而无识也。"这里的萌与氓相通，也可解释为草木萌芽之意，直译就是幼稚无知的愚民。简单地说，早期社会中，人是人，民不是人。

古代虽有人与民连在一起的"人民"一词，但其含义与现代的"人民"一词并不相同。这是需要注意的。

现代意义上的"人民"一词，滥觞于苏联时期。在社会主义苏联中，"人民"是指以劳动群众为主体的社会基本成员，但在不同的历史时期，"人民"又有着不同的内涵和外延。在某个时期属于人民范围的人，在另一个时期可能就不是人民。

"人民"是个集合概念，具有许多特性。

首先是它的集合性。

18世纪英国思想家埃德蒙·伯克指出，人民是一个协作概念，像其他一切法律上的假定一样，是由共同的协定而建立的。这个协定的特殊性在于，它是从特定社会所熔铸的形式中聚合而成的。（埃德蒙·伯克《对法国大革命的反思》）也正因为如此，"人民"具有模糊性或不确定性。作为一个集合概念，个人不能说自己是人民，只能说是人民的一分子。人民是由个人组成的，但个人不等于人民。于是，到处都是人民，到处又没有具体的人民。

"人民"一词的另一个特性是政治性，与之相关联的就是它的阶级性。

"人民"是自己人，其他都是阶级异己分子，也可以说是"敌人"。这在苏联时期的历次政治运动中，体现得淋漓尽致。

由集合性和政治忄所造成的，是人民民主的局限性。"人民"是有机整体的观念，可以使有些执政者借整体之名，剥夺个人应有的权利，为极权主义扫清障碍。由于"臣民"文化传统的社会心理定位，更容易使人民民主的主体虚无化和客体化，使民主政治异化为民本政治。

民主政治，是说人民是国家真正的主人；而民本政治，是说最高统治者出于坐江山的需要，将人民作为统治的基础和根本。在民本政治中，人民很容易为政治精英利用和操纵，以民主之名，行专制之实。

与"人民"相关联且使用率比较高的，还有两个词。

一个是"群众"。

与"人民"一样，"群众"也是一个集合概念。从理论上讲，唯有将众多的个体同质化，才能产生"群众"。从解字法来看，"群"字的古体写法是上"君"下"羊"，象征高高在上的君王，统御着散乱如羊一般的臣民。"众"字的另一传统写法是"眾"，意为一群在烈日下劳作的人，简化后为"众"即"三人"，意即多人。

"群众"还表示与"党员""干部"不同的政治身份。政审填表时，在"身份"一栏中，是党员和干部的，就填党员或干部；非党员或干部的，就只能填"群众"。当把"人民"与"群众"连起来时，"人民"中原本还存有的那么一点的平等含义，也随之被稀释掉了，"人民群众"就成了与"领导干部"相对应的另一个阶层。

另一个是"百姓"。

中国古代庶民无氏无姓，有土有爵者才有氏有姓。当时的"百姓"实为贵族的通称。战国以后，社会阶层剧烈变动，"百姓"泛指碌碌众生，成为皇权中国特有的历史产物。后来出现"老百姓"的叫法，则是对"百姓"的口语化表达，有时加上"普通"二字予以强调。它的主体是话语者，而非话语对象——"老百姓"。当听到官员说自己"要与普通老百姓打成一片时"，恰恰也正说明自己是高于老百姓的另一阶层。

最后说说"公民"。

"公民"一词起源于古希腊罗马时代。当时的城邦国家，体量较小，其中的居民，也称市民，依法享有政治、经济、社会诸方面的权利，同时也负有相应的各种义务。这种市民，在法律上也称"公民"。

与"人民"相比，"公民"强调个体的独立性与自主性，强调个体之间的平等性，强调个体权利与义务的对等性。按照《不列颠百科全书》的解释：公民资格指个人同国家之间的关系，这种关系是，个人应对国家保持忠诚，并因而享有受国家保护的各种权利。

当今世界，"公民"作为人类政治身份的识别与确认概念，已为大多数国家所采用。

简言之，"臣民"是绝对的被统治者；"人民"在理论上是国家的主人，但只能作为整体被人代表才行；"公民"则每个个体都有法定的权利和义务，可以自己主张自己的权利，履行应尽的义务，当然要在法定的范围和程序中进行。

在"臣民"社会，帝王至高无上，权力无限，可以对臣民生杀予夺；在"人民"社会，国家的公权力至高无上，至大无边，个人利益必须服从国家和集体利益；在"公民"社会，公权力是由私权利让渡的有限权力，公权力必须保护私权利，否则，公权力的受托者就要让位。

"体用" 不可分

体与用的关系，是中外哲学史上的一个重大问题，对包括官制在内的政体影响极大。

在西方，从苏格拉底和柏拉图开始，就认为超感性的理念世界，与感性的物理世界是分离和对立的。真理属于超感性即形而上世界，不属于感性世界。

在中国，则有"形而上者谓之道，形而下者谓之器"之类的说法，但主调是"道器不分，体用不二"，形而上者的道体与形而下者的器用是统一的。尤其是在庄子哲学中，人们日常生活的"用"，时时处处充满了"体"或"道"。

当然，哲人们也注意到了体用关系的复杂性。宋代的理学大师程颢和朱熹提出"理一分殊"的理论。他们认为，作为本体的理，可以在万事万物之中体现，每个事物都有自己的一个理。同一个月亮，映在水里是一个样，映在镜子里又是一个样；佳人心中一个样，罪犯心中又一个样。但万变不离其宗，只要还是天上的那个月亮，地上的各种月亮不管如何花样翻新，也变不到哪里去；反过来说，要使这里与那里的月亮变样，此心与彼心的月亮变样，就得让天上的月亮先变样。

万事万物皆有自己的道或理，但所有的道和理，都来自或服从那个最高、最终的道和理。

在"理一分殊"的理论之中，蕴含着现代哲学中特殊性与普遍性的关系。通常说来，无论人类社会自身发展史，还是对客观事物的认识史，都是由个别到一般、由特殊到普遍的过程。强调个别、死守特殊，或者简单地模仿一般、套用普遍，都会在实践中碰壁。

中国社会转型的迟滞不前，在很大程度上，源于人们对体用关系的认知和把握不够科学。

中国人最早认为，中国就是天下，或者是天下的中心；后来发现了中国之外的世界，认为它是与中国对立的另一个世界；再后来，在相互交往包括冲突中，才认识到中国是世界的一部分。

晚清名臣郭嵩焘1876年出使英国，耳闻目睹西方文明的先进性，认为中国必须全方位向西方学习。他还列出学习的次序和时间表，大致需要三四百年。尤其是看到日本人学习西方的积极性后，他甚至对甲午之战的结局已有所预感。

可惜的是，当时帝国虚骄的官员群体，被他的见识震撼和激怒了，连他的学生都向朝廷打小报告，说他崇洋媚外。于是朝廷打算治罪于他，郭嵩焘不得不称病还乡。

到了19世纪末，清末思想家冯桂芬在《校邠庐抗议》中曾提出："以中国之伦常名教为原本，辅以诸国富强之术。"时任《万国公报》主笔的沈寿康，以"南溪赘叟"的笔名在该报上发表《救时策》一文，首次明确表述了"中学为体，西学为用"的概念。接着，礼部尚书孙家鼐在《议复开办京师大学堂折》中再次提出：自应以中学为主，西学为辅；中学为体，西学为用。洋务派代表人物张之洞则把"中学为体，西学为用"作为洋务运动的指导思想。"中体"是指以孔孟之道为核心的儒家学说，"西学"是指近代西方的先进科学技术。

这一主张的提出，对于执政者而言，可以把所有社会变革都限制在不动摇君主专制体制的范围内；而对于革新者而言，好像也只有这样，才能使革新举措获得最高统治者的认可。至于他们是否都从内心深处认为这一主张是正确的，就不好一概而论了。客观地说，这一主张之下的革新举措，对于冲破当时统治阶级中顽固派的阻挠，引进西方科学技术，促进中国工业、军事的近代化和新式教育的产生发挥过积极作用，也为日后中国民族资产阶级的兴起奠定了基础。但甲午战争的失败，暴露出这一主张的局限性。

于是有人指出，"体"与"用"是不可分的。中学有中学的"体"与"用"，西学有西学的"体"与"用"。把中学之"体"与西学之"用"凑在一起，就如同让"牛体"产生"马用"一样荒谬。（参严复《论教育书》）

这种见识本来不错。西方发达国家在近代迅速崛起，是科技革命、市场经济和民主政治相互作用的结果。晚清洋务运动的失败，根源在于"中学为体，西学为用"的主张，违反了政治和经济"体用不可分"的原理。因为再先进的科技成果，也挽救不了专制腐败的政府；而专制腐败的政府，却可以葬送先进的科技成果。但吊诡的是，当时的变法实践，还是回到与洋务派几乎相同的老路上去了。

分析下来，体用分离的理论之所以能在中国占上风，与早期西方资本主义的严重弊端不无关系。当年的思想精英和政治精英们，既看到西方列强的船坚炮利，也看到阶级压迫的残酷性，觉得还是中国的礼义道德好。若在此基础上再学到西方的先进技术，就是十分圆满的事情了。

古今中外的实践反复证明，体与用在本质上是统一的。虽然二者的关系有相对性，可以有一定时空的分离，但终究还是不可分的。在通常情况下，如果"体"不变，"用"的变法和花样就算再多，终归也还是变不到哪里去；反过来，社会发展变化到一定程度后，"体"变也得变，不变也得变，无非渐变还是突变而已。

从古今中外的情况来看，渐变对社会的破坏要小一些，整体效果可能更好一些。如果政治人物不通晓这一点，改革的路径选择与目标设置南辕北辙，就难免使人们处于进退两难、无所适从的困境。

当家三年狗也嫌

小说《金瓶梅》^口的西门庆，家大业大，日常事务由几个小老婆轮流打理，但实际当家做主的还是西门庆。

一天，他与小老婆孟玉楼为几十两银子的事斗嘴，情急之下，说了句"当家三年狗也嫌"（《金瓶梅》第七十五回"因抱恙玉姐含酸　短金莲泼醋"）的话。

不当家不知柴米贵。一家之中，尤其是大户人家，进的多，出的也多，众口难调，不好打理。当家的必须精打细算，有时恨不得一分钱掰成两半花，对家庭成员的埋怨会置之不理，当然更不会在狗身上大手大脚。时间一长，吝啬的当家人，连狗都会讨厌。

家国同理。

据传，乾隆帝曾对纪晓岚说："朝中之人，说你好的有，说你坏的也有。"纪晓岚回答："春雨如油，农夫喜其润泽，行人恶其泥污；明月皎洁，佳人喜其观赏，盗贼恶其光明。天且不能尽人意，而况臣乎？"（参徐珂《清稗类钞》）

有首平民诗说："作天难作四月天，蚕要温和麦要寒，行人望晴农望雨，采桑娘子望阴天。"这与纪晓岚所说同理。

连老天爷都难以满足人们的多样化需求，何况人呢！

显然，这句俗语最基本的意思是说，做人也好，做家长也好，做领导也好，不可能让所有人都满意，遭受物议，在所难免。应该像老天爷那样大度、包容。对于为官之人来说，还须细想一下这句俗语中可能隐含的另外一层意思，那就是，当官久了，难免出问题，讨人嫌。

还是在清朝，乾隆皇帝登基不久，左都御史孙嘉淦便上了《三习一弊疏》的奏折，被后世称为"清代第一奏折"。

所谓"三习"，是说人为官时间久了，往往不由自主地生出三个坏习惯，即耳习、目习和心习。

耳习，就是耳朵听惯了奉承话而讨厌逆耳之言；目习，就是眼睛看惯了讨好行为而讨厌耿介之举；心习，就是内心习惯了温顺服从而讨厌违抗拒绝。

孙嘉淦还详细分析了"三习"的渐进过程。

耳习：开始只是不喜欢别人有不同意见，逐步发展成不顺耳的话也不爱听，最后连讨好的话说得水平不高都不行；目习：开始是排斥不礼貌的人，而后讨厌对自己敬而远之的人，再后来对自己尊敬但不会办事的人都觉得厌烦了；心习：开始时能认真工作，时间一长，便不再严格要求自己，再后来不管自己有什么想法，都觉得正确，不允许有任何不同意见产生。（参《清史稿·孙嘉淦传》）

"三习"养成后，必生"一弊"：喜小人而厌君子。历史上多数帝王，几乎都没有逃脱"三习一弊"的窠臼。

解决这一问题的办法之一，就是实行官员的任期制。

中国古代，领主制下的官员是世袭的，无所谓任期。君主制下的官员通常是有任期的。官员的任期是与考核相关联的。秦汉以后，历代都有官员定期考核制。到时间了，根据考核情况，或升或降，或平调或罢官，总之不大会让一个人在一个位置上待到老。从史料记载来看，至迟从西晋开始，有了官员任期6年的明确规定。

以后历朝，大体为3至5年。一些特殊时期和特殊人物，则有例外。

现代国家的解决办法，也是实行严格的官员任期制，亲民官员任期通常为四五年，连任一般不得超过两届。

这是有道理的。人无千日好，三年狗也嫌嘛！

从人的生理周期来看，一生中可能只有那么一段时间是最佳状态，过犹不及。民主政治最有价值的地方，可能就是在多数情况下，可以把一个能干事的人，在能干事的时候，推上一个能干事的岗位；相应地，在他不能干事的时候，或者干不好事的时候，让他离开干事的岗位。

有时也有例外。比如一个能干的人，能干的生理周期比较长。大家可能想让他多干几年，他自己也可能有这种想法，而且不一定出自私心，很有可能就是为人民服务。但这不保险。古今中外终身制的帝王，能慎终如始的几乎没有。被历代传颂的英明睿智的唐太宗李世民，执政后期明显不如前期；至于唐玄宗李隆基，前后更是判若两人，既在祖先的基础上创造了盛世，又使大唐江山在其手中走向衰落。清代的康熙帝也好，乾隆帝也罢，也是日久懈怠，前后不一。

第二次世界大战中，丘吉尔临危受命，带领英国人民顽强抗战，最终赢得胜利。但在战后的首相选举中却落选，未能连任。一些人对此打抱不平，丘吉尔说："对本民族伟大人物的忘恩负义，是伟大民族成熟的标志。"据说斯大林曾嘲笑他："你打赢了仗，但人民却罢免了你。你看有谁敢罢免我！"丘吉尔回答："我打仗就是为了保卫人民拥有罢免我的权利！"

历史表明，无论在西方体制还是传统体制下，一般认为一个人长期执掌大权容易自我封闭，脱离实际，听不到也听不得不同意见，形成固定思维和行为模式，即使发生明显失误，也难以得到及时和有效纠正，只好一条道走到黑。要么，就是随意和任性，朝令夕改，反复无常，从一个极端走向另一个极端，使下属和百姓无所适从，跟着受苦、受累、受罪。

"治人"与"治法"

先秦儒家代表人牧之一的荀子，说过这样一段话：

"有乱君，无乱国；有治人，无治法。羿之法非亡也，而羿不世中；禹之法犹存，而夏不世王。故法不能独立，类不能自行，得其人则存，失其人则亡。法者，治之端也；君子者，法之原也。故有君子，则法虽省，足以遍矣；无君子，则法虽具，失先后之施，不能应事之变，足以乱矣。"（《荀子·君道》）

大意是：有乱国的君主，没有自乱的国家；有治国的人才，没有自治的法度。后羿的射法没有失传，但后世的人并不能像他那样百发百中；大禹的法度仍然存在，但夏后氏没有永远称王天下。所以，国法不可能独有建树，律例也不可能自动实行；得到善于治国的人才，法就存在；失去人才，法就灭亡。法，是治理的末端；人，才是治理的本原。有了人才，法律即使简略，也可以应对一切；没有人才，法律即使完备，也会失序，不能应变，必然生乱。

这段话的精髓是：在人与法的关系中，人是最重要的。只要有人才，法有无详略，都无所谓，因为人可以解决或应对一切。

比荀子略早一些的孟子也曾说："徒法不足以自行。"后人加了一句："必也人乎！"

需要说明，儒家所谓"治人"，是指有治理才能的人；"治法"，虽然其中包括法律，但侧重点是治理国家的具体方式和方法。

尽管后世对"治人"与"治法"的含义还有过其他多种解读，但说到底，就是为政在人，而非在法。

这在清朝君臣的对话中，表达得再清楚不过了。

1673 年，清廷在恢复经筵讲习制度后不久，康熙帝问讲课官员："有治人，无治法，是什么意思？"内阁学士熊赐履等回答："从来没有无弊之法，关键是要有人才。只要得人，可以应对一切，实现有效治理；若不得其人，虽然法律齐备，也难以实现善治。"康熙帝感叹："从来有治人，无治法，为政全在得人。"

因此，人们在强调法治建设时，还经常引用这样一句话："国无常强，无常弱。奉法者强则国强，奉法者弱则国弱。"（《韩非子·有度》）

此话出自韩非之口。他是先秦儒家集大成者荀子的学生，却又是法家代表人物之一。他的这段话，就强调执法如山而言，不无道理，但要将它奉为建设现代法治国家的原则，就有问题了。

首先，这里的奉法者是谁？

从韩非所举的例子，以及法家人物的一贯主张来看，显然是指执政者。有时，仅指最高执政者。

其次，所奉的是什么法？

简单地说，是"王法"而非"民法"。在古代社会，这是不言而喻的。立法权在统治者那里，帝王言出法随。而且，在相当长的时期里，法律还是不公开的。"法不可知，威不可测"，才能对百姓形成震慑和恐惧。

还有，要让谁强？怎样强？

很显然，帝王要强。要用严刑峻法，强到无人敢说半个"不"字，无人可有自由之身。早期法家代表人物商鞅在秦国变法时，就竭力主张让统治者强，让百姓弱。流传至今的《商君书》中，那一系列治民、弱民、疲民、愚民等政策，读来令人毛骨悚然。

到一统天下的秦始皇时，更是如此。但秦国并没有"常强"，二世即亡。

后世的帝王，也大都高居于法律之上，行动在法律之外。法律只是他们手中的工具，称手即用，碍手即废。

有人不禁产生疑问，法家不是主张"王子犯法与庶民同罪"吗？考诸历史，这只是个说法而已。何况这里的"王子"，指的是帝王之子，并非帝王本身。即使帝王之子，也不可能与庶民同罪。商鞅那么厉害，对违法的太子也不敢用刑，只好拿他老师的鼻子和脸皮下手。

简单说，传统社会把法作为工具，现代社会把法奉为圭臬。前者认为治国关键靠人，后者强调治国必须依法。传统社会有时也讲规矩，但通常谁官大谁就是规矩；法治社会必须讲规矩，这个规矩是公众合意。传统理念是官要强，现代理念是法要强。只有法强了，百姓强了，执政者才能依法治国、执政为民。

从深层次看，这也是一个人与制度的关系问题。

相当多的人都认为制度由人制定，靠人实施。在人与制度的关系中，人是决定性因素。

过往的历史表明，包括法律在内的各种社会制度，并不单纯是人类自身可以决定的，它要受悠久的文化传统、自然形成的风俗习惯以及所处生态环境等因素影响。有些人甚至认为，人类社会的制度大都是自然形成的。人的作用最多是选择。也就是说，制度形成中，人的因素不能说没有，但往往是被动的。一些看起来是主动的作为，实际上是不得已的选择。也可以说，在制度形成过程中，人的因素固然重要，但不是唯一的。

至于所选择的制度如何，并没有判别的绝对标准。制度总是处在自然演化中，好与坏是相对的，因时因地因人而异。有人偏向事实判断，有人偏向价值判断。古今中外旷日持久的"恶法亦法"与"恶法非法"的争辩，也说明了这一点。

关键是，制度一旦形成，就是模具，人类成了产品。有什么样的模具，便会有什么样的产品。在这个意义上讲，制度比人强。人们经常感叹，好好一个人，一戴上红袖章，马上就抖起来了；一当上个芝麻大的官，就不像个人了。原因就在于此。

需要指出的是，法治社会并不排除选贤任能。但按什么标准、由什么人、用什么方法选任都要有规矩。否则，就会出现亲亲疏疏、团团伙伙的情况。即使其中有贤能之人，大家心里也不服气。

不可否认，现实中确有这样的情况：一个地方或单位，搞得不怎么样，来了个有本事的领导后，面貌大变。人们往往会觉得，还是人的因素第一，但这并不可靠。往往时间一长，这个领导就变样了。再换一个领导后，可能重演一遍，或者更糟。

一句话，单纯强调"奉法者强"，本质上还是人治。人治之下，可能出现政治强人，解决一时一事问题，但很难持续，迟早会出现大面积的政治溃烂和腐败，重蹈传统社会治乱兴衰的覆辙。

制度是如何失效的

　　263 年，已掌控曹魏大权的司马昭，派遣钟会、邓艾两员大将伐蜀。钟会在正面战场上与姜维交锋，邓艾则偷渡阴平直取成都。

　　阴平古道位于今天甘肃文县与四川青川县境内，全长 265 千米。道路崎岖艰险，属于"蜀道之难，难于上青天"的地方。当时无论蜀国还是魏国，没人想到走这条道。

　　邓艾剑走偏锋，带领几千兵马历经艰难险阻，披荆斩棘，甚至冒着生命危险用毛毡裹着身体滚下悬崖。当过阴平时，一座兵营矗立在面前，让他十分惊恐！

　　仔细一看，才发现这是一个空寨，里面并无一兵一卒！

　　原来，这是诸葛亮生前派兵驻扎的一个营寨。诸葛亮死后，刘禅认为这里地势险峻，无人能过往，便将守军撤了。知道原因后的邓艾，不禁对诸葛亮的英明顿生敬畏，同时也庆幸刘禅的懈怠，自己才能奇袭成功。（参《三国志·邓艾传》）

　　当年诸葛亮的设防措施，为何会毁在刘禅的手中呢？

　　一般的解释是，刘禅缺乏居安思危的意识，又不会选贤任能，虽有好的规则和设防，也不能坚守。但往深处想一想，好像还有问题，那就是为什么不能选择优秀人才为官，或者做到警钟长鸣呢？

　　这恐怕与人性相关。人类天生具有惰性与侥幸心理。

当年黄炎培在延安对毛泽东说："大凡初时聚精会神，没有一事不用心，没有一人不卖力，也许那时艰难困苦，只有从万死中觅取一生。既而环境渐渐好转了，精神也就渐渐放下了。有的因为历时长久，自然地惰性发作，由少数演为多数，到风气养成，虽有大力，无法扭转，并且无法补救。这几乎是所有王朝的必然归宿。"

具体到某项制度，也是如此。

史学大家钱穆在《中国历代政治得失》中，曾以唐代的租庸调制和府兵制为例，仔细分析了制度是如何在实践中慢慢失效的。比如租庸调制所依赖的户口调查登记，本有法定期限和具体要求，但时间一长，主管官吏和具体办事人员都会倦怠，出现疏漏，造成与实际不符的情况，使良好的制度变成无法推行的弊政。

几乎所有的制度，大都是从一个细节开始，从一时的懈怠开始逐渐废弛的。

人们常说要"警钟长鸣"，殊不知长鸣会使人听力麻痹。人们还常以"狼来了"的故事告诫孩子不要撒谎，殊不知你弄不清什么时候狼真的会来。诸葛亮在阴平小道上设置的兵营，既是"长鸣"的警钟，也是"狼来了"的告示。时间长了，总不见有紧急军情，也看不到狼的影子，刘禅不以为然地撤兵，是顺理成章的事情。换作他人，也未必不如此。

惰性以外，还有难以避免的人情世故。

中国传统政治中，几乎每一项制度都有一种通融性。所有的人情世故都会直接或间接依托权力，在通融中兑现。而权大于法，又是传统社会的通则。

被人们尊为圣人的孔子，把"父为子隐，子为父隐"看作是父子感情的自然要求，并称之为"直"。这种"人情大于王法"的观念浸润于全社会。亲朋好友违法犯罪，官员是可以睁一只眼、闭一只眼的。那些想通过这反制度来谋取私利的人，总要想方设法挤进那个"熟人"小圈子里，结成利益共同体，以求得到庇护。当有更多的人来效仿他们的行为时，最后的结果就必然是"法不责众"。

法行故法在。再好、再严密的制度，如果总是得不到有效实施，最后就变成了一纸空文。

有时，出于好心的做法，也会成为制度失效的诱因。

王安石变法时，朝中旧党势力较大，他们把持起草和审核诏令大权，使得改革举措难以顺利出台。为避免过多的掣肘，王安石绕开这一法定程序，由宋神宗直接下诏。这样提高了效率，但也埋下隐患。到宋徽宗时，太监梁师茂利用徽宗沉湎于字画山水间的机会，由他和自己的亲信摹仿徽宗笔迹，起草颁发诏令，加剧了北宋的腐败和覆亡。

明朝的开国皇帝朱元璋，严禁宦官读书识字。后来朱棣夺权中，曾得过宦官帮助，就放松了这项禁令。到明宣宗时，还在宫中设立内书院，专门让宦官学文化，为日后宦官专权开了方便之门。当时军国大事由内阁大学士"票拟"（写出公文的拟办意见），然后由皇帝"批红"，即用朱笔批定。宦官不识字，自然无法代笔。有了文化后，就可以"把刀"了。后来一些皇帝过于懒惰，就由大太监代为"批红"。明朝的官场腐败和覆亡，与此不无关系。

还有，历史上每逢重要的改革或变法时期，主导者大都会强调推行新政的重要性和特殊性，有时甚至会不分青红皂白地打破一切常规，把现行法律抛在一边。

人类的惰性与侥幸心理，使任何制度都有可能失效；各种各样的人情世故，使制度总会处于软化状态；某些出于良好动机但缺乏历史洞见力的做法，可能为制度失效留下隐患；而改革过程中以特殊要求替代普遍规则的行为，又决定了现行制度难免被边缘化。

当然，用系统论或者佛家语言来解释，就是每个生物体都有"生、住、异、灭"的"四相"过程，即出生、成长、分化、灭亡的循环往复；非生物体，都有"成、住、坏、空"的"四劫"过程，即生成、持续、破坏、转化的往复轮回。

也就是说，所有系统，小到微生物、个人，大到国家、社会，小到地球、太阳，大到星系、宇宙都是如此。

任何一项社会制度，自然也避免不了这样的过程。

由"循环"跳出"循环"

很多人儿时玩过"动物大战"的游戏：象吃狮，狮吃虎，虎吃豹，豹吃狼，狼吃狗，狗吃猫，猫吃鼠，鼠吃象……这是一个相互制约的循环游戏，没有绝对的最高权威。几种动物依次相克，最弱的老鼠能干掉最强的大象。

小时只觉得好玩，大了后才慢慢悟出其中的道理。就生物界而言，既相互依赖又相互制约，才能保持生态平衡；就人类社会而言，也只有如此，才能保持和谐发展。

可惜的是，在人类社会相当长的历史中，没有发明或形成这样一种良性循环的制度。处在权力顶峰者可以通吃一切，结果造成周期性的社会动乱。用黄炎培的话说，就是历史发展中治乱相因的周期律。

用相互制约的良性循环，替代没有相互制约的恶性循环，是跳出历史周期律的必然选择。这可以从人类社会治理方式的演进中，窥探摆脱周期律的可能性。

纵观古今，人类社会的治理方式，大概会经历神治、人治、法治、自治等阶段。

首先是神治。

在人类社会的初始阶段，无论物质生产还是精神活动的水平都比较低下，不得不求助于外在的自然力量，由它来预测疑难，裁决是非。

在古汉语中，有个"巫"字。这个字的上横代表天，下横代表地，中间一竖是连接天地的，而两旁是连接天地之人。人类社会早期首领的前身，就是"巫师"一类的神秘人物，由其来沟通人类与大自然的联系。

与此相应，所谓的神明裁判或称"神判"的治理方式应运而生。传说中国古代的尧舜时期，有个大法官叫皋陶，他断案时经常使用一只似马非马、似鹿非鹿的"独角兽"，叫作"獬豸"。当遇到无法裁决的问题时，首领或者相当于首领的执法者就把它放出来，看它的角抵向谁，就认定谁有过错。这种做法，在历史上延续了很长时间。中国古代的一些"清官"，包括大家熟知的狄公、包公等，在遇到疑难复杂的案子时，也往往使用类似方式审理。

西方中世纪的宗教裁判，实际上也是一种变相的神明裁判。它的权威，在相当长的时间内远高于世俗的皇权。一些著名的科学家都是由宗教裁判所送上不归路的。比如，意大利的科学家布鲁诺，提出宇宙无限的学说，被教会在罗马处以火刑，活活烧死了。确立了宇宙加速度理论的伽利略，也被教会囚禁了好长时间。

这种"神判"或类似"神判"的方式，在世界上几乎所有国家都存在过。在民智不开的时期，它是可以服众的。

当人类的物质生产和精神生活都有了比较大的进步时，或因智力和体力的差异，或因其他一些因素，导致资源占有的不同，社会内部开始分化，能够产生一些服众的权威力量。这时，社会治理的主要方式进入第二个阶段，即由天上回到人间，由原始的神治状态进入人治状态。

所谓人治，简单地说，就是人类社会基本秩序的维持和是非功过的裁决，主要取决于统治者及其家族的意志。

人治时期也有法律制度和其他社会规范，但其认可、制定和实施，在很大程度上由最高统治者的主观意志左右。

人治最主要的特点是比较灵活，富有弹性，能够及时应对社会复杂多变的各种情况。或者说，可以就事论事，量体裁衣，使每件事情都有可能得到具体合适的解决办法。所以，遇到智力非凡的君主，就能创造出灿烂的文明。

人治的这个特点，同时也是其根本缺陷所在。因为权力不受制约，决定了它不够理性和稳定。有的时候，人治可以创造出灿烂的物质文明和精神文明；而在另外一些时候，人治势必要为非作歹。因为开明和理智的君主可遇而不可求；另外，君主的开明和理智，也很难一以贯之。

这样，时间一长，社会矛盾就要积累和激化，直至引发大规模的动乱，把长期积累的文明一扫而光，于是不得不改朝换代，"重打锣鼓另开戏"。

随着时间推移和生产力发展，以及其他一些因素，有些地方或国家会形成中产阶级占多数的"橄榄型"社会结构。这时，社会内部虽然还有分化和差异，但这种分化和差异比人治时期要小得多。传统社会中个人和家族的权威力量受到质疑，人们普遍要求以自己的意志行事，于是就要协商、谈判、表决乃至选举，达成相对共识，在现代民主的基础上形成现代法治。

这时，社会治理进入第三个阶段，也即法治阶段。

与人治相比，法治有两个显著特征：一个是在广泛民意基础上形成的良法，一个是法律面前人人平等的善治。

如果说，人治社会通行的是权力导向，法治社会就是规则导向。规则导向的最大好处，是社会行为可以预期，社会秩序比较稳定。但法律不是万能的，法治也不是尽善尽美的，它也有局限或缺陷，比如法律有滞后性、呆板性、烦琐性等。

可以预见，随着人类社会的发展进步，社会治理会朝着更理想的方向发展，那就是自治。

所谓自治，有点像马克思讲的共产主义。那时社会物质丰富，人们精神高尚，个体之间几乎没有人为或后天的差异，不需要一种超越大家的统治力量，不需要强制性规范。经过长时期法治熏陶，人类社会所必需的各种规则，已经融化在每个人的灵魂和血液之中，成为一种自觉的行为、一种自然的行为、一种自由的行为。

好比一条繁忙的街道，为了安全有序，先是在路中央设置金属隔离带，大家开始觉得很不方便，慢慢也就习惯了；再往后，可能拆除隔离带，画条双黄线，违章的人也不是很多；往后，变成单黄线、虚黄线、双白线、单白线、单虚线；直到有一天，什么线也不用画，大家都按习惯行走，而且感到是自由的，就像孔子说的那样，"从心所欲而不逾矩"！

一旦社会治理进入这个阶段，传统的权力权威就很难继续存在。这时的社会治理权威既不是最高国家元首，也不是各级官员，而是"内化于心，外化于行"的各种规则，整个社会就是一个马克思所说的"自由人的联合体"。

这几个阶段或社会治理方式，在历史演进中不是截然分开的，往往是一种形式为主，其他形式并存。比如神治与人治往往互为表里，在许多时候是共存的；法治与自治则是由表及里，法治到了一定阶段，必然进入自治。

至于中国传统的礼治与德治，从二者所具有的规则形态看，具有一些法治特征，但更多地应属于自治范畴，或者叫软法之治。二者可以存在于任何一种社会之中。

在不少人看来，应该是先有自治，后有法治。在一些宣传舆论中，通常也是按"自治、法治、德治"的次序来讲的。

若从社会治理的层级角度来看，越到基层，越需要自治，自治是基础，自治在先。人类社会最早的治理方式也是自治。但确切地讲，那时还属于初民的自然状态，用有些社会学家的术语讲，是人类的蒙昧时期。

若从社会治理方式的演进情况来看，则自治无疑是最高阶段。当然，它也可能会成为初级阶段。因为完全意义上的社会自治，是人类社会治理方式的必然归宿；同时，也可能是社会治理良性循环的新起点。

用良性循环打破恶性循环的关节点，在于由人治向法治的转型。因为人治时期，处在权力顶端者可以通吃一切；而法治时期，虽然还有顶端的权力，但它已受到严格的制约，不能肆意妄为。

可以肯定的是，现代文明制度像一条大道，是多少代人走了几百年，付出无数汗水、流过无数鲜血才踏出来的。循着这条大道前行，就一定能够走出传统政治下的治乱循环。

后记

在本书的酝酿和写作过程中，先后得到众多人士的帮助和支持。

首先要感谢的是薛保勤先生和刘景巍先生。保勤先生当年在主管《党风与廉政》杂志时，就提出"改造我们的官场"等选题，并经常约我写稿，后来又修正了本书的一些章目。景巍先生则从专业编审的角度，对书稿提出了很多具体中肯的修改意见。

还要感谢程天权先生和郭建先生。二人是我的同门师兄，本书初稿出来后，得到他们午多直接和间接的指正。

特别要感谢的是郑欣淼先生和葛剑雄先生。他们二人堪称当今的学术大家，也是政学两通人士。欣淼先生曾是我的领导，剑雄先生是我的校友和学兄。本书的出版，得到他们的鼎力支持。二人为本书作序，可谓珠联璧合，使拙作增色不少。

最后要感谢的是王一珂先生和本书的责任编辑，以及中国大百科全书出版社的其他相关人士。他们的精心策划和辛勤劳动，使本书得以面世。

本书还曾得到北京、上海、陕西等地的一些官员、学者、同窗、同事、好友的帮助和指点。在拙作付梓之际，一并表示诚挚的谢意。

宋昌斌
2024 年 6 月